剑桥·公共安全管理译丛

吴新叶 主编

John Keane

VIOLENCE AND DEMOCRACY

[英] 约翰·基恩 著

暴力与民主

易承志、荣启涵、黄振乾、魏巍、张春满 译

中央编译出版社
Central Compilation & Translation Press

图书在版编目(CIP)数据

暴力与民主／(英)基恩著；易承志等译．
—北京：中央编译出版社，2014.4
书名原文：Violence and Democracy
ISBN 978 - 7 - 5117 - 2133 - 4

Ⅰ.①暴… Ⅱ.①基… ②易… Ⅲ.①暴力 - 关系 - 民主 - 研究
Ⅳ.①D588 ②D082

中国版本图书馆 CIP 数据核字(2014)第 072036 号

This is a Simplified Chinese translation of the following title(s) published by Cambridge University Press：
Violence and Democracy and ISBN：9780521545440
This Simplified Chinese edition for the People's Republic of China(excluding Hong Kong, Macau and Taiwan) is published by arrangement with the Press Syndicate of the University of Cambridge, Cambridge, United Kingdom．
© Cambridge University Press and Central Compilation and Translation Press 2014．
This edition is authorized for sale in the People's Republic of China(excluding Hong Kong, Macau and Taiwan) only．
Unauthorised export of this translation editionis a violation of the Copyright Act．No part of this publication may be reproduced or distributed by any means, or stored in a database or retrieval system, without the prior written permission of Cambridge University Press andCentral Compilation and Translation Press．

暴力与民主

- 出 版 人：刘明清
- 出版统筹：薛晓源
- 责任编辑：盛菊艳
- 责任印制：尹　珺
- 出版发行：中央编译出版社
- 地　　址：北京西城区车公庄大街乙 5 号鸿儒大厦 B 座(100044)
- 电　　话：(010) 52612345 (总编室)　　(010) 52612335 (编辑室)
  (010) 52612316 (发行部)　　(010) 52612315 (网络销售)
  (010) 52612346 (馆配部)　　(010) 66509618 (读者服务部)
- 传　　真：(010) 66515838
- 经　　销：全国新华书店
- 印　　刷：北京瑞哲印刷厂
- 开　　本：787 毫米×1092 毫米　1/16
- 字　　数：206 千字
- 印　　张：14.75
- 版　　次：2014 年 4 月第 1 版第 1 次印刷
- 定　　价：45.00 元

- 网　　址：www.cctphome.com　　邮　箱：cctp@cctphome.com
- 新浪微博：@中央编译出版社　　微　信：中央编译出版社(ID：cctphome)

本社常年法律顾问：北京市吴栾赵阎律师事务所律师　　闫军　　梁勤
凡有印装质量问题，本社负责调换。电话：010 - 66509618
此版本仅限在中华人民共和国境内(不包括香港、澳门特别行政区及台湾省)销售。

暴力与民主

在这本富有挑战性的书中，约翰·基恩呼吁重新认识争论不休的民主与暴力之间的关系。与"人的本性是暴力的"这个常见观点不同，基恩阐述了为何成熟的民主国家之间相互不发动战争，以及为什么它们往往对暴力敏感的原因。他认为，我们无须特别区分暴力的起源、后果、用途和补救措施。他探讨了暴力概念有争议的含义，并设问为何暴力是民主最大的敌人，为什么今天全球性的"暴力三角"正在诱使政治家动用不民主的紧急权力？自始至终，基恩优先考虑伦理问题，如在何种情形下暴力被认为是正当的，并认为暴力行为和暴力手段能够而且应该"民主化"——公开对他人负责，并鼓励努力将过剩暴力从世界各地清除出去。

约翰·基恩是威斯敏斯特大学政治学教授。他出生于澳大利亚，在阿德雷德大学、多伦多大学和剑桥大学接受教育，是给世界各大电台节目、报纸和杂志经常写稿的撰稿人。在他的众多著作中，有已经被译成20多种文字出版的《媒体与民主》（1991），获奖传记《汤姆·潘恩传：一种政治生活》（1995），《公民社会：旧形象、新观察》（1998），一部掌权者的传记《哈维尔：六幕政治悲剧》（1999）和《全球公民社会》（2003）。他最近担任柏林科学研究中心卡尔·多伊奇政治学教授和公共政策研究所——一个总部位于伦敦的有影响力的智囊机构——研究员。他当前正在撰写一部关于民主历史的全方位著作，一个多世纪以来还没有出现过类似的作品。

献给海库·帕瑞克（Bhikhu Parekh）！

中文版序言

约翰·基恩

非常荣幸能与中国读者分享我的《暴力与民主》一书。应该指出的是，本书既是关于政治想象力的大胆尝试，也是一次启发性的试验，旨在激发人们思考暴力的起源、后果、功能性目标和潜在补救措施。本书深入探讨了暴力概念长期以来存在的争议及其不断变迁的历史内涵，本书并不认同"人的本性"具有难以根除的狼性这一观点，对人们这一通常的认识提出了不同看法。本书检视了萦绕于人类21世纪的各种新的暴力形式，提出了一些探索性的问题，包括怎样理解暴力与民主之间的关系，为何成熟民主国家通常对暴力都非常的敏感？

贯穿《暴力与民主》全书的主题是人们无法回避的一些伦理问题，例如在什么情况下对他人的暴力是正当的。在如何看待诸如虐待儿童、强奸妇女、战场暴行等问题上，本书通过狭义规范路径提出了一些自己独特的观点，对传统的和平主义表示怀疑的同时，也从根本上质疑对暴力的盲目接受或审美崇拜。为此，本书认为暴力行为和暴力武器可以而且应该"民主化"：即对他人公开负责，并鼓励通过政治努力寻找暴力的替代方式，将过剩暴力从这个世界清除出去。

纵观全书，为了获得对事物的真知灼见和洞察其中的利害关系，读者需要对暴力的纯粹形式进行思考。本书将带读者进入一个虚构的暴力之域，暴力之域指的是这样一个地方，在那里暴力作为集体的政治舞台，具有它自己的生命，不会受到公众的公开质疑，不会遇到公众的抵制，也没有其他公开的替代方式。在这个虚构的恐怖之域，一些人毫无忌惮地对他人的精神和身体施加残忍的暴力。他们看上去正在享受这个过程，流露出一种对残忍行为的嗜好。他们沉迷于暴徒的呼喊尖叫、受害者的畏缩怯弱和暴力的典礼仪式。他们已经迷上了野蛮，相信暴力是必需的，而且认为自己永远是对的，所以他们认为自己有权随意运用暴力而不受处罚或制裁。也因此，他们压制、惩治和消除所有不同意见。在暴力之域，暴徒滥用私刑成为公开的仪式，杀戮盛行并公开展示，让所有人都能亲眼看到并感到恐怖。诸如勒索、迫害和失踪等手段，这一切都是家常便饭。偏执狂也是如此，他们疯狂而无休止地构想出一个个"客观存在的"敌人：即真实存在的个人和团体，其主观身份从属于他们在政治秩序中的"客观"位置。

在暴力之域，人们被强制展现诚意和露出微笑，但总是有反对者，即使当他们声明自己无辜时，也有可能是在表示抗议。这就是为什么一定要对其进行残酷折磨的原因：不只是通过严刑拷打达到检举他人的目的，更是为了让他们承认自身的堕落，去改变他们的行为方式和消除他们的自我意识。人们已经无法自由地选择沉默。无法无天、恐怖残忍和自我毁灭的行为盛行，在被称为集中营的机构里尤其如此。正是在那里，正在上演最纯粹形式的暴力行为。

矫正室和劳改营是十分现代的发明，实际上被充当政治实验室的作用。它们利用受害者的身体和灵魂进行惨无人道的疯狂实验，这些受害者丧失了几乎所有权利，甚至包括通过自杀离开这个世界的最基本权利。在这些恐怖之地，各种恶行毫无禁忌，令人匪夷所思的反常行为在这里真实上演，任何暴行都可能出现。在这些地方，无法想象的东西真实存在，真实存在的东西又让人无法想象。这些地方的唯一目标，如果还有目标的话，是非常明确的：将囚犯挫骨扬灰以证明暴力可以清除不服从，人们一度称之为民主，即通过民选代表进行自治的行为，也一同被抹去所有痕迹。

2014 年 4 月于悉尼和柏林

目　录

导言：过剩暴力 …………………………………………………… 1

1　滑膛枪，恐怖分子 …………………………………………… 1
　　滑膛枪与炸弹 ………………………………………………… 3
　　暴力三角 ……………………………………………………… 7
　　残酷战争 ……………………………………………………… 11
　　末日恐怖主义 ………………………………………………… 13

2　关于暴力的思考 ……………………………………………… 17
　　关于暴力 ……………………………………………………… 19

3　文　明 ………………………………………………………… 29
　　文明社会的再认识 …………………………………………… 31
　　粗　暴 ………………………………………………………… 34

4　野蛮行为 ……………………………………………………… 41
　　国家暴力 ……………………………………………………… 43
　　野蛮行为 ……………………………………………………… 52
　　过度的杀伤力 ………………………………………………… 56
　　达摩克利斯与民主 …………………………………………… 60
　　费　城 ………………………………………………………… 62

	酷　刑 65
	公民政治 67
5	**为什么是暴力？** 73
	不文明的根源 75
	作为娱乐的暴力 87
	儿童谋杀案 89
6	**残酷战争** 93
	荒　原 105
	地　雷 109
7	**伦　理** 113
	社会和解 115
	分　类 119
	国内暴力？ 124
	特伦顿 128
	革命暴力 132
	反政党政治 134
	审视暴力 137
	乔治·艾尔塞 145
8	**暴力民主化的十条规则** 147
	想想补救措施 149

延伸阅读 189

索　引 195

译后记 205

导 言

过剩暴力

作为一项规则,独裁保证了街道的安全,但也让人惊恐于自家门铃的响声。民主国家的街道天黑后可能是不安全的,但最可能的访客则是凌晨的送奶工。

亚当·米奇尼克(Adam Michnik,1998)

本书的主题是暴力以及暴力造成的影响。它详细论述了暴力与民主之间的联系，对他人身体令人讨厌的干预，会让他人经受疼痛和精神痛苦，甚至在极端情况下遭致死亡，总而言之，暴力，是我们所知的民主的最大敌人。暴力是对民主精神和民主制度的挑衅。这几乎可以根据定义得出。因为民主作为一套制度和一种生活方式，被认为是在根据多种道德标准生活的重叠人群内部和之间平等分配与公开监督权力的非暴力手段。① 民主条件下的决策工具既不被私人所拥有，也不被私人所控制。尽管民主的制度形式是高度可变的，但我们知道今天的民主至少需要对他人作为平等而不同的个体表示公开的尊重，而且延伸至尊重他人组织化自身以反对权力本身的权利。民主要求公民张开眼睛和嘴巴保持警惕——懂得正是羊群一般的社会通常招致了狼群一般的政府。民主有利于对权力的批评。原则上，民主使大家通过一个正常运作的公民社会在远离权力中心的位置行事，这个公民社会独立于对公众负责的政府机构之外，另外，民选的责任政府和权力分散于公民社会为（公民）免于人身伤害或生命损失的恐惧或事实提供了有组织的保护（organised protection）。

在界定和处理暴力时，通过比较当代民主国家与过去最近的法西斯政权可以瞥见当代民主国家到底有多独特。反思一下纳粹政权的安乐死计划（1939—

---

① 关于民主的前希腊起源（pre-Greek origins）、现代发展和不确定未来，包括其变量和有争议的意义，详见本人即将出版的《民主史》（*A History of Democracy*）。

1941），在希特勒的命令下，该计划导致了德国大约 10 万患有精神障碍或不可治愈的身体残疾的成年人和孩童的死亡，在有组织的恐怖主义和大众动员以民族和种族名义的支持下，此类计划揭示了法西斯主义是如何偏执和痴迷于通过暴力的控制、清除和矫正效应来统一国家的，这常常通过"医学"或"外科手术"的隐喻①而得到理解。应该承认，类似的语言在民主国家很常见。甚至可以说，民主制度的一种特殊品质就在于其掩盖自身使用暴力的细微努力。也有大量记录在册的例子反映民主政府使用暴力伤害它的部分民众。这样的暴力被称为法律和秩序，保护公共利益，或者保卫民众的尊严免受暴徒和罪犯的侵害，或者反恐怖主义。在民主国家，医学的隐喻也有时出现，如政治家言及的"外科手术式打击"、"防疫线"、"扫荡行动"和打击恐怖主义的"癌症"或"瘟疫"。

成熟的民主国家发现这些委婉说法令人尴尬。它们认为这些说法是腐蚀性的和有争议的。在国内，民主具有强烈的非暴力内在倾向，并且激起了这样一种深刻的怀疑，即警察、军队和暴力人员的正常履职行为很明显从来不完全合法。在向民主转型过程中，公众对暴力人员的质疑通常以突然报复的方式表达出来，如同地质的巨变：旧政权被控谋杀；开始搜寻失踪者；秘密的万人坑被挖掘；公民们迫不及待地讲述其受苦的故事。

成熟的民主国家使得这些对于暴力的怀疑文雅化和惯例化：暴力不是被简单看成对武力的非法使用。在理想情况下，民主国家将其自身理解为权力的合法分享机制，其行为体了解暴力的危险和非暴力带来的互惠互利。

尤其是对民主国家而言，恪守非暴力的承诺使每个人都感到更安全的判断得到了如下事实的强化，即许多公民和政治家——值得注意的是，并非其中的

---

① 参见 Sven Reichardt, 'Formen faschistischer Gewalt. Faschistische Kampfbünde in Italien und Deutschen nach dem Ersten Weltkrieg', *Sociologus*, 51 (2001), pp. 55–88; and 'Civil society and violence. Some conceptual reflections from an historical perspective', in John Keane (ed.), *Civil Society: Berlin Perspectives* (London and New York 2004), forthcoming。

全部，也并非总是其中的大多数——或多或少对世界持有和平的观念。他们往往对残酷行为表示强烈的厌恶，对他人的生活方式具有真正的兴趣，或仅仅是对他人表达普通的礼貌和尊重，而不管这些人居住在哪里，其肤色、性别、宗教信仰或地理背景如何。本书只是强调经过学习获得的非暴力的开放品质（the learned quality of non-violent openness）是如何的微妙和易损，以及这种可能性（contingency）是如何自相矛盾地迎合了这样的事实，即民主国家公民的日常生活一般存在于那些看来陈腐而重复的传统习惯和结构化惯例之中，然而，实际上，考虑到其微妙，从来就不应将其视为当然。

如同本书所称的，日常生活中这些完全视情况而定的既存惯例（thoroughly contingent, existential routines）是文明性的"原材料"。民主国家的成员和所有人类一样是直立行走的动物。他们发现保持长期倒立是一件痛苦的事情，因而他们不仅对于上下有共同的理解，而且喜欢直立。好在有了语言，他们同样地分享有关左右和动静的观念。因为他们有身体和手脚，因而理解什么是动身，什么是挤压，什么是踢腿，什么是有时被硬物击中。克制的观念对他们而言是非常自然的事情。他们尤其不喜欢别人限制他们谈话，或呼吸，或阻止他们运动，或殴打和伤害他们的身体。这些倾向反过来又陷入了那些或多或少被视为当然的非暴力行为之网中或被这些网络所加强。这些非暴力行为包括交谈、打手势、洗澡、性爱、清洁、购物、旅行计划、种植庄稼、担心收入、填写表格、付账、准备食物、照看亲戚、看电视、读报、给孩子讲故事和照看他们睡觉。

因此，今天民主国家建基其上的公民社会与识别、遏制和铲除暴力的决心具有很强的亲和力，我在下文将其解释为对暴力的民主化，不管这种暴力在何处出现，因何种原因而出现。这种将暴力去自然化，将其视为偶然发生的且可以通过政治安排将其从社会和政治生活中消除的后天能力是成熟民主国家相互间为何从不发动战争的关键原因。① 其公民对此非常谨慎：他们在公民社会内享有一定的自由，觉得相互施加有组织的暴力不仅会以牺牲一部分人的利益来成全另一部分人，而且几乎肯定会将每一个人的自由淹没在傲慢和血泊中，因而能够识破武力恫吓者和好战者的企图。民主国家将暴力民主化的趋势也解释了为何民主国家通常善于赢得与反民主对手的战争，尽管后者可能拥有武力和技术上的优势。"我们定要赢得这场战争"，一位杰出的记者在英国面临法西斯占领的灰暗前景时写道，"因为我们仍然是一个民主国家，我们对于那些可能因为怠惰而偷偷摸摸使用没有新意方法的人仍然留神进行批评。"②

民主国家对暴力的反感是众所周知的事情，然而，不幸的是，故事并没有结束。今日我们所知的以及过去曾经存在的所有民主国家都曾被迫与其他暴力者进行暴力的画圈打叉游戏，这些暴力者例如装备各种武器的雇佣军、独裁者们、军队、游击队和恐怖主义网络等，只要民主主义者一出现，就准备使用暴力对付他们。基于商业交易和地缘政治的考量，民主政府——当他们可以脱身时——也会秘密营救吸血的独裁者，如伊迪·阿明（Idi Amin）和约瑟夫·蒙博托（Joseph Mobutu），萨达姆·侯赛因（Saddam Hussein）和伊朗国王。面对对手的暴力，民主国家发现自己陷入了一个难题：是否或何时或如何发展和部署自己的暴力手段，以击退或消灭他人。正是因为民主国家倾向于非暴力，他们对暴力威胁或发生在其他地方的实际暴力都异常敏感。他们的政党、政治家和领导人在民众的压力下，将舰船和数以千计的部队派遣和部署到地球上那

---

① Michael Doyle,'Kant, liberal legacies and foreign affairs', in *Philosophy and Public Affairs*, 12, 3–4(1983), pp. 205–235,323–353. Compare Melvin Small and J. David Singer,'The war-proneness of democratic regimes', in *Jerusalem Journal of International Studies*, 1,4 (1976), pp. 50–69. 作者认为1816—1965年间58%的国际战争是由民主国家发动的，此处的战争被界定为至少导致1000人死亡的暴力冲突。如果将民主国家(拙劣地)(poorly)界定为仅仅其10%的人口享有选举权的政权的话，该观点是没有说服力的。

② 引自米切尔·富特(Michael Foot)访谈录,'Old Labour', *The Independent on Sunday*, London, 20 July 2003, p. 10(the original dates from 1940)。

些民众遭受地狱般残酷行为的地方。民主国家发现难以对这些暴行躲避不管。如果他们站在一旁,"无能为力"——就像每个民主国家在印度尼西亚军队大规模谋杀东帝汶公民时所做的那样——那么他们很容易被指责为双重标准和无情的冷漠。另一方面,如果民主国家进行"人道主义干预"——印度开进东巴基斯坦是一个例子——那么他们也会受到干涉他国事务、"不民主"地将暴力行为大量施加于其对手身上的指责。

尤其是当暴行朝着他们的方向投掷时,民主很容易自相矛盾。其开放权力的结构不仅使他们的暴力对手能够像蠕虫一样在国内开展行动,其开放性也推动了寻求报复或郑重承诺铲除暴力的政党和领导人的崛起,而在此过程中容易被诱惑像刚愎自用的船长亚哈(Ahab)那样(参见赫尔曼·梅尔维尔[Herman Melville]的《白鲸》①)行事,为了一只令人害怕而可恶的猎物而到地球各个角落寻觅,结果只是遭受惨败。幸运的是——由于公众示威、通信媒体和司法的监督——民主国家能够对故作姿态、"恶心自以为是"(赖因霍尔德·尼布尔语)②的领导人加以制约,这些人(惯于)说谎,夸大威胁,寻找替罪羊并且颠倒是非黑白。其以暴制暴的宏伟战略会受到舆论法庭的质疑。他们的行动被媒体报道,没有秘密可言,出于这个原因,这些领导人往往成为公众争议的人物。他们的行为滋生的不安,也是一个很好的理由。今天成熟民主国家的许多人了解或意识到古巴比伦、腓尼基和希腊的公民大会和民主政治一瞥即知的规则:通往暴力的道路通常布满了公然的谎言、傲慢和尸体,所有这些对于民主国家的居民来说在情感上是很难的,他们不仅容易受到自身奉行双重标准或者彻底"腐朽"的愤怒指责,而且也存在民主被用来击败民主的可能性,

---

① 《白鲸》是19世纪美国最重要的小说家之一赫尔曼·梅尔维尔(Herman Melville,1819—1891)1851年发表的一篇小说,也是其代表作。小说描写了亚哈船长为了追逐并杀死白鲸,最终与白鲸同归于尽的故事。——译者注

② 赖因霍尔德·尼布尔(Reinhold Niebuhr,1892—1971),美国基督教神学家和社会思想家,新正统派神学的代表,基督教现实主义的奠基人。他的思想和活动深刻影响了20世纪的美国社会,是美国社会变革的推动力量。——译者注

例如通过调用紧急权力，最终转化成某些或其他形式的军事独裁统治。

若干年前，在《对暴力的反思》（1996）一书中，我批评了对于当代暴力的根源、影响和伦理缺乏政治反思（的现象）。在该书中暴力被理解为任何不速而至的故意或半带故意的行为，这些行为侵犯了那些之前过着"和平"生活的人的身体。当时，激起对暴力和政治之含义或意义讨论的意图深深陷于语义混乱、政治冷漠或者对讨论正义、社群或僵化的政治语言史有着浓厚学术偏好的沼泽中。当然，对有关热战、冷战、内战或其他暴力冲突形式的案例研究很多。但是，对暴力形式、起源和影响的广泛政治反思——汉娜·阿伦特（Hannah Arendt）的名著《论暴力》和茱迪·斯科拉（Judith Shklar）对残酷行径的专注是其中引人注目的例外①——似乎不再能够引起学者们的兴趣。

因此《对暴力的反思》最初是要通过将其根源暴露于潜在意义和重要假设的难以理解的困境（confused quagmire）中来打破这种沉闷。例如，书中指出，暴力往往是如此地冲击我们的感官以至于引起健忘、喃喃自语的尴尬或沉默。特别是对"文明"人来说，暴力不是一个好主题。它的丑陋足以让即使是最欢快的思想家悲观，因为乐观主义者写不好（如同瓦列里［Valéry］所说），悲观主义者则根本就不写，政治理论界某些人对暴力保持沉默是可以理解的。该书分析了为何当时有关暴力的政治想象力似乎被冻结的其他原因，书中指出暴力爆发对政治想象力的遮蔽在于其诱致了实用主义观念，这种观念认为必须通过使用诸如逮捕、审判法庭和监禁、犯罪学、临床分析、警察或军事干预等手段立即解决手头的问题。那种简单的实用主义观念通常会孕育其他观点，包括人性倾向于暴力以及由此而来的为什么像国家那样的武装机构毫无疑问应当垄断武力的假设。

有迹象表明，后者关于暴力是人的"本能"或深深植根于人性之中的观

---

① Hannah Arendt, *On Violence* (New York and London 1969); Judith Shklar, 'Putting cruelty first', in *Ordinary Vices* (Cambridge, MA and London 1984), pp. 7–44.

点（或模糊的印象）在当前处于上升状态。基于与冷战结束后的兴奋逐渐消退有关的原因，尤其是因为（后文将会解释）当前正在整个世界出现的危险"暴力三角"，许多人感觉到暴力和暴力威胁成为世界一个必然发生的特征。暴力好像又重现了，并且以一种大而令人不安的方式留在这里。有史以来的第一次全球暴力报告（2002年出版）公布了一些坏消息：每年有超过160万人因遭受暴力而死亡。平均每天有超过1400人被谋杀；每小时大约有35人因武装冲突而丧生；占全世界1/4的妇女遭受到"亲密伴侣"的性暴力。① 这些数字对于在传播媒体，特别是电视领域工作的记者来说，如同谷物被放进研磨机中，是非常重要的原料。通过纵容各种动机，它们有助于形成这样一种印象：我们的世界正在变得越来越暴力，有时甚至暴力到暴力本身被视为是"自然的"——是人类本性中一个可怕的常量。暴力的支持者受到启发，抓住机会，似乎要证明人类是卑鄙的动物，暴力的作品已成为艺术作品。爆炸、恐惧、伤害和死亡，都为全世界的观众精心地呈现在舞台上。所以如同黑夜接白天而至，我们生活在这样一个时代，有关暴力的报告从地球的各个角落汹涌而至。有关的谈话也是如此，这些谈话要求"强硬"对待暴力和呼吁发动战争反对来势汹汹的暴力形式。曾经在理论上表述为"民主和平区"的传统信念，被投掷在地，伤痕累累，颤动不已。这种信念认为像美国和英国等先进社会已不再被暴力所严重困扰，以及暴力理论必然失去它们存在的价值。

本书强调了暴力偶然和可消除的特征，提醒读者暴力是"自然的"这种观点——一种深深植根于每个个体，或由国家或者物种整体产生的倾向——既具有历史的具体性，也具有深刻的反民主性。所以本书与勒内·吉拉尔（René Girard）近来在其《暴力和神圣》（1972）中将暴力视为人性普遍特征的最精细努力正面相遇。② 吉拉尔拒绝接受民主国家使暴力民主化的几种方式。

---

① *World Report on Violence and Health* (Geneva 2002) ; and www. who. int/violenceinjury-prevention.
② Translated as René Girard, *Violence and the Sacred* (London 1988) , especially ch. 1; see also his contributions to René Girard et al. , *Violences d'aujourdhui, violence de toujours* (Lausanne 2000) , pp. 13 – 26.

当民主国家繁荣发展时，它们怀疑对暴力进行表面价值的思考。该术语本身的含义被认为存在争议，而且具有足够的适应力，以至于足以沿用到被描述和/或谴责为"暴力的"——违反民主文明的规范的——行动。民主政体也倾向于对如下程序如定期的选举、警察身着制服且服从惩戒程序、立法制裁侵犯身体、设立聊天热线、官方调查、公众集会自由、新闻自由、文官控制军队等进行制度化，以保证不仅受害者有公平的被公众倾听且获得公平的补偿的机会，而且那些负责掌控暴力手段的管理者也能被公众所了解，向公众负责，并且可以和平地去职。如果它们运作良好，民主国家甚至能够让其批评者以较好听的名字如"解释"和"正义"来命名和监督像法院和监狱等对其受害者施加暴力的机构。① 历史上独一无二和从来不曾完美的在今天被称为民主的非暴力权力分享技术出自吉拉尔对暴力的阐述。他承认，暴力（该术语没有被界定，但似乎是血的代名词）不总是在人类事务中有能被立刻感知的存在。暴力带着象征的（特别是宗教的）口罩并且乔装改扮，看起来似乎消失了，或看起来并没有什么异样。吉拉尔指出，很多时候，暴力以可怕的形式出现，大肆播种混乱和破坏的有毒种子。在其他时候，暴力就像一个和平制造者大步前行，提供正义与和解的甜蜜果实。然而，任何时候暴力都会伴随人类事务而出现。这就是为什么只有通过在共同体之外选择牺牲品才能保护共同体免受自身暴力的伤害。现代文明社会看起来似乎终结了无休止的报复，但它们都是建立在由司法系统对被定罪者施加暴力的基础之上的。同一线索贯穿了被设计用来防止暴力越界的每一个程序，这就是暴力自身的线索。"人们越是努力地去遏制自身的暴力冲动"，正如吉拉尔在总结中所指出的，"这种暴力冲动就越是强

---

① 参见 Robert M. Cover 富有启发性的评论，见，'Violence and the word', *Yale Law Journal*, 95 (1986), pp.1601 – 1629, 以及 Eldridge Cleaver 对现存民主国家"强力机构"的批评，见 *Soul on Ice* (London 1968), p.128, "它们使用强力让你做它们决定你必须做的事情……它们惩罚，它们拥有监禁你的监狱，它们不让你去想去的地方。你必须待在原地不动直到他们下命令。即使是你母亲快要离你而去了，你也不能到她身边去送别或到她坟前送她入土为安。"

烈。"这些用来打击暴力的武器调转枪口瞄准了武器的使用者。暴力如火如荼，而那些用来灭火之物反而助长其声势。

《暴力与民主》注意这种推理，部分是因为它有一个很长的早期现代政治思想系谱，部分也是因为目前这种推理的影响正在恢复，就像探讨领土国家未来的一部史诗式作品所总结的，"战争犹如死亡，虽然可以推迟，但他们究竟还是会来，最终是无法避免的。"作者在波兰籍作家约瑟夫·康拉德（Joseph Conrad）的作品中找到了根据，"地球的生活史在最后必然是真正无情的战争史。听其自然的，不是他的同伴，不是他的神，也不是他的激情。"① 同样的，马克思的观点（见《资本论》）"在真正的历史上，征服、奴役、劫掠、杀戮，总之，暴力起着巨大的作用"，以及他的名言"暴力是每一个孕育着新社会的旧社会的助产士"，犹如鱼儿一样畅游在早期现代的水中。它是其起源与西方崛起和现代领土国家及帝国联系在一起的简洁信念的典范。该信念坚持认为某些或其他形式的暴力是人类事务一个不可避免的特征，认为暴力有自己的想法，以及认为暴力揭示了人类及其斗争历史的真正本质。

被这个信念所吸引，许多观察家（勒内·吉拉尔［René Girard］只是其中许多人中的一个）得出这样的结论：所有政治秩序都自然地建基于暴力之上，其"真正的"或"最终的"目的就是遏制其他人的暴力能力。其他观察家走得更远，要么崇拜暴力，要么强调其对净化或提升人类的影响。在功能和美学方面，暴力被视为实现潜在的人类伟大目标的一个绝妙手段。被理解为手段的暴力可能蜕变为目的本身，这一明显的事实却很少或不为这些观察家所关心；暴力被视为尊重和希望的对象，具有无穷的魅力，是污浊不堪的人类事务中一个完全积极的净化力量。认为暴力"像阿喀琉斯的长矛，能医治已经造成的伤口"（让·保罗·萨特［Jean-Paul Sartre］②），这种思路犹如处在早期现代世

---

① 引自 Philip Bobbitt, *The Shield of Achilles. War, Peace and the Course of History* (London and New York 2002), p.819。

② 法国哲学家。——译者注

界的儿童。下列信念如"畏手畏脚，大事难图"（列宁）、"枪杆子里面出政权"（毛泽东）、"暴力犹如美国的樱桃派"（H. Rap Brown）、暴力是必要的因为"拯救的日子近了"（乌萨马·本·拉登［Osama bin Laden］），则几乎是在五个世纪前的欧洲政治思想。公元 1500 年以前，在奥古斯丁和伊本·赫勒敦（Ibn Khaldun）等原创性思想家的支持下，那些反思者一般使用"正当的暴力"概念对该主题进行思考；他们坚持认为，尽管暴力在人类事务中发挥了作用，它毕竟只不过是一种手段，总是需要一个普适目的来证明暴力的正当性并且严格限制暴力的使用。

确实，暴力的沉思者有时候可能禁不住轻率地发言，例如将暴力描述为青年英雄主义和忍耐力等高贵品质的发展者。然而暴力论通常在道德上更为严格，其中反复强调"你应该"和"你不应"之类说法，布满了（穆斯林）对和平改革的要求（islah）与对混乱及分裂危险的警告（fitnah），以及（如在印度教和锡克教的正义战争［dharamayuddha］概念中）对他者责任和调节社会秩序及正义之严格规则的谈论。暴力只有在打算使用它的意愿由适当构成的宗教与世俗权力机构公开宣布时才可以被认为是合法的。这些权力机构可以合理地期待通过使用暴力取得胜利；暴力仅仅被视为是纠正以前侵犯行为的最后手段；而且暴力被认为是需要慎重使用的手段，使用暴力时应避免羞辱（他人），尊重和维持战斗和非战斗人员间的区别。

本书从民主的视角对暴力进行思考的尝试——用个体发育和系统发育的术语去分析它是否是偶然的，认为它总是令人遗憾地并且可以从社会和政治生活中消除的——不只是一种复兴将暴力限制在一定范围内的传统"公正暴力"论的努力。鉴于今天暴力手段的技术破坏性，对无限暴力施加哲理证明的实际限制和责任仍然是重要的。然而，本书的方法更加激进。其对暴力可以被"民主化"这一观点——即暴力手段和机构必须公开负责任，过剩的暴力可以并且应该从世界排除出去——的辩护在教条的和平主义和正义战争理论之间找到了一条新的道路。与传统的暴力思维相比，本书并没有假设政治家、宗教领袖和哲学家有资格——以牺牲公众自由思考为代价——垄断关于暴力本质与伦理的辩论。《暴力与民主》也拒绝了为所有"公正暴力"论和大多数版本的和平主义所共有的十字军东征式的推定，即认为存在着指导我们如何思考和行动的普世第一原则。本书通过潜心接触一些该主题的现代经典作品提出了不同的问题，并针对问题提出了不同的意见。《暴力与民主》反对乔治·索雷尔（Georges Sorel）在《论暴力》（*Réflexions sur la vidence*，1908）中对工人运动的工团主义辩护以及瓦尔特·本雅明（Walter Benjamin）有关法律、正义和暴力的文章《对暴力的批评》（*Zur Kritik der Gewalt*，1921）。它也反对汉娜·阿伦特（Hannah Arendt）在《论暴力》（*On Violence*，1969）中区分暴力和权力的努力。它对弗朗茨·法农（Frantz Fanon）在《全世界受苦的人》（*Les Damnés de la terre*，1961）中对粉饰殖民主义的攻击，尤其是对其坚持弱势者有权杀死压迫者的观点持不同意见，法农却认为这样做起到了杀死国内外压迫者一举两得的作用。迈克尔·沃尔泽（Michael Walzer）基于狭隘权利和国家中心论的《正义与非正义战争》（*Just and Unjust Wars*，1977）以及勒内·吉拉尔在《暴力和神圣》（*La violence et le sacré*，1972）中对暴力、牺牲和仪式非常不同的处理方式也受到了质疑。

《暴力与民主》可能会被理解为在人类学、历史学和精神分析等多学科见解的帮助下对上述每一部作品的回应。在发生了巨大变化的历史环境中，它试图对暴力给民主生活方式带来的主要威胁进行脚踏实地的仔细观察。本书反思了与暴力含义有关的概念问题；试图对历史变动趋势保持敏感；并注意一些基本的规范和战略性问题，包括从民主的视角思考暴力各种可能的补救措施，这种压倒一切的需要。这样的思考需要认识到，实际上并不存在一种被称为暴力的物质（如碳酸氢钠或钚239那样）。暴力有非常广泛的表现形式——从随地吐痰、强吻、打孩子、街头抢劫到狂暴的集会、政治暗杀、集中营杀戮和恐怖袭击。这或多或少是经由从石头、燃烧瓶、橡皮子弹到隐形轰炸机、坦克和精确制导核武器等技术工具来达成调停的。而暴力也可以有许多功能。从个人或整个组织的角度来看，它可以是一种自卫或自我发现或自我肯定或自我毁灭的形式；它可以是一种非常愚蠢的逃离现实的行为，一种冷冰冰的算计行为和现世的复仇行为——一种达成特定目的的手段——或与他人交流的模式，甚至（反常地）是一种玩弄别人生活的愉悦形式。

　　本书旨在从小的方面培养人们脑海中的民主习惯。它要触发新的思想，推动调查沿着新的方向进行，尤其要探讨暴力及其实施者能否以及在多大程度上可以被"去自然化"——即服从民主的制度和生活方式。在这个意义上，《暴力与民主》要反击我们的世界正在走向衰落以及民主可能不会存活多长时间这些正在不断上升的感觉。虽然依次排列的大量证据表明，新的暴力三角和其他形式不文明行为的预言家可能会被证明是正确的——我们所知的民主处境维艰，或者它必然会受到削弱甚至可能被毁坏——《暴力与民主》仍然坚持上述结果不是必定的。因此它鼓励读者大胆而痛苦地进行思考，不要从政治上对那些能够抓住目击侵犯他人身体者的动物般怜悯弃之不顾。

1

滑膛枪，恐怖分子

今天，悲剧是集体性的。

阿尔贝·加缪（Albert Camus，1946）

滑膛枪与炸弹

广岛和长崎的原子弹爆炸之后不久,乔治·奥威尔(George Orwell)写道:"民主和民族自决的伟大时代同时也是滑膛枪和来复枪的时代。"他继续观察认为核时代的到来将人类抛入了一种不同却更让人沮丧的秩序。"要是原子弹像制造自行车或闹钟一样便宜和容易",奥威尔接着评论道,"那么很可能会使我们回到野蛮时代,但它可能,在另一方面,意味着国家主权和高度中央集权的警察国家的终结"。制造核武器的大型技术事实上造成了不同的影响。炸弹现在已经使得宗教的末日预言具有事实的可能性;它也使得通过暴力破坏所有现存民主国家及其文明社会的(预言)变得可信。滑膛枪和来复枪虽然不精确,然而是可控的。但是现在,根据奥威尔的观点,人类作为一个物种承受着要么被自己所制造的怪诞武器摧毁自身,要么被包裹在并非真正和平的"冷战"和平中的新型奴役形式将民主摧毁的危险。"看看整个世界",他总结道,"在一个曾经不可征服且同其邻国处于恒久'冷战'状态的国家,几十年来的趋势并没有朝向无政府状态而是重新实行奴隶制。"[①]

[①] George Orwell,'You and the Atom bomb', *Tribune*, 19 October 1945, reprinted in *Selections from Essays and Journalism*: 1931 – 1949 (London 1981), p. 715.

奥威尔的评论是精明的。这些评论抓住了核武器构成的重大全球性危险，也指出了暴力和民主之间的密切关系，特别是各种形式的暴力对民主的生活方式构成的一般危险。正如奥威尔从个人惨痛的经历所得出的，广岛和长崎之前的半个世纪也没有天堂。同样如他所预测的，随后的几年也一样令人不堪。在暴力方面，20世纪被证明是史上最严重的。全面战争，化学武器，种族灭绝的战争，燃烧弹攻击城市，集中营，士兵流血和瘟疫散播，整个世纪见证了超出其比例的计划的和意外的暴力。那是——统计学家告诉我们——有记录历史以来最凶残的世纪。估计的1.87亿死亡人数超过了1913年世界1/10的人口。① 这是一个帝国解体和革命的世纪，以及由此带来的国际暴力和国内暴力冲突（"内战"）的界限模糊。它也是一个战争负担比以往更重地压在平民身上的世纪，就像棋盘上无可防御的棋子，平民成为了残忍的军事考虑特别喜欢的目标。在1914—1918年的战争中，平民受害者占到1/20。在1939—1945年的战争中，这一比例升至2/3；当前，也许9/10的战争受害者都是平民。

暴力史学家已经开始记录无畏者的故事，他们努力保存着恩斯特·荣格尔（Ernst Jünger）赋予钢铁风暴这一著名称呼的内容：犹太社区的地道建造者，进行努力的挖掘以战胜那些计划对他们进行种族灭绝的人；悲痛的女性系着白色围巾，上面印有至亲的名字，静静地站在一个恐怖主义国家的阴影里；遭受种族清洗的村民，哀悼他们至爱的人，对着他们遭到摧毁的房屋和农场哭泣，祈祷征服者不要破坏他们的庄稼；佛教僧侣，穿着深红色长袍，默默地见证野蛮军队对无辜者的残酷行径；办公室的员工握着手从倒塌的摩天大楼跳楼而亡。这些关于勇气的光明形象无疑值得未来几代人的注意，但这只是因为如山般的残酷行径给民主制度和生活方式撒下了阴影：象征残忍的索姆河战壕，那里的土壤和血肉混合形成了粉红色泥浆；尸体被燃烧和循环利用，这样他们可

---

① Eric Hobsbawm, 'War and peace in the 20th century', *London Review of Books*, 21 February 2002, pp. 16 – 18.

以变成火药以杀死更多未来的敌人；施虐者装备着被视为有价值的仪器，如电极、注射器和一种能够将抓咬人的老鼠放进受害者身体的生物镜；军官将被下毒、遭谋杀的年轻男女被从飞机上抛进大洋深处；而且，正如奥威尔所记录的，一枚爆炸时闪光比太阳还耀眼的炸弹炸得人血肉横飞。

现在我们身后充满暴力的漫长世纪的这些象征已经成为——不管我们喜欢还是不喜欢——我们生活史中不可逆转的部分。残酷行径留下的印象是不容易被遗忘的，这就是为什么它们需要被置于历史的视角，正如一些人在过去十年曾试图做的，他们求助于被称为民主和平论的给人带来慰藉的论述。经过一个世纪可怕的暴力之后，民主和平论的支持者认为，当今世界已经一分为二：一个是民主和平区，这是一个由世界七分之一人口和大部分大国组成的开放而繁荣的"安全共同体"，该共同体内的"国家安全"考虑、军事力量和战争手段不再是政治的工具，它只存在于地球上那些国内和平与议会民主已经成为规范的小块地区；而其余的世界各地，则是一个无政府主义的暴力肆虐区，被绝望地卷入战争和军阀混战、饥荒和律法失控之中，文明和稳定在这里只是一种说辞，因为人们的生活被困于"政变和革命、国内和国际战争、国内屠杀和血腥镇压"①之中。

民主和平论假设暴力没有消亡，但它只是一个外部问题，一个来自外部非和平民主制度和生活方式的威胁。该观点是不能令人信服的。对当前生活在所谓的民主和平区的公民来说，世界并非这么整齐地被划分为和平区与暴力区。成熟的民主国家不会相互发生战争的传统规则当然仍旧适用，但这并不意味着民主国家能够忘记暴力，或认为它是一个边缘现象。事实上，各种不同的趋势正在共同搅乱民主和平的舒适形象。其中的大部分，包括由全球武器生产（目前每年价值约400亿美元）和充斥着暴力的毒品交易所带来的两个世界之

---

① Max Singer and Aaron Wildavsky, *The Real World Order: Zones of Peace/Zones of Turmoil* (Chatham, NJ 1993), ch. 1.

间日益绷紧的联系,是显而易见的。被美国军事霸权激发的紧张也是如此,而暴力施虐、律法失控的飞地——这些危险地区如(法国)斯特拉斯堡的诺伊霍夫区(Strasbourg district of Neuhof),(美国)洛杉机中南部郊区或像(印度)古吉拉特邦阿默达巴德等遭受破坏的城市——几乎出现在发达民主世界的每一个城市区域。甚至可以说,令人奇怪的是,生活在民主和平区的人们比世界其他地方对暴力的感受更强烈,这主要是因为暴力的形象和故事"更接近"民主国家其他方面处于和平中的公民。人们感觉暴力无所不在。保险公司提醒潜在客户进行风险计算和考虑安全需要,警方告知公民危险所在,兴旺的私营安保企业卖力推销其产品,关于暴力和刑事程序(如针对强奸犯和娈童犯)的宣传和动员活动增加了世界正在转向暴力的感觉。全球通讯系统的发展也起到了这种作用,其中一部分知道暴力——恐怖的电影、血腥的运动、可怕的谋杀——能够吸引观众,因而受市场本能的驱动,遵循"只要出现了流血新闻,就会变成头条新闻"的编辑规则。

最后一个因素是为什么民主和平论难以令人信服的一个重要原因。① 这部分要归功于交流的增加和高强度的媒体报道,世界空间日益充斥着暴力感。据一些观察家如田中明彦(Tanaka Akihiko)、朱塞佩·萨科(Giuseppe Sacco)和安伯托·艾柯(Umberto Eco)的观点,通信媒体正在帮助我们看到,抛开所有的"进步"、"和平"和"安全"幻觉,我们正在朝着一个自相矛盾的、多层的"新中世纪"方向漂流,它既没有基督教世界的精神团结特征,也没有世俗帝国的统一特征。这一正在显露的新中世纪秩序,他们声称,代表着一个其领土边界的政治意义已经下降的世界。各种声称有权的当局和相互冲突的合法性类型不断增加。从积极方面来说,这代表着全球范围内并非植根于人民主权的超国家法律,有了一个明显的增长;其中在政治和日常话语中出现了

---

① Jeffrey Goldstein (ed.), *Why We Watch: The Attractions of Violent Entertainment* (New York 1998).

"世界社会"这一概念的回归;其中——让人回想起佛朗西斯科·苏亚利兹(Francisco Suárez)、佛朗西斯科·德·维多利亚(Francisco de Vitoria)和其他西班牙神学家及法律教师所辩护的万民法学说(the doctrine of *ius gentium intra se*)——一些强国日益感觉有权监督(*droit de regard*)他国国内事务和有责任干涉侵犯人权行为。但是,萨科(Sacco)和艾柯(Eco)认为,新的中世纪秩序并非没有困难和危险。从消极方面来说,这是一个由私人暴力和分散势力导致"永久内战"的灾难蔓延所界定的世界——新军阀、海盗、军火贩子、匪徒、教派——现代国家本应征服这些势力,但显然未能成功。①

暴力三角

认为世界正在退回或滑向一种新的中世纪暴力形式的观点是对民主和平论幻觉的有益的纠正。如果将注意力集中于对我们所处新形势的一种更为精确的独特阐述,则两者的不足可以被搁置一边。除了民主国家及其公民社会持续不断地在国内制造大量令人不安的暴力——强奸、抢劫、黑社会犯罪,奇怪的哥伦拜恩中学式杀人案②——这一趋势之外,也有越来越多的证据表明,尽管冷战已经结束,实际上现有的民主国家正被一个非常不稳定的新暴力三角笼罩在

---

① 参见 Umberto Eco,'Living in the new Middle Ages', in *Faith in Fakes. Essays* (London, 1986), pp. 73–85。失去了"乔托、但丁或基督灵感"的中世纪化暴力的20世纪版本可以追溯至古列尔莫·费雷罗(Guiglielmo Ferrero)的 *Peace and War* (London 1933), p. 96(译文有修正)。It is developed in new directions in Tanaka Akihiko, *The New Middle Ages. The World System in the 21st Century* (Tokyo 2002), esp. ch. 7.

② 大量关于上述暴力形式的文献研究,下列文献进行了更详细的分析。参见 Robert Jackall 在 *Wild Cowboys: Urban Marauders and the Forces of Order* (Cambridge, MA 1997) 中对无秩序发人深思的研究和拙作 *Reflections on Violence* (London and New York 1996), especially pp. 113–122。

阴影之下。①

三角的一边是由冷战后世界地缘政治体系中的核武装国家带来的不稳定。这个体系目前由美国主导，作为一个军事大国，美国由于核武力这一终极威胁的支持，能够充当而且确实充当了义务警察的角色。作为一个占据主导地位的大国，其同时置身（engaged in）几个区域而又没有永久地绑定其中的任何一个，但这一策略（manoeuvres）正在变得复杂，因为当前它不得不与其他四大势力（power blocks）和平共存，其中三个涉及核大国：欧洲、日本、中国和俄罗斯。当（根据雷蒙·阿隆［Raymond Aron］提出的著名准则）世界大多数地方的生活与"和平不可能，战争也不太可能"这一规则相符时，这种几何状的安排显然不同于冷战所导致的僵化局面的扩大。而随着两个超级大国对抗的崩溃，这条规则也已经改变了。目前没有证据表明这将会带来后核时代的黎明和免于核事故或核攻击的恐惧。如今，和平已经变得更难，而战争则更有可能，主要原因在于一种不可预测的核无政府状态已占据了（settled on）整个世界。②

或许，正如一些观察家所指出的，核武器因此减少了大规模动员军队的需要，因而在一些西方国家维持了永久的"平民化"的日常生活。③ 这些核武器也减少了在占主导地位的大国中战争的可能性，因而也很可能真的已经永远地

---

① 下一节参考了拙作 *Whatever Happened to Democracy?* (London 2002)。

② See the concluding interview in Pierre Hassner, *La violence et la paix: De la bombe atomique au nettoyage ethnique* (Paris 1995), especially p. 383:"在过去，威慑理论与我们社会的公民性格相符：一只看不见的手，或抽象的机制，负责我们的安全，我们也不需要操心。但是今天核问题不能再被认为是孤立存在的，它与任何其他事物不可分地混在一起。"更为激进的观点请参见 Helen Caldicott, *The New Nuclear Danger* (New York 2002)。

③ Paul Hirst, *War and Power in the 21st Century. The State, Military Conflict and the International System* (Oxford 2001), p. 39.

减少了发生给地球及其人民带来毁灭的核灾难。① 然而，深层趋势仍然是不确定的，可以说那些生活在民主国家或者那些渴望民主生活方式的人们，仍然需要保持警惕。出于各种原因，永久的和平仍然是一个非常遥远的未来。

关键的政治大国目前正在忙于进行"军事革命",② 其武装部队将日益装备那些能够在世界任何地方使用的电子情报搜集系统，计算机通信网络，防护屏和极具破坏性、精确制导或"智能的"武器。而这些武器能否消除战争"摩擦"（冯·克劳塞维茨［Von Clausewitz］所称的）是值得高度怀疑的。也有怀疑针对所宣称的精度水平是否可以在支付能力内可靠地实现，或对军事英雄主义不感兴趣的平民是否做好准备，怀着感恩的心情静静地等待见证，通过遥控飞行器、纳米武器和复杂信息系统对他人进行暴力清除。大型战争仍然有可能长期使用这些以及更老式的武器，甚至可能在源自局部战争和纠纷的冲突中使用核武器（nuclear-tipped weapons）。

尚不清楚核冲突是否可以避免，替代性的方案也同样有可能。实际上现有的民主国家当前嵌入了一个风险生产的系统，其中对核材料的破坏性盗窃或泄露、核反应堆熔毁或公开使用核武器的可能性是长期存在的。一系列反应的开端（A

---

① 对该问题的经典反思请参见 Hans Morgenthau's *Politics Among Nations*; *The Struggle for Power and Peace*(New York 1954)。在对日本进行核攻击后，他声称，避免涉及核武器的第三次世界大战要求从无政府状态下的主权国家体系向世界国家的结构性转变。他认为该要求是必须的，但不可能得到满足。没有一个世界国家——除了第三次世界大战之后强加一个——能够建立，除非它是建立在由共享的道德和政治价值观所培育的世界共同体意识之上。摩根索认为这样的一个世界政体是不可能的，因为没有这样的价值观共同体可以提供，无论是现在还是在可预见的未来。一些观察家，包括美国的现实主义学者肯尼思·沃尔兹(Kenneth Waltz)，已经转向汉斯·摩根索颠倒了的结论，认为核武器的渐渐扩散将更受欢迎而不是令人恐惧，主要是因为事故或攻击危险的不断上升将带来全球在所有涉核事务方面自我克制的增强。参见 Jonathan Schell, 'The folly of arms control', *Foreign Affairs*, 79, 5(September/October 2000), pp. 29 – 30。

② 对该政策趋势的分析请参见 Michael O'Hanlon, *Technological Change and the Future of Warfare*(Washington 2000); E. A. Cohen, 'A revolution in warfare', *Foreign Affairs*(March-April 1996), pp. 37 – 54; and in J. Arquilla and D. Ronfeldt(eds.), *In Athena's Camp: Preparing for Conflict in the Information Age*(Santa Monica 1997)。

taste of things to come）是政府间围绕放射武器和脏弹（dirty bombs）、私人贩卖"被遗弃的"核材料和战争中对受害者惯例性地使用贫铀弹（depleted uranium shells）展开的对话。与此同时，核武器像卡德摩斯的龙牙（dragon's teeth of Cadmus）一样增多。美国和俄罗斯联邦的军械库各自保有大约 7000 枚核弹头。①

尽管有 1972 年签署的《反弹道导弹条约》，正如在巴基斯坦和印度之间、以色列与阿拉伯国家之间的军备竞赛中可以看到的，核军备的能力正在扩散，尽管之前签署了有关核对抗的协议规则，以及（正如由布什政府提出的所谓国家导弹防御系统计划所显示的）核武器问题已经深深地卷入了所谓武器系统"现代化"这一事实。美国官员们意识到其旧的冷战对手不再是如此，同时他们喜欢谈及一些"一般的"威胁和潜在的危险，它们很可能会随时出现在世界的任何其他地方。因此，从 20 世纪 80 年代早期开始，大约 600 亿美元的投资被用于发展对付那些装备了核武器的"流氓"国家的国家导弹防御计划。该计划的一个问题在于，潜在的其他流氓国家数量非常多；美国国务院列举了 44 个拥有装备造核武器能力的政府，这有助于解释为什么世界的治理体系已经受到新出现的核政府之间竞争的困扰。世界上第一次与冷战无关的核对抗——先是印度在 1998 年 5 月进行了 5 次核试验，接着巴基斯坦进行了 7 次——已经因一长串新的和同样具有危险的进展事态而得到加强。这些事态包括：朝鲜不断努力制造核武器；对无法检测到的生产核武器材料的气体离心和激光浓缩法的"地下室扩散"的担心；对俄罗斯保持核武器和核材料安全能力的持续怀疑（尽管美国通过了每年投入 23 亿美元的纳恩·卢格法）；美国对开发低当量核武器以用来对付硬化或深埋地下的目标的兴趣；以及美国不反对中国扩充核武库计划的保证——该计划实际上将会导致目前由《全面禁止核试验条约》所规定的世界范围内暂停核试验的终结。奥威尔最担心的事情开始出现：核武器似乎正在进行自我繁殖。对"投射能力差距"、"脆弱之

---

① *The Times*, London, 10 *February* 2001, p. 16.

窗"和"导弹差距"的讨论确实不再回响在权力部门,然而不祥的迹象到处都是。新揭露出来的过去和现在行政机关的粗心大意和"正常"的核事故正在涌向公众视野(public circulation)。赔偿的诉求正在世界各地的法院被提起。实际发展脉络更深更长,而且很明显(像未来一样)不确定。但一个结论是不可避免的:即所有的民主国家现在都受到世界体系的潜在威胁,这个世界体系产生了一群自私自利的核大国,它们强烈反对削减或彻底取消核武器的目标。

残酷战争

因此暴力三角的另外一边:民主国家今天也受到残酷战争中滥用暴力的威胁。这些构成了撕裂政治体系、败坏公民社会体系和使战士陷入专注于自我保存的武装冲突。[1] 关于第二种暴力形式可以发现数量丰富的事例,包括在苏丹持续了 20 年的战斗,它被持续不断的进口武器所推动,这些武器落入国家和非国家行为体的手中,他们努力使用这些武器以高度复杂的方式杀害和弄残其他人以保存或获得土地、牲畜、财富和权力。这场冲突已经导致至少 200 万人死亡,用国际非政府组织的行话来说,另有 400 万难民留在自己的国家——即在国内流离失所的人。[2] 苏丹型的野蛮战争地带代表着可怕的痛苦。那些被卷入其暴力漩涡的人们遭受了由不可想象的残酷行径所造成的生存范围的萎缩。

---

[1] 对残酷战争的分析参见我的 *Reflections on Violence*, pp. 131ff. General remarks about such forms of conflict are scattered throughout Gérard Prunier, *The Rwanda Crisis: History of a Genocide* (New York 1995) and Fergal Keane, *Season of Blood: A Rwandan Journey* (New York 1995), especially pp. 1-40, 161-198。

[2] 参见 Francis Deng, *War of Visions* (Washington, DC 1995); Abdelwahab El-Affendi, *For a State of Peace. Conflict and the Future of Democracy in Sudan* (London 2002); and the report by the International Crisis Group, *God, Oil and Country. Changing the Logic of War in Sudan* (Brussels 2002)。

军队、民兵和下层社会的犯罪团伙的强奸、抢劫和谋杀导致几乎所有剩余的岛屿文明都遭到了不可修复的破坏。

暴力之火通常因全球流动的武器、金钱和人员而熊熊燃烧，它们充分利用了地方政治体系趋于崩溃和竞争势力团体正在争夺领土和资源的现实。整个人类都因此被拖累进入暴力的黑洞。结果很难被描述和分析为"国内战争"，因为该术语一直认为，在现代条件下，战斗人员被锁定在为争取控制领土国家权力的关键资源而进行的暴力而有纪律的斗争中。国内战争一般是精心策划和实施的，通过运用理性计算的暴力方法来设法攫取或者保有通向国家权力的手段。国内战争之所以被认为是"国内"，在于平民参与了夺取国家权力的斗争，而它们之所以被认为是"战争"，在于暴力被各方作为一种战术手段而运用。

国内战争这个概念的问题（正如我们将在后文中详细看到的）在于它没能抓住理解概念的方式，使得夺取政治权力的斗争可以而且确实轻易地成为经历最可怕的无政府主义的破坏和死亡的一个委婉说法。苏丹、塞拉利昂、克什米尔、名声不好的刚果民主共和国只是许多冲突地区中的极少数，这些地区战斗人员的暴力斗争造成了一个可怕的朝向暴力行径将结束其自身生命的地方堕落的人间地狱。在野蛮战争地带，暴力成为可怕的目的本身。从根本上说，杀人和伤人并没有别的原因，只是因为受害者可以被杀死和被伤害。好像施暴者只有通过针对他人的暴力才能确定他们的身份。施暴者需要（建构）那些威胁对他们进行灭绝的敌人，因而这些敌人必须被迫害、折磨、残害乃至歼灭。在野蛮战争地带，暴力有深远的功能优势。暴力团体内部的竞争、嫉妒、争吵向外投射到他人，用消灭生命的残酷行径（life-affirming acts of desperate cruelty）对付那些绝望的"替罪羊"。[1] 有关战争基本规则的必要限制条款全部被弃置一旁。

---

[1] René Girard, *Violence and the Sacred* (London 1988), pp. 4–6, 8–10, 269–273; cf. 对发生在黎巴嫩战争的深入研究请参见 Samir Khalaf, 'The scares and scars of war', in *Cultural Resistance. Global and Local Encounters in the Middle East* (London 2001), especially pp. 201–233。

敌人被妖魔化为无所不能的，能够带来全面的威胁和暴力。对他们的习惯性暴力攻击因此被不断地重复，无穷无尽，不知羞耻，也没有限制。暴力行为已经不需要理由。凶手的面部表情苍白，有时带着微笑。他们的言语愤世嫉俗，或是对其个人或群体幻想的老套陈述。借口当然有很多。然而，冲突的规律（the laws of engagement）还是相当明显的：对无辜者的谋杀与反谋杀，割断敌人的手和生殖器，切断敌人的舌头或用石头塞满敌人的嘴，破坏墓地，强奸妇女，向食品投毒，焚烧作物，让受害者血流成河。（他们）确保不能存在无辜的旁观者。惩罚摇摆不定的人——就像温和的胡图族人领导人阿加特·乌维林吉伊马纳（Agathe Uwilingiyimana）一样，因为温和而被她的胡图人同事杀害，她半裸的尸体倒在一个阳台上，下身被塞进一个啤酒瓶。站在暴力一边的每个人都必须在鲜血中受洗，被训练成为卑鄙罪行的同谋者。确保每个人都目击强奸、酷刑、谋杀。确保他们已经同流合污了，不会忘记他们所见的或做过的。用令人痛苦的问题来折磨民主派和其他人：是怎样的兽性本能驱使波黑塞族施虐者用迫使穆斯林受害者咬掉其他穆斯林睾丸的行径来自娱呢？是什么层次的无理性让一个卢旺达牧师点燃了自己的教堂，让受惊民众无法在其中寻求避难之处呢？为什么塞尔维亚的推土机司机会在谋杀受害者开始之前挖掘集体埋葬的坟地呢？我们又是什么样的人呢，竟然能够接受我们中间的这种堕落？而当一切都说过和做过之后，那就做好准备吧，如同斯洛博丹·米洛舍维奇（Slobodan Milošević）在海牙法庭前所做的一样，向记者和法官夸耀屠杀者实际上是英雄，认为受害者是杜撰的或咎由自取，这并不是反人类的罪行。

末日恐怖主义

今天民主世界的每个角落都受到第三种形式暴力的威胁：末日全球恐怖主义。这类恐怖暴力可以说始于20世纪80年代早期。当然，恐怖主义现象——

这个词本身可以追溯到1793年3月到1794年7月法国大革命时期的恐怖主义——出现的时间则要早得多。① 其所谓的"古典"形式包括使用（或威胁使用）暴力，使他人产生恐惧，以实现特定的政治目标。国家当然可以是恐怖主义者，在某种意义上，它们可以使用刺客和其他暴力的秘密特工进行管治，使其臣民产生对暴力死亡的恐惧，非国家形态的传统恐怖主义通常是战斗者们的工作，他们既非穿制服的士兵，也不组织为复杂的等级命令结构。他们被训练如何处理爆炸物和使用轻型武器，通常是在城市。与游击队如肯尼亚的Mau Mau、阿尔及利亚FLN和今天哥伦比亚的革命武装力量（FARC）不一样，传统的恐怖分子并不打算占领其敌人的领土。尽管恐怖分子也使用闪电攻击和迅速撤退，但他们既不靠数量优势，也不靠军事能力或身体意志去击败对手。像下水道的老鼠，他们在当地民间社会形成多少不可见的渠道，以小规模的和实际上自主的单位活动，以最终拖垮士气低落的政府敌人，恐怖分子料想政府——最终不顾一切地——会谈判、让步和退却。新的通信手段，如移动电话和互联网，肯定能使恐怖分子扩大对全通道网络的接触，而同时保持活动的无形或"隐蔽"，以便——颇为自相矛盾的是——争取公众支持他们。对暴力行为的宣传——将炸弹放置到人们的意识中——是他们的专长。通过引起人们恐惧的手段夺取斗争的胜利也是如此，这些恐惧由特定暴力行为引发，具有破坏性的社会和政治影响。

残忍而有规则的暴力部署——而非不分青红皂白地大规模杀戮和残害——仍然是古典恐怖主义的关键特性，包括其法西斯的变种。第一次世界大战后所形成的法西斯行动队通常包括二三十岁的男复员军人，他们对国内目标发泄不满——包括共产党人、天主教徒、社会主义者、工会、犹太人——通过"征

---

① 参见 Walter Laqueur, *The Age of Terrorism* (London 1987)。

伐"来医治满目疮痍的国家。① 由巴斯克、爱尔兰、哥伦比亚的枪手、劫机者和袭击者带来的现代暴力行为同样不是说说而已,而是希望引起公众的注意,但他们造成的残酷行为和恐慌也被抑制,甚至(正如红军派所想的)当其任务是揭露国家法西斯的特性,并创建一支平行的人民军队时。与行动队的传统支持者一样,这些暴力行为并不想杀死很多人,这解释了为何末日恐怖主义是恐怖主义一个新的起点。确实,恐怖主义浓厚的古典元素表现得很明显,包括20世纪80年代初对贝鲁特美国和法国军事设施的自杀式袭击,奥姆真理教对东京地铁的袭击,1995年初对俄克拉何马城联邦大楼的轰炸,1998年8月同时对达累斯萨拉姆和内罗毕美国大使馆的袭击,以及2001年9月对美国五角大楼和世界贸易中心的袭击。上述每次袭击都旨在改变根本的政治秩序,而每次暴力行为都发生在城市环境中,但没有试图占领领土。然而,每次袭击都代表了传统恐怖主义战术的一次破裂。末日恐怖分子认为自己是在致力于对敌人发动全面战争,对这些敌人不值得谈判,也不能妥协。敌人被视为不仅在道德上虚无而且除了毁灭一无是处,因此,使用技术简单的恐怖和无限的暴力,让数以百万计的人见证,是正当的。末日恐怖主义的目的是利用复杂系统的脆弱性,选择目标——例如,那些美国力量的重要象征——然后从隐藏的角落里出来不分青红皂白地大规模杀人。不只是大使馆或机场或夜总会或酒店,而是整个城市被夷为平地。其意义既不是赢得公众的支持,也不是达成政治交易。末日恐怖主义认为,要进行的是一个致命的零和博弈;应保留恐怖活动的匿名

---

① 注意墨索里尼将行刑队暴力视为受控医学实验的观点:"征讨必须始终具有公正合法报复的品质。我们不期待暴力成为一所学校、一种制度,或者更糟的是,一种审美。暴力必须是慷慨的、骑士气概和外科手术式的。"(引自 Margherita G. Sarfatti, *Dux* [Milan 1926], p. 250。)

性,① 无需宣称承担责任。(他们相信)像上帝一样,恐怖分子应该是无处不在,又无处可寻。恐怖必须是既无形又难以管理:它的发生,应该像噪音从其潜在受害者的头上呼啸而过那样。其根本目标是激进的失败主义。(他们认为,)应该动摇敌人的核心思想和组织。敌人应该(使用监狱语言来讲)被活埋,受到隔离的折磨,不得不怀疑自己被遗忘。意义本身应予以摧毁。当今世界的腐朽应予以曝光,并将其置于灾难的炼狱之中。

---

① 参见 Giovanna Borradori, *Philosophy in a Time of Terror. Dialogues with Jürgen Habermas and Jacques Derrida* (Chicago and London 2003), p. 29。该书中哈贝马斯的评论:"游击队在熟悉的领域与自称的政治目标战斗以夺取权力。这是其区别于恐怖分子的不同所在,后者分散在全球各地,仿效特务机构的形式组成网络。当前,我们将恐怖主义与'基地'组织的名称联系到一起,使得识别敌人和对危险的任何现实评估变得不可能。这种不确定性成为恐怖主义的一个新特征。"

2

关于暴力的思考

暴力问题始终是最模糊的。

乔治·索雷尔（Georges Sorel，1906）

关于暴力

民主可以在暴力三角（也就是指有关暴力的三角关系）中幸存吗？他们可以采取措施来削弱，甚至消除其在全球的毁灭性后果吗？为了回答此类问题，首先要完全弄清楚"暴力"这个令人困惑且晦涩难懂的术语。这个被广泛运用且常常滥用的术语究竟具有什么含义？

如同所有人文科学中的概念一样，类似暴力这样的范畴，既必要又危险。它们能够扼杀想象力，让其使用者陷入对世界确定性的错觉之中，诱惑他们认为自己"知道"一切，就如同他们知道自己的手背一样；从另一方面而言，如果没有这样的范畴，世界上关于各种事件、人物和事务的莫名思潮和巨浪将会使人们的思想乌泱一片，有时甚至陷入思想的泥淖。摆脱这种模棱两可的途径之一，毫无疑问是从政治的角度思考暴力，给暴力的范畴注入一种不确定性，将其抽象地定义为一种"理想类别"，即将暴力理解为任意选择而又有确切定义的术语，其目的是通过重新描述世界，以调整我们的感官去适应那些标注为"重要的"、"存在问题的"复杂政治现实，由此而引发我们的关注。

要想清晰界定暴力这一概念是非常复杂的，自 18 世纪中叶以来，这个术语自身经历了明确的"民主化"的进程，在我看来，这意味着三件事情。"暴力"这个术语应用范围扩大；其含义依赖于上下文内容，因此，在不同时间和地方，其内涵不同；由此，"暴力"这个术语及其负面内涵总是在诸如刑法、新闻业、公共政策和日常生活中存在争议。如果只是为了消除那些历史学家不准确使用或者误用这个术语的坏习惯，那么关注这个术语的民主化进程就显得非常重要。在16世纪和17世纪，生活要比现在更加危险，穆尚布莱（Muchembled）这样写道，因为暴力构成"人际关系的主线，构成各类不同人群的社会性格特征"。① 诸如此类的陈述很多，缺乏其关键术语的史实性。将达恩顿（Darnton）关于1789年前法国、德国和英格兰等地对猫使用私刑、火刑和酷刑的紧张描述与现在关于"虐待动物"的争议进行比较，其比较结果提醒我们如果行为被认为是不存在问题的，就如同天马行空一般不存在暴力，但即使是一种乐趣，到了后来，在不同的上下文中，也被视为一种离奇的残酷，甚至是排斥性的好奇。② 同样的教训——暴力的概念并没有直截了当的普遍含义——可以通过审思一些暴乱行为而学到，这些暴乱行为从现代欧洲早期的宗教盛典和广受欢迎的布道活动爆发而来，其中，拥挤的人群定期实施暴力仪式来反对他们认为是恶魔污秽者，而从没有将他们自身采取的这种行为称为

---

① Robert Muchembled, *La violence au village: sociabilité et comportements populaires en Artois du Xve au XVIIe siècle* (Turnhout 1989), p. 9.

② 关于暴力和民主化的反思必然会提出人类对生物圈内生物施加的暴力行为是否合法。尽管我看到基本上没有很好的理由说明为什么在此讨论的暴力概念应当限定在人类事务之内，但碍于文章篇幅有限，只能及此。民主国家的公众越来越关注"虐待动物"可能是一种候群症，它源于将"暴力"术语扩大到以往由其他描述符控制的生活领域这一长期的历史转变。普遍而言，非暴力运动和反对专一思考、冷血暴力的反自然法律之间处于平衡状态是值得欢迎的，即使仅仅因为两者质疑19世纪的活体解剖这样的丑陋行径。（参见Frances Power Cobbe, *The Modern Rack: Papers on Vivisection* [London 1889] and Albert Leffingwell, *The Vivisection Controversy: Essays and Criticisms* [London 1908].）活体解剖得益于取得的成就和未来的潜力，变得越发的不可一世，涉及科学和工业需要免审、免道德评判和免司法控制的动物实验者要求就不足为奇了。从历史的角度讲，这有助于为有名望的医生善意地在无望人类身上进行可怕的实验埋下伏笔。（见Alexander Mitscherlich and Fred Mielke, *Doctors of Infamy: The Story of the Nazi Medical Crimes* [New York 1949]）

暴力，正是因为他们身着源于《圣经》、圣餐和民俗传统标识的服饰。① 相似的规则也同样应用于中世纪欧洲发生的各种仪式化的战争或危险且伤身的"深度游戏"，例如足球、桥上作战和斗牛赛跑，它们再一次没有被视为对暴力的补救行为，因为这些行为非常典型，与农业周期相关，被自认为是对紧密联系的社区的自我理解。②

那些使用暴力概念的人必须要意识到暴力概念的时空异常性。这些异常性有助于解释为什么这个术语经历了民主化过程。从字面上讲，术语"暴力"是在下降的。人们对其理想型——争议性的、可变的——特性存在逐步的认识。这一概念性的民主化过程可以说是一个更广泛的——嵌入政治的——支持现实社会中暴力民主化的历史性转变的组成部分。而以往残暴通过言美之辞或以荣誉的名义来进行，那些对他人施加残暴的人如今发觉自己被称为暴力者。这种伤害他人的行为性质发生转变，趋于称之为"暴力的"，从而打破他们以往视为理所当然的性质，从军事和警察以及刑法机构——所谓政府的强力部门——的"核心"领域到人们生活的各种空间和人们行为的各种类别，暴力这个术语的内涵得到显而易见的扩展，正如在过去数十年中进行的关于"家庭暴力"、围捕、"马路骚乱"和虐待儿童的言论。③

这种趋势是值得欢迎的，即便它们不可避免地将对暴力和民主两者之间关系进行的深入思考变得更为复杂。那么如何使这种变换趋势处于最佳状态呢？

---

① Natalie Z. Davis, 'The rites of violence', in her *Society and Culture in Early Modern France: Eight Essays*(Stanford 1975), pp. 152 – 187.

② Clifford Geertz, 'Deep play: notes on a Balinese cockfight', in his *The Interpretation of Culture: Selected Essays*(New York 1973), pp. 412 – 453; and Julius R. Ruff, *Violence in Early Modern Europe*(Cambridge and New York 2001), ch. 5.

③ Robert Darnton, *The Great Cat Massacre and Other Episodes in French Cultural History*(London 1984), ch. 2; Wini Breines and Linda Gordon, 'The new scholarship on family violence', *Signs: Journal of Women in Culture and Society*, 8, 3(Spring 1983), pp. 490 – 553; and Liz Margolies and E. Leeder, 'Violence at the door: treatment of lesbian batterers', *Violence against Women*, 1(1995), pp. 139 – 157.

有没有关于暴力更为审慎的思考原则？当然，人们应当对关于暴力的这种复杂趋势并不陌生。考虑到这个术语的潜在力量——能够指明国内机构的职能和不足之处以及人们生活的方式——应当对之妥善处理并谦卑应对，即便其中存有一丝讽刺意味。尤其是面临将其视为无用而混乱的范畴而草率处理的各种尝试，亦如罗伯特·保罗·沃尔夫（Robert Paul Wolff）试图从哲学无政府主义者视角分析的，① 认为存在支持其最狭隘但最可能的核心含义的显而易见的理由，通过松散的隐喻而表露无遗（如当人们指出违反某个标准或协议，或者某人遭遇"剧烈骚动"，或受到"剧烈的"摇晃，抑或听到被称为"震撼的"演讲——由于演讲者行为充满激情或表现过度）。其他关于暴力的思考原则也值得关注。人们定义暴力这个概念时，应当承认意图行为的重要性和力量，但不能将两者过分紧密联系于某个行为。根据各种参考得出的关于暴力的各种定义，例如，暴力是指"人类的侵犯"或"好斗的本能"这样的解释应该不予采纳。理由很简单（如下页所示），因为人们可能由于各种复杂的理由而变得充满暴力。暴力不应被认为是合法性的反义词，就如同"非法的"肢体冲突（如悉尼·胡克［Sidney Hook］曾经提到的），"对个人或团体采取非法的身体强制"。② 最后，暴力这个术语不应当被精英人士的推定所轻视，例如现代资产阶级坚信"暴力反对事物"在某种程度上等同于"暴力反对人民"，似乎"财产"就等同于"人民"，似乎通过撬开加固的钢栅栏而进入军事基地并占领跑道，就等同于从一万米高空中向活生生的人群投放炸弹一样。

通过本书，暴力的概念被尽可能地——有点讽刺——谨慎使用。所列举的

---

① 罗伯特·保罗·沃尔夫：《论暴力》（'On violence'），载《哲学杂志》，1969 年 10 月第 66 期，第 601—616 页。

② 引自 K. W. Grundy and M. A. Weinstein, *The Ideologies of Violence*（Columbus, OH 1974），p. 12. 对比赫伯特·马尔库塞（Herbert Marcuse）对暴力的法律定义的反驳（见 *New York Times Magazine*, 27 October 1968, p. 90）："感谢政治语言学家，我们从未使用暴力这个词来描述警察的行为，我们从未使用暴力这个词描述越南特种部队的行动。但是这个词已经准备好，用来描述学生们防卫警察、燃烧车辆或砍伐树木的行为"。

每个例子都试图保留其原有含义,都可追溯到对该术语的最早期(中世纪晚期)英语使用方式(从拉丁词汇 *violentia*:*vis*［force］和 *latus*［to carry 的过去分词形式］),描述的是通过"运用体力"来"阻止或干扰",或"粗暴干涉",或"亵渎、侮辱或玷污"某人。维持"暴力"这个术语更为古老、更为准确的含义是非常重要的,不仅仅是因为暴力这个术语在充满残酷可能或现实的世界中具有持续的相关性。各种关于给出"暴力扩展性定义"(例如约翰·加尔东［Johan Galtung］的界定)、使其含义包罗万象的种种尝试——从伤害人的身体和政府对少数族裔的歧视,到债务负担和歧视性别的语言——妨碍着人类有效的自我实现,使概念变得毫无意义。暴力这个术语类似一个非正义探测器。它衡量着一切有碍"和平"的事物。暴力这个术语内涵扩大,包含个人、机构和文化,而后与"满足人类需求"——"生存需要"、"幸福需要"、"认同,意味着需要"、"自由需要"——这一存在疑问的本体论描述相关联,这使得暴力与诸如"伤害"、"痛苦"、"不幸"、"异化"、"文化歧视"和"压抑"等经历难以区分。认为"当人类受到影响而使其对身体和大脑的控制低于其潜在的控制,暴力于是乎就出现了"①的观点与这个观点本身自相矛盾。这使得暴力的概念几乎成为一切人类无法获得幸福的同义词,而非如同免受政治诅咒的天使,通过"合作、友好和爱",同"各类伙伴以共生的、平等的关系"愉快生活。

  暴力需要给予更严肃的定义,少一点规范性的内涵夸大。暴力更应当被理解为,组织和/或个人有目的地、直接而令人讨厌地对他人身体进行侵犯,致使他人遭受一系列从休克失语、精神折磨、常做噩梦、皮肤淤青、伤痕累累、身体肿胀到头痛、骨折、心脏病发作、截肢甚至死亡等后果的行为。如同我们将看到的那样,暴力形式多样,而其中有些则高度自相矛盾。进行极端自我侵

---

① Johan Galtung, 'Violence, peace and peace research', *Journal of Peace Research*, 6 (1969), p. 168; see also his 'Cultural violence', *Journal of Peace Research*, 27, 3 (1990), pp. 291–305.

犯的案例，例如自杀或安乐死或身体象征性涂上大便、尿液和经血的秽物示威，都属于这一类。① 这么做的行为需要限制他人人身自由（physical restraint），违背其意志，如某个行为暴力的人被戴上手铐，头被皮靴踩在地面，或是某人为了阻止他人奔向熊熊燃烧的高楼去救人而被打昏。在这每一个案例中，尽管存在自相矛盾的地方，但是暴力行为具有目的性强的共同特质。甘地提出的外科医生使用手术刀的非暴力行为与匪徒和虐待狂那种自私的恶意行为之间的著名区分在于准确抓住暴力的目的性特质。暴力行为要有意识地企图或多少打算限制他人的身体；其界限或边界案例，正如法官清晰掌握的那样，是鲁莽之下（有意或无意）或是以官僚暴力为标志的制度设置之下对他人身体造成的伤害，后者看上去没有人对侵犯他人（单个人或整个群体）身体直接负责。

所以即便是谈到穿上天鹅绒，暴力依旧与如下行为有关，其中暴力的受害者不是作为其"他者特性"被识别和尊重的主体，而仅仅是不自愿地被视为身体应受伤害甚至毁灭的对象。值得反复重申的是，暴力总是"被体现出来的"。这显而易见。暴力直接触及受害人的身体，即使是需要些时间才能有暴力印记（例如对他人蓄意投毒、释放毒气、释放辐射或是囚禁）。暴力所体现出的特质有助于我们理解为什么高声呼喊的示威人群躺在路面上来阻截高速公路并非是暴力行为。挥舞警棍、发射橡皮子弹和泼洒胡椒粉的大块头警察使用这种"温柔移除"的方式将他们移走。诸如"施加暴力"或"他脾气暴躁"这样的说法提醒我们，暴力是对他人身体令人讨厌的干涉——如某个男子对一名妇女或儿童或是男子的身体进行猥亵，迫使他（她）们张开双腿，并将其恶心的生殖器官插入他（她）们的身体，就是一个更清晰的例子。

同样值得注意的是，暴力行为并不总是面对面进行的手刃相残的冲突。在

---

① 见 Begoña Aretxaga, 'Dirty protest: symbolic overdetermination and gender in Northern Ireland ethnic violence', in Catherine Besteman(ed.), *Violence. A Reader*(Houndsmills and New York 2002), pp. 169–192。

我们这个时代，人们通过代理人去杀人或者被杀。暴力貌似由于大规模的机构设置而得到控制，就像军队配备了最先进的监察监控和杀人设备一样。这些暴力机构设置发挥了模糊暴力行为的意图和掩饰其重大过失和责任的作用。那些给他人造成身体伤害，令他人饱受痛苦的人之所以这样做，并不是因为他们是暴徒和虐待狂（尽管他们有可能是），而是因为他们经培训而形成习惯和技能，依照他们身处其中的机构体系的逻辑和命令而行事。暴力倾向于"匿名性"，通过伤害他人获得一种专业地位。尽管如此，它依旧是暴力。受害人仍然在身体上或是精神上受到施害者下述行为的伤害：

他们围坐在桌子旁编制程序、按下按钮、敲击键盘、填写报表和作出决定，然后装载武器、润滑引擎、启动飞机，他们这样做至少意识到他们的所作所为，直接或间接地，将被其他人认为是充满暴力的行为。这种"制度暴力"的趋势，自然包括上个世纪的所有形式的工业化杀戮。[1] 还有一些案例，如米歇尔·福柯（Michel Foucault）这样的学者所分析的，以"改善处境"的名义在训诫室或班房里来故意限制受害人的身体，违背他们的意志，因而可以说，暴力已经从公共的惩罚性场所开始被重新配置，变得"私有化"，在监狱高墙之内、在医院或是庇护所之内被洗白或得到伪装，有时候还带有一丝微笑。[2]

强调暴力的讨厌特性意味着暴力是世界上否定主体自由的一种极端形式。不过，人们明确定义了这种主体性和自由（freedom）——狭义"自由的"（liberal）或"以财产为中心的"或"欧洲"的生活方式并不在此次讨论范围之内——暴力是指对他人的身体自由的干涉（bodily motion）。暴力也能使他们缄默。暴力已经被认为是一种交流的形式，它确实总是被包裹在一个专业语言

---

[1] 参见 Jean Claude Pressac and Robert-Jan Van Pelt, 'The machinery of mass murder at Auschwitz' and Andrzej Strzelecki, 'The plunder of victims and their corpses', in Yisrael Gutman and Michael Berenbaum, *Anatomy of the Auschwitz Death Camp* (Bloomington 1994), pp. 183 – 245, 246 – 266; and Omer Bartov, *Murder in Our Midst: The Holocaust, Industrial Killing, and Representation* (New York 1995).

[2] Michel Foucault, *Discipline and Punish* (London 1977).

规则和言语行为的外衣之中。① 然而那些受害者总是躲在他们自己言论的面纱之下。他们淹没在令人畏惧的暴力噪声中。② 而后在尖叫之前，他们将保持沉默，哪怕只是片刻。有时候他们的沉默将会永远保持下去。暴力对世界造成了破坏。它割掉人的舌头，而所感受到的痛苦部分地就是源于切断了身体的说话能力。卡夫卡（Kafka）（在《流放地》一文中）所描述的通过在身体上强行刺字来杀害受害者的精密行刑机器准确地抓住了这一点：随着安装了刻字针的机器将受害者的罪名刻写在其身体上，甚至让受害人流血致死，暴力者迫使受害人失去了身体和言语的完整。暴力犹如盗窃，受害者的世界被压缩在强加的极度痛苦之中；而犯罪者的世界则相应地变大，至少在瞬间，从受害者那里获得了全部的权力，拥有绝对的支配地位。③ 巨大的力量差异显示出为什么暴力与涵盖公民自由、团结、平等的公民社会和复杂民主政治规则不相容。当公民个人遭受侵害时，他们的身体受到侵犯，并可能造成身体上的、言语上的和精神上的伤害。要注意到暴力对个人身体造成的影响。当民主国家的成员遭到侵犯时，对民主国家的集体性共识就会遭到破坏或消失——暴力能够摧毁生者、逝者甚至是尚未出生者的共同相互依赖——暴力仅具有如此效果，因为它最终是对个体施加压力并威胁着这些个体，而这些个体仅仅被当做对象看待，就像他们的身体被认为应受拳脚之苦、刀斧之痛或是枪弹之伤一样。事实上，那些遭遇暴力的个人发现他们，正如亚里士多德所指出的，就像"棋局中的一颗闲子"，或者（如他在其他场合所述）像"注定要被捕杀"的野兽。④ 当然，

---

① Birinder Pal Singh, *Violence as Political Discourse* (Shimla 2002), p. 32.

② "当我回想过去十年，噪音是首先出现在我脑海中的词汇"，David Grossman 在他描述以色列—巴勒斯坦冲突的《作为生活方式之一的死亡》(*Death as a Way of Life. Israel Ten Years After Oslo* [New York 2003], p. vii.) 中指出，"噪音是如此之多，如枪声和喊叫声，煽动言语和悲哀声，爆炸声和游行的吵闹声，成堆的陈词滥调和恐怖袭击现场传来的特别广播，号召报仇的动员声和头顶上直升机的悸动声，救护车尖锐的报警声和每次事件后一连串的电话铃声"。

③ Elaine Scarry, *The Body in Pain : The Making and Unmaking of the World* (New York 1985).

④ Aristotle, *Politics*, bk. 1, ch. 2, 1253a, and bk. 7, ch. 2, 1324b.

亚里士多德认为暴力必然存在于前政治的家庭领域和城邦政治外的"野蛮人"世界里。"这样的行径是荒谬的",他指出,"世上如果有某些分子具备自由的本性,而也有另一些天然需要受人统治,那么专制的权力就该限于那本来非自由的部分,决不可把这种权力向任何地方扩张。"① 亚里士多德对(暴力的)必然领域与(和平的)自由领域所作的区分应当被摒弃。② 然而亚里士多德认为暴力将言说和行为的主体当做实现特定目的的潜在工具这一基本观点依旧是令人信服的。要是换句话说,他未必能够理解:民主秩序受到对公众负责的国家机构的保护和支持,意味着主体可以自由发表言论以及和平互动,而(至少是暂时的)暴力则使他们成为缄默的对象——甚至将他们驱入死穴。

　　探寻各种定义的过程可能令人忧虑,但它至少表明"暴力"这个术语涵义模糊,就像人文科学的所有概念一样,是一种理想型概念,也就是说,它有选择地强调了现实的某些方面,而这些方面在概念上、对应的纯粹形式上是不存在的。只要人们继续使用这个术语,暴力的概念(Gewalt, himsā, violenza, nasilje, bou ryoku, ūnf)将出于选择性的原因——以及由此带来的复杂的道德问题——会永远存在争议,尤其是在民主的条件下。人们总会问些聪明的问题和耍小聪明的问题:抢劫银行的匪徒想要制造被同伙暴打的现象以甩掉警方的追查,他们算是暴力的侵犯对象吗?酒驾司机驾车冲向骑自行车的人,算是一种暴力行为吗?那么年迈的售货员被一群跑来跑去、头戴耳机的年轻人不小心撞到人行道上呢?又或者是英国士兵牵着嗅探犬,强行闯入一户穆斯林家中呢?

　　欢迎提出这些问题,不仅仅在法庭上,这是因为,从根本上说,对复杂性

---

① Ibid., bk. 7, ch. 2, 1324b; cf. bk. 7, ch. 14, 1333a – 1334a.(参考〔古希腊〕亚里士多德:《政治学》,吴寿彭译,商务印书馆1997年版,第347—348页。——译者注)

② John Keane, *Public Life and Late Capitalism* (Cambridge 1984); 'Structural transformations of the public sphere', in Margaret Scammell and Holli Semetko (eds.), *The Media, Journalism and Democracy* (Aldershot and Burlington, VT 2000), pp. 53 – 74; and *On Communicative Abundance* (London 1999).

的敏锐感帮助提醒民主国家关于各种形式暴力出现的偶然性。民主国家在应对"变性"暴力的过程中成长（也相应地备受其困扰），这是可以理解的，因为"最纯粹"的暴力形式被认为必然会导致非自愿的死亡。死亡可能是暴力行为的最终后果。当然，对每个人来说，死亡是不可逃避的终点站，也是生命图上的参照点。它标刻着有限与无限的十字交叉点。个人可以将死亡作为其生活免受外来世界压力的起点。他们能够反映出他们获得与否的东西，能够反映出他们是什么样的人，以及反映出他们未来会遇到的东西。从这个意义上说，死亡同时意味着新生，正是因为死亡，生命才达到制高点。当然，死亡的方式多种多样。能够在友人中或亲属的关注中拥有尊严地死去，其充满勇气的面庞显露出难以言喻的权威表情并被旁人拍摄下来，这样的死法是幸运的。而那些人——单单在过去的一个世纪里死去的数百万人——因为暴力行为而被剥夺"个人死亡"（Rainer Maria Rilke）的人是不幸的。他们的死亡是被迫的，也是悄无声息的。就好像他们死过两回；他们自己的生命戛然而止，从他们那里窃走了贮藏生命的可能性、窃走了他们的过去、现在和未来。暴力有很多迥异的途径来夺走生命，但结果仅有一个：你死去了，你不复存在，人们再也找不到你。对于某个人、某个地方，你可能会成为一个统计资料。如果你够幸运，你的照片和珍贵物品将永久保留在你的亲属、朋友、同事或是爱人那里。但真相却是，那些因暴力而失去生命的人早已被推越极限。死亡并非他们想要的重心。这标志着他们生命的终结。他们不再出现在街头，不再出现在食物补给单上，不再出现在排队领取水和面包的队列中，不再躺着床上，不再出现在厨房或者卧在爱人的怀抱中。他们只是血迹斑斑的躯体，上面爬满蚂蚁和苍蝇。他们是公园中的一个浅坟包，是体育场上的一具死尸，也可能是沙漠里一个扭曲的沙堆，亦或是石板上一动不动的躯壳——生命故事终结了。

3
文 明

（源自公民的）文明是……从野蛮中得到的自由；开化的状态……文雅；文明性；举止优雅……礼仪的规则；礼貌的习惯……

塞缪尔·约翰逊（Samuel Johnson，1786）

文明社会的再认识

像人类语言中所有的术语一样,"暴力"是与其他词汇相关联的术语。当该术语处于由其他相似或有差别的词汇和概念交织形成的更广泛网络之中时,它明显地向我们呈现了其意义和重要性。长久以来"暴力"和"公民"或"文明"社会之间的对比,就是一个很好的例子。经历了长达一个世纪的有组织暴力行径和当前我们世界所处的暴力新三角,一点也不奇怪近年来对文明社会的兴趣有了显著提高,甚至有人期许能够实现全球性的文明社会。① 奥威尔(Orwell)未能预见到这种新的发展趋势,有趣的是,我们可以推测一下他广为人知的未来悲观主义能否被其政治学著述较为贴近的规范的公民社会理想所调和。仔细思考,其实文明社会的概念同暴力和民主问题有着极为密切的关系。主要原因包括以下四点:(1)"文明(有礼貌、乐于助人、去野蛮化、去军事化)"这个词与"非暴力"理想有着久远且现实的内在关系;(2)近几十年

---

① 以下的内容需要事先熟悉我的以下著作:*Global Civil Society?* (Cambridge and New York 2003) ; *Democracy and Civil Society. On the Predicaments of European Socialism , the Prospects for Democracy , and the Problem of Controlling Social and Political Power* (London and New York 1998) ; *Civil Society and the State. New European Perspectives* (London and New York 1998) ; and *Civil Society* : *Old Images* , *New Visions* (London and Stanford 1998) 。

来，全球范围内使用暴力对抗政府的民主运动此起彼伏，而文明社会的概念也普遍兴起；（3）现代社会中，每一个能够长期保持的民主制度和生活方式，都建立在文明社会的坚实基础之上；（4）然而，令人不安的经验事实是，任何已知的文明社会都曾被暴力和残酷行为所困扰，尤其是当人们期盼建立一个由开放、平等、存异、非暴力团结等价值观主导的规范社会秩序结构时。这种现象显然公开背离了其迈向民主的趋势。

有时，"暴力"与"文明社会"和"民主"主题间的紧密联系并不十分明显。考虑一下厄内斯特·盖尔纳（Ernest Gellner）在《自由的条件：文明社会和它的敌人》（1944）一书中对"暴力"异乎寻常的缄默。盖尔纳对"文明社会"与当代的联系给出了一个基于社会学和政治学的较好的总结概括："'文明社会'（该术语的首字母大写）由一系列足以维持国家平衡稳定的非政府组织构成，这些非政府组织不会影响政府实现其和平守卫者和利益裁决者的社会角色，但是能够防止政府支配和分裂社会。"① 可惜的是，盖尔纳总是将不同形态的文明社会混为一谈并且总是从经济角度探讨文明社会。他关于穆斯林国家不可能有文明社会组织的论断漏洞百出，以至于有时他的整本书读起来就如同 19 世纪东方主义者的论断。然而，盖尔纳的文明社会观清楚且有力地指出，该术语在当代的流行源于以下事实，无论出现在哪里，理想中的典型文明社会都是一个集复合、选择和动态于一体的场域，是所有政治专制主义的敌人。

盖尔纳强调，在危机四伏、20 世纪极权统治的苏维埃主义，或被他称之为"政教合一的拜金主义"的政体下，文明社会对专制统治的反抗更为强烈。政治、思想和经济分层的几乎完全重合是上述政权的主要特征。苏联的极权主义由其公开宣传的目标所驱使，即将人类从以占有性个人主义、商品拜物教和占有劳动剩余价值为基本特征的资本主义压制下解放出来，培养社会主义新人。盖尔纳认为，苏联极权主义之所以没能实现大部分目标，部分是因为这种

---

① 均引自 Ernest Gellner, *Conditions of Liberty. Civil Society and its Rivals* (London 1994)。

极端的意识形态只能培养出愤世嫉俗或是循规蹈矩的人。苏维埃人擅长空谈，不幸的是，这些"没有机会的个人主义者"缺乏实际的进取心，尤其因为他们被禁锢在一个"几乎不可能，或事实上根本不可能建立无政治监督的社会团体"的世界中。

之后是1989年，事件迭出的一年。这一年秋天，欧洲中东部大半地区崛起的大规模非暴力革命结束了这种体制。这些非暴力革命不仅代表了新生文明社会的力量对勃列日涅夫（Brezhnevite）或铁托主义（Titoist type）专制统治的实质性胜利，也证明了知识分子的重视转向文明社会的范畴。但是，为什么在部分国家的一些被压迫、受屈辱的人却发现文明社会的乌托邦式生活更吸引他们呢？为什么他们痛恨乌托邦社会只是假想并且觉得那是痛楚的虚无？盖尔纳从农业社会向工业社会的不可逆转的转型中得到了主要的答案。生活在复杂的以市场经济为主导的工业化时代，我们不得不将文明社会当做我们赖以生存的"第二自然"。因此，我们是由自身追求和努力所结出的果实。在我们的历史中，对文明社会的追求已经成为了其中的一部分，也是我们要构建的一部分。我们从本质上喜欢文明社会，因此不愿生活在任何形式的国家专制统治或传统意义上的法团主义中。盖尔纳写道，"文明社会……似乎植根于我们的历史命运中。退回到停滞不前的传统农耕时代已不再可能，因此工业化才是我们注定的命运，因此我们也有责任承担其社会后果。"

也许会有人提出异议，认为盖尔纳太过倾向于谈论那个抽象意义上的"我们"，而忽略了我们所沉浸其中的文明社会传统在空间和时间分布上的不对等。为了集中研究盖尔纳的"结构主义"论点，即文明社会是自由的必要条件，我们将暂时忽略那些举足轻重的反对意见。盖尔纳一再重申，文明社会并不是一个由亲缘关系、礼制和其他形式的先决身份特征来主导的沉闷、割裂的群体。文明社会"根源于政治活动同经济社会生活的互不干涉"，并且"社会生活不受权力行使者的控制"。正是文明社会的这种空间独立性及在与政治统治者保持一定距离之领域发挥作用的能力，使得文明社会中的公民充满信心并不断取得自我发展。而且,不仅仅是文明社会中生活方式的复杂性和多样性对人类的本质观念产生了影响(文明社会的居民从根本上不同于其他社会形态的居民。"他不是那一类人",盖尔纳写道)。除此之外,文明社会的魅力还在于其活动的多样性和对优秀定义的不同标准,这造就了一个机会平等的景象。因此,为实现自我发展的动机开始滋生,并走向繁盛。"文明社会……让很多人认为他们处于阶梯的最顶端。由于有很多独立的阶梯,每个人都可以认为自己处在一个举足轻重的阶梯上。"

粗　暴

盖尔纳理论认为,文明社会是一个自由的社会,这一积极的观点,恰当地突出了其作为民主条件之一的基本价值。在非文明社会中,公民不可能在向公众负责的政治—法律框架下自由选择自己的身份、权利和义务。然而,盖尔纳对文明社会特点的总结有些过于短视,事实上反映了其身边朋友一个非常普遍的习惯,即对和平促进公民自由进行了过于理想化的思考。许多人谈到全球结社革命和文明社会,将其视为"人们志愿联合起来进行表达的领域",视为支持"减少暴力、促进经济健康发展、实现社会和政治公平、提高环境质量"等核心价值观的领域。① 从政党竞争局限性和新闻媒体掩饰角色的困惑到长期失业和家庭内外的性别歧视,文明社会中的各种负面倾向都被忽视了。当代很多学者,同盖尔纳一样,理论研究上存在一项重大疏忽,即粗暴。最极端的例子就是暴力社会,即社会秩序因各种形式的极端暴力行为而分崩瓦解的社会形态。

---

① 引自《文明社会纯粹主义》的一些重要文献,见本人所著《全球文明社会?》(*Global Civil Society*),尤见第57页。

尽管"粗暴（Incivility）"和"暴力社会（uncivil society）"听起来有些怪异，似乎这些词有些笨拙，词语误用或是不合潮流，但是对这些词的进一步探讨却对问题的解决至关重要。英语字典中提到，"uncivil"这个词根已经被淘汰了。16世纪的形容词"uncivil"意为与文明礼貌的言行相反的行为，或指野蛮、没有教养、不合时宜、不合礼仪、不礼貌的言行。正如乡村居民谈到"野蛮的耕作"（1632）或莎士比亚在《维罗纳的两位绅士》（1591）中塑造的一个人物所说的"恶徒，放手，不得无礼触摸！"中指代的意义相同。18世纪，"暴力"这个怪名词成了哲学和文学研究的主题。同一时期，对文明社会（*societas civilis*，*koinōnia politiké*，*société civile*，*bürgerliche Gesellschaft*，*Civill Society*，*società civile*）的研究开始全面兴起。其实，作为和平、秩序良好的政治结社的同义词，文明社会这个古老概念的传统含义经历了长期的无序和社会分裂。从那时起，文明社会和国家这两个传统意义上被 *societas civilis* 联接的关系概念，才开始被看做是不同的存在实体。

在英裔爱尔兰作家乔纳森·斯威夫特（Jonathan Swift）的游行传记中，对暴力的哲学探索就尤为明显。文明社会，在18世纪被陈腐地定义为"政治井然有序、没有暴力的社会形态"，他本人也是这一定义的支持者之一。斯威夫特对暴力的高度关注与新近的文明社会观点中对暴力的莫名沉默形成了鲜明对比。在他的爱尔兰乡村的游记中，这种关注尤为突出。在旅行中，他发现，与那些居住在英语国家的城镇和农村宅邸中的买办朋友相比，这些人大部分是不开化的。斯威夫特的旅行游记使人联想到中世纪时期出行不安全的社会，出行需要一定的勇气（犹如保罗·路易·克洛岱尔［Paul Louis Claudel］的作品《给玛丽报信》中安妮·威克斯的离开），而且旅行本身就意味着要穿越被野生动物、流氓地痞、强盗土匪主宰的地域。

斯威夫特认为，寡头政治下的英国是文明国度的典范。这在他离开故地都柏林，经常由乡村贵族或牧师陪伴，在英式优雅舒适的圣殿里度过的夏季随笔中明显地反映出来。1728年夏，他在亚瑟先生和艾奇逊夫人位于阿马（Armagh）郡 Market-hill 的寓所中写给托马斯·谢里丹（Thomas Sheridan）的信中提到，"我讨厌都柏林，喜欢这边的度假地，以及主人的文明举止"。他更倾向于将他的时代比做是在前现代的野蛮状态和现代文明中不断斗争的时代。这种争斗在空间上展开，类似于敌对双方在地域上的分界，旅行者从文明社会进入到不文明社会，通常会有穿越时空回到过去的不寻常经历。当他回到都柏林舒适的家中后，曾对亚历山大·鲍伯（Alexander Pope）说，"你会发现我在从伦敦归来的 7 天里做了一个很快地转变"。他讲述了从很多不曾知晓的国家和语言中回到文明社会的经历。他经常会花几个小时去思考，驾着快马或是乘着长风，一个人可能会遇到像新西兰和澳大利亚人一样的未知民族。在爱尔兰境内，当在礼貌和卫生一样不为人们接受的地方同那些未开化的人交往时，既让人觉得新奇也会让人觉得厌恶。斯威夫特对当时基尔肯尼乡村的描写是他对爱尔兰的典型观点。在他眼中，爱尔兰几乎到处都是肮脏的野蛮人：

> 这是自然最原始的一面，没有房屋、没有庄园；肮脏的小屋子，痛苦、衣衫褴褛、处于半饥饿状态的人，几乎失去了人形；驱车 20 英里才能找到一个傲慢无知、令人难以忍受的乡村地主；只有耗费暑假中一整天的旅行，才能发现一个教区的教堂，而相比之下，英国农民的谷仓简直就是大教堂；一片沼泽有 15 英里见方；每块牧场都是泥沼；每座山丘都是岩石、野草和湿地的混合；不论男女，从农民到临时工，不仅是盗贼也是乞丐，在这片土地上，盗贼和乞丐是互通的。①

---

① 分别引自乔纳森·斯威夫特（Jonathan Swift）写给托马斯·谢里丹（Thomas Sheridan）教士（Market-hill, 2 August 1728）、亚历山大·鲍伯（Alexander Pope）（Dublin, August 1726）、埃斯特尔·凡鹤利（Esther Vanhomrigh）女士（7 August 1722）、主持牧师约翰·布兰德雷思（John Brandreth）（30 June 1732）的信，见 The Correspondence of Jonathan Swift, ed. Harold Williams, 5 vols.（Oxford, 1962 – 1972），vol. III, p. 296; ibid., p. 158; vol. II, p. 433; and vol. IV, p. 34. 此外，约瑟夫·麦金尼斯（Joseph McMinnis）所著《乔纳森游记：斯威夫特和爱尔兰》(Travels. Swift and Ireland, Belfast and New York 1994) 是从旅行家角度对斯威夫特生活的很好的描述。

斯威夫特对"野蛮"的观察呼应了16世纪意大利法庭和17世纪巴黎沙龙中流行的关于文明准则的论断。该准则认为在商业活动和爱情行为中,人类每天的相互交流不仅摆脱了暴力的威胁,而且还成为了乐趣的一个源泉。人类并不是生来就喜爱暴力的。他们学会握手,也会在各种约定俗成的惯例中慢慢克服占有欲,例如通过优雅的发言、礼貌的举止、散发柔弱气质的长裙(长长卷起的假发、珠宝、丝带、高跟鞋),这些都有利于人类远离不文明的习惯,即那些被称之为粗野的、粗鲁的、无理的、未经润饰的不雅习惯。在这个时期,法语词汇"civiliser"用来描述这个进程。"civiliser"意为"带来文明,在良好的管制和法律下,使人的行为更加文雅和文明"。① 米拉波(Mirabeau)的《男性朋友或治疗人群》(1756),是法国第一本使用新流行的"civilisation"一词的书籍。该书中提到,那些享有文明声誉的人是协会或团体中的模范。他们是开化的人类,他们的心很弱软,并且不会对其他人有暴力报复行为的倾向。

在当时的文献中,并没有形成认为抵制愚昧是件好事的一致观点。作为愚昧的解药,文明在发展中也带来了很多争议。例如,对文明伪善的诸多抱怨,尤其是打着文雅举止的旗号,掩饰对人类自私和暴力的纵容。甘地有一句非常著名的评论,他说:"英式文明社会的构想将会面临一系列的批评。"其中,最广为人知的当属诺瓦利斯对"欧洲文明野蛮"的不满,狄德罗对贵族侮辱性礼节的评判,以及让·雅克·卢梭对霍布斯和当代文明社会的挖苦。卢梭写到:"翻开写着权利和道德的书本,倾听教授和法官的教诲,我的脑海里充满了他们倡导的魅力信条,我崇尚文明社会中的和平与正义"。同时,卢梭坚持认为礼貌或者标显的文明并不是人类的美德,而是掩饰罪恶的伎俩。文明是礼貌的野蛮。卢梭继续写道:"希望政府机构的睿智永存。而作为公民的我,只

---

① 见 Edmond Huguet, *Dictionnaire de la langue française du seizième siècle* (Paris 1925), vol. II, p. 302;以及 *Deutsches Wö-rterbuch von Jacob Grimm und Wilhelm Grimm* (Leipzig 1956, vol. XV, pp. 1723 – 1788.)中各种关于 Zivilisation 的探讨。

能是悲叹为何要化身为人。义务和幸福全权支配着我,合上书本,走出教室,环顾四周"。就像白色手套上的血迹更为突出一样,文明中的恐惧显得更加令人胆战。卢梭总结道:"那些可怜的民族在残酷的枷锁下呻吟,人类在一小撮压迫者的统治下身陷囹圄。饥饿的民众在痛苦和饥荒中逝去,富商们却在肆意地吮吸着受害人的鲜血,佯装悲悯。法律上,装备着强大武器的一方,欺凌弱者。"①

　　文明的双重标准不仅受到抨击,更有人试图改变权力的天平。这种说法重点强调当权人的文明是通往残酷自大的途径,这会在平民中产生意想不到的暴力倾向。因此关键在于当权人必须改变他们的行为方式,让尚未开化的人找到通往文明社会的途径。此后不久,这些行为就在乔纳森·斯威夫特为爱尔兰独立辩护而对英式文明社会的质疑中,得到了恰如其分的解释说明。18 世纪,对人吃人的激烈探讨,揭示了这一转变。当然,也有些人直言不讳地抨击这种尝试是"不人道、令人毛骨悚然的残暴"(迪福[Defoe]),离欧洲文明的高标准相差甚远。有些观察家(伏尔泰 1759 年所写的《老实人》就是一个明显的例子),谈到人吃人时则较为隐晦,显得机智而沉着。但是,这段历史最显著的一点就是这一时期的所有食人主题都被文明社会的倡导者用来呼吁欧洲人睁开双眼,从不同的视角,去看待问题(如同乔治·福斯特[Georg Forster]在跟随库克船长结束环球旅行后所作的著名总结那样)。尤其是,同西班牙

---

① 让·雅克·卢梭,《关于战争状态的随想》(*Fragments of an essay on the state of war*),约写于 1752 年,见《通过建立欧洲联盟实现持久和平》(*A Lasting Peace through the Federation of Europe and the State of War*)(London 1917),第 124—125 页。原版重印收录于 C. E. Vaughan(ed.),*Political Writings of J. J. Rousseau*,vol. I,pp. 293 – 307。

"文明人"用印度婴儿喂狗的残暴相比,毛利人的食人行径几乎根本算不上什么。① 这类观点同乔纳森·斯威夫特提出的讽刺建议甚是相近。1729年,他在《为防止爱尔兰贫困者子女成为父母或国家负担以及将他们培育成为对大众有利者的小小建议》中提到:欧洲文明进程中固有的暴力给当权人带来了新的机遇——让暴力进一步商业化,让婴儿成为富人的盘中餐。

　　斯威夫特对双重标准的抨击,以及他开玩笑似的对文明社会中心地带的野蛮更需要公众诚信的呼吁,引起了一阵骚动。无疑,部分是由于他的呼吁,引发了对暴力的一贯恐惧,这种暴力潜藏在现代文明的早期阶段。暴力总是萦绕在文明社会中。在这一方面,"文明"大体上被看做是一项排解和净化暴力的长期工程。暴力,是文明社会永久的敌人,并且文明社会一定会取得胜利。这一时期的"文明"指一个不完整的历史进程。在这一进程中,"文明",作为一个静态词语,既是暴力行为向文明行为转变中的目标,也是这一转变的结果。本书的主要思想议题是文明进程是一项逐渐趋近完美的跃进。在18世纪,世界文明有两点含义,一是历史的基本发展进程,二是这一基本历史进程的发展结果。在当今社会文明的先进与实际或猜想的原初状态(被称为自然、野蛮、荒蛮、原始等)之间的区别更为显而易见。欧洲特权阶级自认为他们带领着人类从最初的野蛮和如今的人性半开化状态通过教育和净化走向完美。

　　亚当·斯密(Adam Smith)于1752年的一次演讲中,强调文明进程发展缓慢,同时伴随着人类活动中暴力的逐渐消失。在这次演讲中,他第一次在英语中使用了"civilisation"这个单词,同时演讲的内容也深深地震撼了亚当·弗格森(Adam Ferguson)。弗格森将文明发展描述为一个从野蛮到文雅的进

---

① 欧洲文明进程给其自身带来的恶果,见 Claude Rawson, 'Savages noble and ignoble: natives, cannibals, third parties, and others in South Pacific narratives by Gulliver, Bougainville, and Diderot, with notes on the *Encyclopédie* and on Voltaire', *Eighteenth-Century Life*, 18 (November 1994), pp. 168–197. 一些关于19世纪的发展情况可见于 Catherine Hall, *Civilising Subjects. Metropole and Colony in the English Imagination*, 1830–1867 (Cambridge 2002)。

程,并且,在这一进程中,人们更多地将当代文明社会理解为有正规的政府和政治从属关系的美好或文雅的社会形态。弗格森还认为,文明或美好这样的词汇,恰当地描述了以酌情使用暴力为明显标志的现代国家,这些国家同野蛮或荒蛮的民族形成了鲜明对比。"在野蛮国家,争吵不过是冲动的释放,通常都是以谩骂、暴力和殴打而结束。"在政府部门里,暴力也十分盛行。"当派别斗争中的成员拿起武器时,主导方会驱逐其反对者,或是剥夺其权利,更或许会血洗整个派别。篡位者总是会通过最残暴最迅速的杀戮来保护他的势力。然而,这个篡位者也同样会遇到阴谋和谋杀,这个时候,即使是最受人尊敬的公民也会拿起武器准备搏斗。"野蛮国家在战争中同样残暴。"城市被夷为平地,或被殖民;俘虏被贩卖、迫害或致死"。与此相反,弗格森提到,文明或开化的国家会在当前的生活状态中找寻抑制暴力行为的办法。他还写道,"我们改变了战争法则,让残酷的战争不再如此令人悚然"。"我们将文明礼节同强大武力相结合;我们学会了在和平协议和卡特尔条款下开始战争,我们学会了相信被打败的敌人的信用。文明社会的行为准则就是:使用武装力量,只是为了实现正义,以及维护民族权利。"①

---

① 见 Adam Ferguson, *An Essay on the History of Civil Society* (Edinburgh 1767),尤见 pt. I, sect. 4 ('Of the principles of war and dissension'), pp. 29 – 37, pt. 2 ('Of the history of rude nations'), pp. 112 – 164; and pt. 3, sect. 6 ('Of civil liberty'), pp. 236 – 256。

4

野蛮行为

疏通这个邪恶的无底洞,既不容易,也不让人愉快,然而……疏通这事需要人完成,因为昨天犯过的错可能明天再次被人尝试,可能摧毁我们以及我们的孩子。一个被诱惑的人会做个鬼脸转过身去,并且不再思考:这种诱惑人人都必须抵制。

普里莫·李维(Primo Levi, 1988)

国家暴力

18世纪弗格森式的对暴力与公民社会问题的阐释缺陷很多，其中之一是或多或少的对一种进化式的或目的论式理解的暗中承诺，即将历史作为一个从"野蛮"社会到"文明"社会的转型过程。虽然弗格森担心野蛮行为的旧态复萌①，他的大体路径是将现代假设为比之前的野蛮时代更高级，因为这一点对当代民主很重要——暴力能够从关键的社会政治生活领域移除。在弗格森的苏格兰同事的作品中，进化式螺旋上升的（历史）假设很明显。比如说，詹姆士·邓巴（James Dunbar）的《论野蛮时代和受教育时代的人类心智历史》（1780），以及约翰·罗根（John Logan）的《历史哲学的要素》（1781），他们两人都将暴力视为公民社会的对立面，并乐观地假设暴力在现代公民社会中逐渐衰落。

在它所属的时代里，这种冒昧的乐观主义是有助于消除暴力在人类事务中永恒不变这种古老认识。② 由于在后来"追求"公民社会的过程中，包括盖尔

---

① 参见 Adam Ferguson, *An Essay on the History of Civil Society* (Edinburgh 1767), pt. 6, sects. 3-4 ('Of the corruption incident to polished nations'), pp. 382-401。

② 有一个例子就是 Ihean de Mehune 在诗里引用了 George Puttenham, *The Arte of English Poesie* (London 1589), pp. 173-174: "和平缔造富足，富足孕育骄傲，骄傲萌生争吵，争吵招致战争：战争意味践踏，践踏即贫穷，贫穷即隐忍，隐忍即和平：因而和平带来战争且战争带来和平"。

纳，同样的假设还在无形中起作用，这种乐观主义在今天依然有它的影响和后果。① 这个假设被认为是既有问题又是可欲求的，不仅被过去一个世纪可怕的国家暴力犯罪所证实，而且被我们时代危险的暴力三角所证实。进化式的乐观主义被三种基本趋势所否定：暴力在现存的公民社会中持续存在；（可能不相关的）公民社会能够以及确实退化为非公民社会的永久可能性；相关的，但是相反的趋势，一个旨在公开和根除像谋杀和强奸、种族灭绝和核战争、严密组织暴力、残害动物、虐待孩子和资本惩罚等不相干现象的新文明政治（civility politics）。为了完善当下对公民社会的理解，探索对暴力和民主更深刻的认识，让我们更细致地检视这些复杂的正反趋势。

在过去一个时代的人类科学中，诺伯特·埃利亚斯（Norbert Elias）在激发关于现代公民社会优缺点的辩证意识上比谁都卖力。他有关所谓"文明进程"的描述对关于民主和暴力新思考的任何努力都至关重要。在目的和视角上，埃利亚斯1939年的著作《文明的进程》② 可以和更早的作品，如龙德莱（Rondelet）、托克维尔（Tocqueville）及其他人比肩。《文明的进程》一书追溯了西欧从中世纪晚期好战的骑士社会到法庭（court）社会的国家建构转型过程，达成转型的阀门是对暴力的耻辱感在性质上变高。埃利亚斯认为从16世纪以后，尤其是在宫廷（courteoisie）的统治圈子中，人类行为和情感的社会标准开始发生翻天覆地的变化。行为准则不仅变得更为严格，更可区分和包容，而且更温和。在这种宫廷的"习性"中，自发性的行为受到压制。过度的自我惩罚和自我放纵的行为被消除。限制是内化的，社会生活逐渐平和。同盘而食或同杯而饮的人，或随地小便和吐痰的人，已经被克制和对他人身体功能感到尴尬这堵新的围墙隔开。他们学会了握手和在胁迫下保持平静。物理性

---

① 参见 John Keane, *Global Civil Society?* (Cambridge and New York 2003)。

② 参见 C. Haroche, 'La civilité et la politesse—des objets négligés de la sociologie politique', *Cahiers internationaux de sociologie*, 94 (1993), pp. 97 – 120. 这里引用 Norbert Elias 的主要作品是 *über den Prozess der Zivilisation. Soziogenetische und psychogenetische Untersuchungen*, 2 vols. (Basel 1939)。

的冲动（如放屁、大便、小便和赤裸本身）受到自我施加禁止规则的限制，后来随之有了隐私法则。对婚礼仪式、卖淫和性爱的讨论开始变成忌讳。语言变得更具修饰性。甚至死亡，尤其是暴力死亡对活着的人而言已经成为一件使人为难的事情。例如，在战争中对暴力、酷刑和使敌人残废的快感的表达慢慢地被当成是野蛮的，对怨恨和愤怒的复仇欲的掩藏也是如此。埃利亚斯认为这种转型和领土主权国家的建构紧密相关——尤其是对更严格的控制战争阶层和限制对贵族的"奉承"而言。后来，在高度不平衡的情况下，宫廷文明化的举止"向下"渗透到城市中产阶级、（尽管存在激烈的争论）农民和工人阶级中。这个过程被鹿特丹（Rotterdam）的伊拉斯谟（Erasmus）用一个新术语表示为"文明性"（civility）——后来动词化为"文明化"（to civilise）。不久后就有了一簇术语：如文明的、文明化的、文明性、文明化和文明主义（civism）。这些术语被用在其他国家，用来表示争取完善和修正行为举止的新努力。

后来的历史研究发现埃利亚斯的总体论述是非常可行的，这个时期的西欧确实见证了一定的暴力减少，这不仅在主导阶级（dominant classes）中是这样，在日常的社会生活中也更为普遍。① 埃利亚斯分析了这个发现带来的启示，表现出某些微妙之处。确实，他的作品包含着对18世纪文明化的进步观点的追溯。他的症结是他大概忽略了文明进程中规训的和其他的暴力行为被重置、清洁和掩盖而非减少的那些方式。② 例如，19世纪资本犯罪减少并且绞刑在英国公开被废除，这些很难归功于不断增长的自由文明化的现实胜利。③ 当然已经有很多人对公开的暴力感到耻辱。但是起诉和死刑定罪在19世纪早期急剧上

---

① 例子包括 Julius R. Ruff, *Violence in Early Modern Europe* 1500 – 1800 (Cambridge and New York 2001) ;以及 Eric A. Johnson and Eric H. Monkkonen (eds.) , *The Civilisation of Crime : Violence in Town and Country since the Middle Ages* (Urbana 1996)。

② Michel Foucault, *Discipline and Punish : The Birth of the Prison* (London 1977)。

③ V. A. C. Gatrell, *The Hanging Tree. Execution and the English People* ,1770 – 1868 (Oxford 1994)。

升,在19世纪30年代因担心英国塞满绞刑架而有超过九成的死刑没有实行,主要并非是由于"文明化"的阶层对死刑犯充满同情。同样,在英国,绞刑的秘密化,从公众的眼前移开,始于1783年为拆除断头台而发起的泰伯恩(Tyburn)游行,并于1868年放到监狱墙内,和文明化的承诺没什么关系。将处刑移到屋内,将暴力从公众眼中移开,经常被其倡议者视为一种减轻公众对肮脏的资本惩处行为展开攻击的方法。一种后果是绞刑变得更加残忍,因为对公开暴力的废除意味着重罪犯不可能获得之前的旁观者正面的同情。那些最后一刻可能被豁免的犯人现在只能独自面对死亡,以此希望——经过福音派新教徒的精心策划——他们有罪的灵魂将会悔悟。

即便存在这些失误,埃利亚斯一贯地指出西欧文明进程是并且依旧是历史的偶然。连接中世纪和现代欧洲世界是一种分散的历史片断。他的推理依然是公平无私的。埃利亚斯经常认为现代文明进程带来了确定无疑的收获。通过创建远离暴力的社会生活,人们实际上学会了握手。然而这个观点并不是非常精致的①——他已经注意到世界其他地方有另外通往"文明"的路径,这解释了埃利亚斯为何批评标准化地使用诸如"文明化"和"市民社会"的术语,犹如这些词是现代欧洲或更广泛的"西方"胜利和成就的同义词。他评论道:

> 1789年当拿破仑出征埃及时,他对士兵大声说:"你们负有征服的责任,这种征服将为文明带来无法估计的影响",和这个概念发明时的情形不同,这里的民族将文明的进程认为只能在他们的社会中完成;他们将自己视为一种既存的或已经完成的文明的传承者,而将他人视为外国领土上文明的旗手。除了模糊的残余之外,所有此前的文明进程均未保留在他们的意识中。它的作用仅仅被理解为对他们自身更高天赋的一种表达;在许

---

① Hartmut Kaelble, *Europäer über Europa : die Entstehung des europäischen Selbst-verständnisses im 19. und 20. Jahrhundert*(Frankfurt am Main and New York 2001).

多个世纪的历史进程中，他们对（关于文明的）事实是什么，他们自己文明化的行为是如何被建构的问题没有兴趣。①

埃利亚斯具有说服力地警告说，对社会起源的健忘，尤其是对欧洲文明标准的健忘会引发（正如拿破仑的例子中所显示的）自大和暴力后果。文明化不仅仅被认为是理所当然的。它变成了将他者视为低人一等的优越情结的同义词，这种情形确实发生过，一小撮欧洲人的宫廷贵族上层曾经试图居高临下，将他们自己视为真正的"文明"的持有人。埃利亚斯论辩道，他们是一个被他们的成就感紧密围绕的社会中心——虽然有明显的证据表明最初的欧洲人的文明模式饱受自我麻痹。

埃利亚斯强调欧洲人文明进程中的自我摧毁式的特质，对暴力和民主的新思考而言是尤其重要的发现。按照埃利亚斯的说法，现代市民社会一直遭受非文明外生资源的持续性威胁。他的推理可以简要概括为：现代文明进程直接和政治阶级的构建和成长有关——法国王室，美国制宪者，20世纪去殖民化的胜利者——就是用他们自己的方式和运用多样化的手段来解除权力集团竞争者的武装，并且同时垄断对一个既定区域及其居民使用暴力（的权力）。现代国家的创建——一个非个人的抽象的实体高于且不同于当时的政府以及被统治者——既是文明进程前提条件又是其结果。国家构建者发展出常规职业军队来处理武装盗窃行为、杀人、袭击、强暴和骚乱等事宜。它们制定刑法：德国1532年制定的《卡罗琳娜刑法》(*Constitutio Criminalis Carolina*)，法国1539年制定的《维利—科特雷刑法》(*Criminal Ordinance of Villers-Cotterêts*)，菲利普二世1570年制定的《西属尼德兰刑法》(*Philip II's Criminal Ordinance for the Spanish Netherlands*) 都是其中的例子。国家构建者也寻求通过一种多样化的规

---

① Elias, *Uber den prozess der Zivilisation*, vol. I, p. 63; and 'Zivilisation', in B. Schäfers (ed.), *Grundbegriffe der Soziologie*, 3rd edn (Opladen 1992), pp. 382 – 387. 关于其文明之演进的理论可移植性问题参见 Stephen Mennell, *Norbert Elias: An Introduction* (Oxford 1992), pp. 232 – 233。

范和秩序来规制他们的臣民的生活,这些规范和秩序对此类事务作出了规定:如衣着、运动规则、两性关系、对施暴家庭成员的监禁、酒馆关门时间、决斗、走私和其他组织化的犯罪行为。在每一个不同的情形下,国家机器的任务是消除社会暴力。污秽、肮脏和不文雅的行为都被宣布为不合法。国家开始在一定人口范围内垄断使用暴力,这种垄断能使得民众的日常生活免受暴力的侵害,因而国家对暴力的这种垄断被认为是合法的(legal),具有合法性(legitimate)。

埃利亚斯意识到各种形式的"暴乱式集体讨价还价"对暴力的集中进行了激烈的争夺。① 与此同时,他意识到在民主国家暴力是通过选举而来的政府进行正式控制和管理的,政府有作为行政机关的军事和警察做后援,埃利亚斯相信,和其他许多人类发明一样,武装完好的主权国家组织的功效也是相当模棱两可的。按照埃利亚斯的说法,他在此的立场和国际关系中的"现实主义"学派很接近,国家构建和火的使用类似。正如对火的使用最先出现在烹饪食物的文明进程中,同时也被野蛮人用来烧毁茅房和屋子,因此武装主权国家的政治发明完全是含糊不清的创举。国家是确定无疑的危险的镇压工具。它们(国家)只保护[正如奥威尔在"鲁德亚德·吉卜林(Rudyard Kipling)"中所言]那些高度文明化的人,然而未对剩下的其他人(不可避免地是文明化程度相对较低的)提供这种保护。② 一方面,在既定的区域内,国家是强化和平以及维护和平的机构。政治主体以国家控制和合法化暴力的方式享受和平,从而将个体和团体从地狱般的"对暴力死亡持续性恐怖和危险的"现实中(霍布斯用语)解放出来。施加暴力逐渐变得,至少在原则上,是可预测的并且——霍布斯所不同意的——可以民主地进行控制。另一方面,也有困境,即现

---

① E. P. Thompson, 'The moral economy of the English crowd in the eighteenth century', *Past and Present*, 50(1971), pp. 77 – 136.

② George Orwell, 'Rudyard Kipling', *Collected Essays and Journalism: 1940 – 1943* (London 1981), p. 581.

代国家保障的和解没有扩展到国家间关系中。即便有国家间谈判、外交和和平协定，所有国家都陷入了"一切人反对一切人（*a bellum omnium contra omnes*）"的战争状态中。按照埃利亚斯的说法，现代国家过于文明。"正如在每一个充满竞争和没有中心垄断的平衡系统中，系统力量中的强国通过相互不间断地空间扩张和强化权力地位，从而形成主要的紧张局势。"① 这里的启示是本质为暴力的战争，在战斗条件下不使用暴力是极其愚蠢的，会时常危及特定国家垄断对暴力工具的使用（因为它们可能在军事上被外国的敌人或国内的动乱打败）。战争反过来会给所在国家的民众享有的非暴力的、文明的环境带来威胁。埃利亚斯在此的观点是当部署暴力的权力被一部分团体所攫取并且服务于这些特定小团体利益的时候，暴力可能用于与他国的战争，也可能施加在其民众身上。战争和战争谣言在文明进程中普遍存在。

暴力手段的垄断者能够反过来将威胁生命的武器对准他们自己的臣民。卢梭评论道，"君主或者那些推卸掉自己身上责任的君主，其整个生命仅仅投身于两个目标：将他们的统治扩展到边界外并且在边界内更加专制。"② 这个评论适用于整个现代主权国家构建的过程。当早期的帝国和酋邦正式试图保证臣民的服从和最大限度地榨取他们的剩余财富的时候，它们通常缺乏永久性的彻底粉碎它们试图去控制的这个社会的资源。结果它们通常依靠允许地方共同体和整个区域进行自我管理的悖论性策略，作为回报，政治权威会赋予他们提供产品和兵役劳动的义务，这依赖于惩罚的痛苦。相较而言，现代主权国家作为一个永久性的和完全剥削的潜在工具在运作，核心是集中武力。之所以以这种方式运作是由于在历史上的更早时间节点中，国家成功解除了自治的封建领主、地方民兵、雇佣兵、海盗和决斗贵族的武装。在其影响下，现代国家因此可能比前现代的政治系统更可怕。正如霍布斯所指出的，它对暴力手段的垄断

---

① Elias, *Uber den Prozess der Zivilisation*, vol. II, p. 435.
② Jean-Jacques Rousseau, 'A lasting peace through the Federation of Europe(1756)', in *A Lasting Peace through the Federation of Europe and the State of War*(London 1917), p. 95.

使得它的臣民永久地站在恐怖暴力的阴影下。

历史记录显示埃利亚斯正确地观察到国家暴力能够摧毁文明，唤醒那些非文明的社会关系：残暴、不安、集中冲突和需要在明天或后天解决的宿怨（old scores）。① 1500 年以后见证了武力的急剧增长。这并不意外，在许多记录下来的有关扩张主义者集权国家的案例中，一直有降低行动者能力来组织他们自己成为非暴力的、仲裁性的联合体。从第一次意大利文艺复兴时期"破坏者"袭击社群的庄稼、葡萄藤和橄榄林开始，一直到"三十年战争"中进行掠夺的士兵随意攻击农民，以及法国君主在 16 和 17 世纪试图彻底消灭像胡格诺派教（Huguenots）一样的宗教团体，国家建构者经常从内部摧毁他们的社会、掠夺他们有能力和平自我组织的子民。整个血淋淋的勾当因在雅克·卡洛特（Jacques Callot）1633 年的作品《悲惨和不幸》（*Miseries and Misfortune of War*）中得到总结而知名：由 18 个雕刻组成的系列作品描绘了战争的残暴，士兵的掠夺和暴行，贼党和劫匪跟在军队屁股后的肆意掠夺，以及对抵抗者的残忍处罚。

埃利亚斯用一种让人毛骨悚然的论述阐释了这种野蛮主义的国家产物，即自由军（Freikorp）1919 年《凡尔赛条约》之后在巴尔干地区的复仇。屈于和平的压力，柏林政府命令德国军队撤出巴尔干地区。其中许多充满仇恨的自由军违抗命令。他们留下来继续战斗，并非是和已退却的红军（Red Army）作战，而是和在英国战舰的援助下重新组织起来的爱沙尼亚人和拉脱维亚人作战。接下来发生的野蛮主义行为，埃利亚斯引用了一个自由军军官的日记来阐释。

我们打入如惊弓之鸟的敌兵阵营，对他们围追堵截，狂轰乱打。我们像追打耗子一样打拉脱维亚人，我们把他们的每一间房子都烧掉，把每一

---

① Charles Tilly,'War making and state making as organized crime', in Catherine Besteman, *Violence: A Reader* (Houndsmills and New York 2002), pp. 35 – 60.

座桥都炸毁并且还切断他们的电报杆。我们把他们的尸体丢到水池里并扔下手雷。一旦敌人被俘,我们格杀勿论,烧掉一切能点燃的东西。我们看到红色的鲜血,我们心中没有任何人类的怜悯之心。在我们扎寨的地方,土地呻吟。我们席卷过的地方,曾经房屋林立,现在却是残垣断壁,火光冲天,光秃秃的土地上满目疮痍。我们经过的路上残留着火烟。我们点燃了一大片森林,这摧毁力量比死人还要恐怖。它烧毁了我们的希望,我们的欲望,布尔乔亚的名声,文明世界的法律和价值,烧毁了一切曾经伴随着我们的陈旧(观念),亦即事物中的那些价值和信念以及抛弃我们的那个时代的观念。我们手握战利品,相互夸耀着、兴奋无比地凯旋了。①

如此这般的野蛮主义的细节是可怕的。它们是一些空前事件的前奏——以"种族清洁"之名更加高效地、组织完备地消灭上百万人。他们预测到了20世纪有记录在案的数以千计的事件,其中国家暴力的行使者不但吞噬了民主,而且也和他们的臣民一起吞没了所有文明的残留。它们以将文明社会视为病态并且需要手术治疗的非法征讨开始,却以(在极权主义的例子中)"医学杀害"的方式终结:通过国家组织绝育的大规模谋杀、安乐死项目、使用焚化炉和毒气室、致命毒针和集中营,所有这些清除的目的都是所谓的"人类稳定"(*Ballastexistenzen*)。② 未来的道德学家、政治历史家和哲学家无疑会争论有组织的国家犯罪是不是比全球范围的偶发恐怖袭击更糟糕。不管他们如何决定,希望他们的子孙后代不要忘记现代国家的(准)官员制造的最可怕的极端暴力事件:士兵对女性的系统化的强暴,而且通常逼迫已经吓坏的当地人在枪口下观摩;肢解受害者的仪式,如切掉他们的鼻子、乳房、耳朵或者生殖

---

① Norbert Elias, 'Violence and civilisation. The state monopoly of physical violence and its infringement', in John Keane(ed.), *Civil Society and the State. New European Perspectives*(London and New York 1988), pp. 196 – 197(作者自译)。

② Robert Jay Lifton, 'Medicalised killing in Auschwitz', *Psychoanalytic Reflections on the Holocaust: Selected Essays*, ed. S. A. Luel and P. Marcus(New York 1984), especially pp. 14 – 19.

器；用枪强迫一家人相互残杀，甚至强迫父母伤残他们的孩子或将孩子肢解，还有在处刑之前让他们调制和食用已经准备好的食物（身体的一部分）。①

上述这些例子都是和文明社会格格不入。它们与克洛德·列维·斯特劳斯（Claude Lévi-Strauss）格言恰好相反，斯特劳斯说"原始的"文化是食人性的（anthropophagic）（他们"吞噬"他们的敌人），而现代文明是似人的（anthropoemic）（他们隔离、驱逐、边缘化或"吐出"他们的敌人）。然而，这是他们最让人困惑的特征——这些案例并非是不小心回到了"传统主义"和"部落主义"。假定这种扭曲的暴力对于现代、文明和民主的标准而言多少是"低下"和"低级"的，这是一个重大错误。事实上，它们具有典型的现代特征而不仅仅是因为其与争取国家权力紧密相连的意蕴。它们是对完全现代的理性计算（情形）的描绘：用暴力作为针对所有民众并阻止民众从事有组织或深入抵抗的一种威慑和去道德化的技术。精巧地使用模式化暴力来威胁和控制国民的极端例子是由让·贝德尔·博卡萨（Jean-Bedel Bokassa）统治的中非共和国。其所作所为臭名昭著，在光天化日之下的作为让文明人在夜里也毛骨悚然：曾经下令杀死内阁成员、官员和军官；个人涉及谋杀几十个孩童，这些孩子在抵制学校校服之后就消失不见了；动用武装国家权力来进行吃人仪式，据传他将塞满大米的尸身放在其柯罗伽（Kologa）宫殿的冰箱中准备食用。②

野蛮行为

面对如此残酷行径来作出如下悲观的结论确实很吸引人：民主制度和文明社会长期存活的机会并不比地狱里的雪花少。当然它们也无法逃出当下的暴力

---

① 所有这些都有效记录并存档于 K. B. Wilson, 'Cults of violence and counter violence in Mozambique', *Journal of Southern African Studies*, 18, 3 (September 1992), pp. 527 – 582。

② 参见 Brian Titley, *Dark Age. The Political Odyssey of Emperor Bokassa* (Quebec City 1997)。

三角（triangle of violence）或是武装主权国家的控制，在这种阴影之下每一个今天的新生儿都被期待在几年后做一些不可能的事情：获得一种文明的耻辱感和自律能力，而这些品质是欧洲人花了多个世纪才发展出来的，并且本身不够完善。

齐格蒙·鲍曼（Zygmunt Bauman）的成熟作品《现代性和大屠杀》（1993）强化了这种悲观的论点。① 包括埃利亚斯在内的对欧洲现代文明进程的之前论述被指责忽视了它顽强的自我摧毁的动力。这种现代文明进程被典型地理解为缓慢地但却是稳定地灌输一些共享的规范，如对谋杀的憎恨、对暴力袭击的厌恶、对罪恶的恐惧以及个人行动的道德责任感，不仅导致了（对此鲍曼同意埃利亚斯的观点）暴力手段集中在国家手中的危险，它也是一个剥夺暴力手段的所有权形式和通过道德计算部署暴力手段的过程。因此，它本身包含大规模蓄意的残忍行为的种子。逻辑上，文明化过程导致了一种超道德的态度，这种态度可以在塞尔瓦蒂乌斯（Servatius）博士对阿道夫·艾希曼（Adolf Eichmann）在耶路撒冷（Jerusalem）的行为的总结性捍卫中看出来：塞尔瓦蒂乌斯评论道，像阿道夫·艾希曼一样的人物一旦在对敌中获胜就会被授予胜利的勋章，反之，一旦被打败，他们就耻辱地走上绞架。

鲍曼（Bauman）论证说日常生活中的文明空间，只有当暴力被收藏在那些制度化的地方以及被有效置于超出普通公民控制之下，才是可能实现的。日常的行为规则在一个无权的笼子里逐渐成熟。文明状态仅在如下情境下才是可能的：国家权力的受制者持续地遭到暴力的威胁以防止他们的狂暴行为——这种暴力是他们自身无法企及或能够击败的。日常生活中的平和使得大部分人都没有防卫能力；他们可能成为强制的邪恶控制者手中的玩物，这些控制者本身的野蛮行为成为一种追求文明的形式。当纳粹用德国的残疾人来测试毒气室的

---

① Zygmunt Bauman, *Modernity and the Holocaust* (Oxford 1993), especially pp. 12 – 18, 27 – 30, 107 – 111.

时候，这并非是返祖现象或脱离常态的越轨行为，也不是先天激进和本能驱使的行为。在现代条件下，消灭别人的冲动被当成一种文明化暴力的形式。它（被当成）是前进之路，一种更为现代的改进政治和社会秩序中的健康和纯洁的方法。

鲍曼的论述是 18 世纪晚期将文明化过程视为螺旋上升到文明状态的那种观点的一面镜子。文明是远不会陷入野蛮行为的过程，这个过程是有些跌跌撞撞。文明状态和野蛮状态并非截然对立。它们是相互伴随的状态，共同处于螺旋下降的暴力连续统一体中。当埃利亚斯将对犹太人的谋杀视为"一种回到野蛮和残暴的早期时代的倒退"，或视之为"一次彻底的"[1] 现代回归到野蛮时代时，它的意思让人误解。按照鲍曼的说法，文明状态和野蛮行为是否定辩证的孪生兄弟。在文明规范和非文明变态之间并不存在分界线。对文明的追求反过来也是法西斯野蛮行为的要义。由此文明这个词应该是在现代条件下，持续潜在的政治权力将自己完美融入官僚计划和执行屠杀的同义词。"大屠杀式（Holocaust-style）的现象应当视为文明化趋向的合法产出，以及文明化趋向的持续潜在结果。"

从民主政治的立场看来，鲍曼坚持极权主义在现代（文明）进程的高速路上出现绝非偶然，这种说法无疑是对的。他的论述有望指向一个对民主和暴力进行政治思考最困惑的谜题：确实在某些时候某些地方文明行为能够并且真的和大规模谋杀和平共处。20 世纪的极权主义就是例子。斯大林对他的小女儿谢坦卡（Setanka）而言是一个溺爱的父亲。他的亲密战友，那个小个子酒鬼尼古拉·叶佐夫（Nikolai Yezhov）在 20 世纪 30 年代期间实施了（并且可能亲手涉及）NKVD[2] 恐怖事件，也获得了作为一个和蔼父亲的声誉，用礼物和

---

[1] Norbert Elias, *The Germans: Power Struggles and the Development of Habitus in the Nineteenth and Twentieth Centuries* (Cambridge 1996), pp. 302, 308.

[2] 即内务人民委员部，是苏联下辖的主要秘密警察机关，负责在斯大林主义时代的政治迫害。——译者注

游戏宠爱他的女儿。1935年4月末，由第一届美国驻苏联大使威廉·C. 布里特（William C. Bullitt）在莫斯科举办的盛大的盖茨比式（Great Catshy-style）聚会上，新闻报道中显示除斯大林外的整个苏联的精英都洋溢着笑脸，抽着雪茄、手握酒杯，他们彼此明白客人里既有其党羽也有其敌人，其中也有很多两者都是。法西斯主义也擅长将野蛮与文明混合使用。据报道，1942年1月的万塞（Wannsee）的气氛友好并且轻松，当时穆勒（Müller）、海德里希（Heydrich）、艾希曼（Eichmann）和他们的纳粹同党花费一整天详细讨论如何组织最后解决工作后，抿着香槟、抽着雪茄。在巴黎，法国盖世太保（Gestapo）喜欢为通敌者和德国军官举办奢侈的聚会。这些温馨的聚会通常在醉醺醺的访问监狱黑屋时达到顶峰，在那里犯人们在访客充满血丝的眼睛前遭受酷刑。文明化的野蛮行为经受住了纳粹主义的军事战败而存活下来。那些在纽伦堡（Nuremberg）参加处治战争犯罪的文明法庭的人震撼地发现城市的废墟铺满了成千上万的尸体，腐烂的尸体使得那个地方的水无法饮用——因为那些水是从盟军轰炸的陈尸间流出来的。

鲍曼提出的文明状态有成为野蛮状态的趋势的核心观点是有益的。他的结论即现代文明只不过是野蛮状态的盟友也付出了代价，其中之一就是他教条式的存在主义观点。"相互支持、团结和互惠等"的假设前提是鲍曼声称支持的（因为它们和极权主义是格格不入的），并且这些假设前提一般被视为是任何一个文明社会运作所必须的组织原则中的一部分，但它们（在现实中）却仅仅被当做幻觉而概念性地排除在外。文明社会是一个被定义为存在于现实之外的民主范畴，鲍曼需要用之克服去文明化的潜在可能来超越现代性。严格说来，由此导致的结果是鲍曼的论述与马克思主义者将文明社会简化为资产阶级统治和暴力的观点有奇特的相似之处。毫不奇怪，鲍曼的结论陷入了政治悲观主义。文明社会和民主变成不过是两种现代世界的过时用语。唯一剩下是个体对野蛮主义的无用抵抗，一种对模糊定义的真实的孤独探索。①

过度的杀伤力

现代文明状态等于野蛮状态的假设有一个另外的缺点。它模糊了一点即现代文明进程包括一些潜在生产性的——虽然是危险——矛盾。最明显的是具有过度杀伤力的全面战争和普遍暴力的科技的飞速发展：这种（技术）能够摧毁任何政治制度并且将他们对抗毁灭性暴力、保护国民生命的力量削弱为零。过度杀伤力问题需要引起民主和政治思考的重视，这不仅因为它是卡住不负责的政治权力的一颗鱼骨。过度杀伤过程也是一个终极问题，因为它有可能通过毁灭地球的上百万个物种来消除政治，甚至可能导致人类自身的灭绝。

当然，所有的暴力武器都倾向于造成过度杀伤力。从一开始，人类发明和使用的武器——岩石、矛、标枪、飞镖和箭头——被赋予一种制造超出这种武器本身所拥有的效果的力量。这种力量通过使他们成为地球上第一种会使用武器的生物以及通过远距离的暴力行为实现改变从而将原始人转化为文明人，并且因此使得其存活下来，成为陆地上数量最多的动物。人类成为他们自身暴力的受害者。操控火器的技艺和后来远距离杀敌的技艺——弩、投石机和希腊火枪——大大增加了人类的暴力存储库。中国人在公元前第一个千禧年发明的火药，后来被证明是非常重要的。它推动了所谓的"火药帝国"的崛起，如奥斯曼帝国、俄罗斯帝国和莫卧儿帝国。② 欧洲列强像拥抱新欢一样拥抱火药；它们使用火药的优势和残酷来和各种各样的敌人作斗争，特别是在被蒙田

---

① 对鲍曼民族（ethic）的批评，请参见拙著 *Global Civil Society*, pp. 199–200。
② 对武器历史的极好简要梳理请见 Alfred W. Crosby, *Throwing Fire：Projectile Technology Through History*（Cambridge and New York 2002）。

(Montaigne)称为"我们的炮如闪电,枪声如雷"① 的新世界,新武器的使用既有宣传效果又有杀戮效果。

将火药用于更具摧毁性的目标——达到全球打击的潜在能力——使得人类第一次有了全面大战的潜在可能。机械化的全面战争是18世纪末的发明,但它只有在我们身后的20世纪长期暴力中才达到极致,并且达到了自相矛盾的顶峰。在暴力三角时代,仍最常伴随在我们身边。公海上剑拔弩张,武装具备完全摧毁敌方及其设备的能力。按照海军上将弗里德里希·儒阁(Admiral Friedrich Ruge)的说法,全面战争旨在"摧毁敌人的尊严、认同和心灵"。在1930年,中将冯·梅奇(Lieutenant-General von Metsch)认同下述说法,即"在全面战争中,一切都是战场!"②

冯·梅奇从未考虑到,战争至少是特定形式的战争,在一个充斥着全球性武器的世界中是否可能。他也没有考虑到一个问题:是否存在这样的武器?一旦被各自的参战者使用,就将我们从比如说陆军上校施雷普内尔(Colonel Shrapnel)在佛雷斯岛(Foulness Island)上用野生动物测试具有致命杀伤力的新碎裂弹的19世纪早期世界抛进这样一个世界:战争武器可能使得某种形式的战争成为过时,仅仅是因为人类无法在武器的摧毁中存活?

现代武器系统发展的历史最开始是孕育在这种可能性中,即暴力引发暴力以至于威胁到暴力的使用。迈克尔·霍华德(Michael Howard)对欧洲武器暴力增长的研究梳理出了一些镜头(episodes),在这些镜头中一种新武器的发明瘫痪了敌人在战斗中有效对抗的能力③。举一个例子,在1346年的克雷西战役(Crécy)中,爱德华三世对敌人的骑兵使用了大弓手。这些大弓每次可以

---

① Michel de Montaigne, *The Complete Essays* (London 1987), p. 1030.

② 转引自 Paul Virilio, *Speed and Politics. An Essay on Dromology* (New York 1986), p.75。同时可见 Jan Patočka's 的代表性论文 'Wars of the twentieth century and the twentieth century as war', 收录在 *Heretical Essays in the Philosophy of History* (Chicago and La Salle 1996), pp. 119–137。

③ Michael Howard, *War in European History* (London, Oxford and New York 1976), pp. 11–12.

射出五六枝箭，而老式的弓只能射出其中的一支标枪，从而把敌人打得溃不成军。据可信估计，敌方死亡超过1500人，而英国兵伤亡只有100人。因此，各处的骑士指挥官开始相信他们的"士兵"必须穿上镀金盔甲。这种变化的净效应（正如法国人发现他们在1356年的普瓦提埃［Poitier］战役和1415年的阿金库尔［Agincourt］战役中付出大代价一样）是承认双方的骑士下了马就起不了作用，而在马上也不能进行迅捷和正确的调动。

"现代"武器中同样自相矛盾的退化逻辑，在20世纪早期已经非常明显，这种逻辑就是其摧毁和杀戮能力呈指数增长的天然倾向，恰恰是由于制造它们的动机。例如，早在希特勒掌权之前，德国国防军（Reichswehr）司令部已经构建了一个最新武器利用战略（通过制定防守德国可能被法国入侵的详细计划①）。它认为在此情形下，德国和德国人会被法国人当成是属于它的非洲殖民地。应该毁掉每一座桥，每一条路和每一条电话线，向德国公民投毒气弹来阻止法国的入侵，并且有必要开展不区分民兵和军队的半永久性游击行动。

全面战争的奇特逻辑在德国坚信自己可能要为拯救自身而被摧毁时达到了极点。这让我们想到了奥威尔的观点，核武器的发明和运用带来了如下的潜在破坏性：在1945年夏天的一个早晨艾诺拉·盖伊（Enola Gay）轰炸机轰炸广岛后，广岛市成为一片焦土，到处留下的是坠落的肌体、浮肿的脸庞、融化和不能辨认的尸身。从那一天开始，不承认"等级原则"（Khrushchev）的灭绝原则困扰着整个世界。人类不仅需要与自己的个体死亡抗争，而且需要与人类集体死亡的可能性抗争。在暴力三角时代，拥有核武器的国家数量在增多，对核武器的"好处"以及"必要的恶"的谈论没完没了——即便不断增加的证据（如英国在澳大利亚测试核武器②）表明核武器的发展和使用已经对生态和人类造成了可怕的影响。

---

① 参见 W. Deist (ed.), *The German Military in the Age of Total War* (Leamington Spa 1985), p.123。

② 参见拙文 'Maralinga's afterlife', *The Sunday Age*, Melbourne, 11 May 2003, pp.1-3。

支持和反对核武器的激烈辩论有时和对后冷战世界的评估连在一起,如在辛格(Singer)和威尔达夫斯基(Wildavsky)① 提出的让人相当困惑的"最低限度的核多元主义"中就是如此。他们寻求一个三极世界,理想上美国、中国和联合的欧洲核力量(包括英国、法国和前苏联)为了扩张和平民主区和创建一个更加安全的"非核世界"的终极目的一起严格控制核武库的发展和扩展。他们说,核武器并不是特别危险,并且他们目前也有必要。核武器的"天然"条件是不被使用。除此之外,核武器对核国家有着明确可界定的防卫利益,因为他们潜在的未拥有核武器的敌人不得不三思军事介入带来的后果。大国发展有效防卫可能的核竞争者的武器成本也并非不可承受。他们补充道,无论如何,在战场上使用核武器的负面后果被其批评者夸大了。他们声称"假如地面有大量核武器爆炸,则爆炸后的核雾会引发战斗区外的大量死亡","这些死亡数字与病死或因事故而死的人数相比并不大,并且不会实质性地改变除战争国以外任何国家的人的预期寿命。"

鉴于这些大胆的考虑,令人奇怪的是,辛格和威尔达夫斯基最终却不相信他们自己自信的声明。他们的困惑实际上表现了他们想去除的核武器过度杀戮的问题。他们承认,即便持有核武力量是昂贵的,成本考量和武器控制协议也无法阻止各种各样的国家寻求建立核武器的科技能力。并且,主要的两种导弹防卫体系:一种是天基智能导弹防卫体系,在太空中部署轨道卫星以撞毁空中弹道导弹,另一种是使用地面拦截器的"智能眼"导弹防卫体系,两种方法均有自己的技术局限。对于那些通过船舶和航空进行秘密输送的大规模杀伤性武器("手提箱炸弹")而言,这样的防卫体系也是脆弱的。进一步说——辛格和威尔达夫斯基的坦率推理从这里开始变得更有说服力——拥有核武器的国家越多,某些核武器被"孤注一掷的,不负责任的或疯狂的"政府使用的可

---

① Max Singer and Aaron Wildavsky, *The Real World Order: Zones of Peace/Zones of Turmoil* (Chatham, NJ 1993), pp. 60–76.

能性越大,或者脱离政府控制落入某些可能发生核武器事故或实际使用核武器集团的手中的可能性越大。因此,对于核武器,存在如下终极风险的事实:"核武器有可能失控。有能力的国家可能制造上千枚核武器。核武器的数量规模可能非常大。在想象不到的情形下,可能发生上千枚核武器被使用以及上亿人死亡的战争。即便可能性非常小,但这种可能性确实根植于核武器的属性中。"

达摩克利斯与民主

武备森严的领土主权国家一味对它们的武装进行不断的"现代化",对于这些国家之间互动的"现实"逻辑,辛格和威尔达夫斯基的推理清晰地呈现了其中的自相矛盾。现代武器系统过度杀伤力的这种自相矛盾驳斥了冯·克劳塞维茨(Von Clausewitz)的名言:现代战争的胜利属于能够存活下来并且劝说对方投降的那一边。这句名言与过度杀伤力问题相矛盾,过度杀伤力问题——和达摩克利斯(Damocles)的悖论①是一致的——反过来鼓励旨在规制和抵制国家生产暴力的反击战略的各种试验。

达摩克利斯的悖论值得政治思想家仔细考虑(威胁)使用暴力有时可能导致的无能为力。根据那个广为人知的故事,在狄奥尼修斯(Dionysus)时期,这个公元前4世纪叙拉古(Syracuse)的残暴统治者,有一个擅长阿谀奉迎的大臣达摩克利斯。虽然狄奥尼修斯残酷地统治他所有的臣民,这些臣民也讨厌他,但达摩克利斯却赞扬他的伟大。狄奥尼修斯的所有观点他都赞同,而这个暴君觉得滑稽的事物他也表现出滑稽的样子。达摩克利斯仅有一个遗憾,

---

① John Keane, 'Fear and Democracy', in Kenton Worcester et al. (eds.), *Violence and Politics: Globalization's Paradox* (New York and London), pp. 226–243.

他渴望成为一个像狄奥尼修斯一样的残暴统治者。狄奥尼修斯并不傻,他很容易就发现他这个愚昧朝臣的粗劣恭维,就决定给他一个教训。狄奥尼修斯命令他穿上皇帝的衣服,戴上王冠,并让他像统治者一样举办一个盛大的宴会。达摩克利斯狂喜不已,但是当他发现一柄巨大的利剑用一根绳子悬挂在他的宝座上方,剑尖直指他的头颅时,他的欣喜之情瞬间消失了。他大惊失色,(向国王)乞求和其他人坐在一起,但是狄奥尼修斯起初拒绝了。在达摩克利斯跌跌撞撞地从王位上下来之前,他接受了一堂关于暴力的基础课:由于那些以剑治国的统治可能因剑而亡,对统治或想要进行统治的人的最好建议是寻求用暴力之外的统治手段来获取臣民的效忠。

达摩克利斯逃离暴力困境的故事提醒我们:现代国家建构的历史比埃利亚斯和鲍曼等学者所设想的更具悖论性和更为自相矛盾。这个故事为我们回答下述问题提供了一条线索:一是解释为什么由力争垄断暴力工具的帝国和领土主权国家构成的国际体系的发展都会经历一个多少上下组织起来的持续抵抗过程;二是认识体系内固有暴力的潜在摧毁效果。霍布斯式的"现实主义"不应成为对国家论述的终点:我们泛泛地称之为现代性的东西是马赛克式重叠着并且通常有自相矛盾的倾向,其中包括具有想象力的试图发明和实施新的暴力形式(公开制约和规制暴力机构)。这些预防措施(将会在接下来的内容中描绘出来)就是这本书所称为的暴力民主化:它们是保证暴力机构——警察力量、军队、秘密间谍机构——既不涉及过度杀戮,也不会被任何一个权力集团(包括今天的政府)永久"独占"的技术。这种现代的努力证明暴力机构是有条件的,通过将它们变成一个空洞的(disembodied)或"闲置的"权力空间,这个空间能够被包括公民在内的他者约束、改变航向或重塑,我们可以把它理解为一种解决达摩克利斯悖论的尝试。文明社会面临的最小化暴力或消除暴力外部威胁的努力有深刻和多重的历史根源。这里无法(把它们)一一找出来,但是值得更细致地检视的是三种和平化的策略,每一种策略对民主及其未来而言都是至关重要的。

费 城

　　一种和平化的策略以旨在反对所谓的"威斯特伐利亚"国家间权力模式的各种各样的宪法试验为代表。根据威斯特伐利亚模式，整个地区乃至全球本身应当被垄断暴力方式的主权国家在领土上分割开来。每个国家都可以自由地和他国签订和平协议，或者和宣称是敌人的国家自由开战。对一群没怎么受到重视的政治分析家而言，从普芬道夫（Pufendorf）和阿尔图休斯（Althusius）到潘恩（Paine）、卡尔霍恩（Calhoun）、冯·赛德尔（von Seydel）和让·莫内（Jean Monnet），这种国家间权力关系从来就没有成为过主导（模式）。他们中的一些曾提出宪法性的替代方案，其中包括在中世纪晚期存活下来直至1789年的早期瑞士联邦，1579年到1795年的荷兰联合省和1815年到1866年的德国联盟（Bund）。值得注意的是，上述每个政体都受到发展一种建立在国家间协议或条约基础上的超国家宏大目标的指引，这些政体的统治者和被统治者将会看到一个明显的优势：主权国家体系的超然存在经常会导向战争和战争流言。

　　费城模式诞生于美国殖民地反对英国的斗争中，并且在北美建立联盟（1781—1789年）和美国内战（1861—1865年）中付诸实施，费城模式是这种替代方向的一个典范。费城模式对民主和暴力而言很重要，这不仅仅是因为美国现在是地球上最具活力的民主政体。费城实验的要点是暴力方式的宪法化，通过这种方式，国家暴力的不负责任性和具有典型威斯特伐利亚模式特征的国家间好战的无政府状态得以克服①。詹姆斯·麦迪逊（James Madison）将费城模式的核心结构描述为"复合共和制"，融合了作为文明社会公民权利的大众（男性）主权形式，这些公民权利包括自由出版权和（扭转了霍布斯的名言：没有剑保护的承诺是无用的）持枪权，这写入了美国宪法的第二条修正案中："训练有素的民兵是保障自由州的安全所必需的，人民持有和携带武器的权利不得侵犯"②。费城模式的原则还包括联盟成员州的形式平等，两层国家制度内的权力平衡和权力分立，包括政策制定程序和战争权（例如典型的是发动战争、军事指挥和外交权在总统和参众两院间的细分）。为了强化这个武装力量的制衡结构，这个模式也将公民组成的民兵武装作为一种防止中央政府不顾民意对外开战的限制方式。在每一项创意中，费城模式由避免出现另一个欧洲的愿望所激发，欧洲政府体系的本质被视为是一种政治等级，一种自我摧毁的政治以及导致国家间战争不断的体系。

这个费城实验的某些特征，特别是通过对暴力方式进行宪法分权来克服旧威斯特伐利亚模式的决心，已经在诸如20世纪联合国的宪法实验和欧盟正在进行的事业中起了重要作用。在制裁特定形式的国家暴力犯罪中，这些特征也逐渐显现出来。③ 纽伦堡和东京的国际军事法庭，以及最近用于审判前南斯拉夫、卢旺达和塞拉利昂（战争罪行）的法庭是开创性地进行国家暴力民主化

---

① 参见 Gerald Stourzh, *Alexander Hamilton and the Idea of Republican Government* (Stanford, CA 1970) ; Daniel H. Deudney,'The Philadelphian system: sovereignty, arms control, and balance of power in the American states-union, circa 1787 – 1861', *International Organization*, 49, 2 (Spring 1995), pp. 191 – 228; 对汤姆·潘恩在新美国鼓吹联邦主义的论述,请参见拙著 *Tom Paine: A Political Life* (New York and London 1995), ch. 7。

② 在近期最好的讨论中以美国人的权利来源为由保留暴力武器的有 Joyce Lee Malcolm, *To Keep and Bear Arms: The Origins of an Anglo-American Right* (Cambridge, MA 1994) ; Stephen P. Halbrook, *That Every Man Be Armed: The Evolution of a Constitutional Right* (Albuquerque 1984) ; 以及对持枪权利的民主党人系谱的论述, Lois G. Schwoerer,'*No Standing Armies*! ' *The Antiarmy Ideology in Seventeenth Century England* (Baltimore 1974)。

③ 对全球政治/法律体系的"全球主义"论述请见拙著 *Global Civil Society*?

的例子：界定并审判战争罪行、反人类罪行和大屠杀罪行。在上述的每一个例子中，不变的假设是反对修昔底德斯在《伯罗奔尼撒战争史》中描述的法则：强者为所欲为，而弱者只能逆来顺受。这样的宪法试验假设武装的领土主权国家及其掌权者能够变成冷血魔鬼。

的确，这些试图运用正当法律程序的宪法努力有许多缺陷，也经历了痛苦的争论。① 它们一直被指责为"袋鼠法庭"，或"非法审判集团"，甚至是"展示'胜者的'公正"的回溯性法庭（戈林抱怨说："战争中获胜的一方总是法官，并且总能完胜被起诉的一方。"②）。反过来，它们也被指责具有以下缺点：将法治扩展到那些不值得如此尊重的原告身上，以及这其中花费的时间、金钱和乏味。一个公平的观点是：他们确实反对那种旧的观点，即坏蛋应当推上战争法庭并在第二天早上处死或阉割（富兰克林·罗斯福和温斯顿·丘吉尔都持此观点），或者被扔进集中营。这些法庭陷入如何清晰地界定战争罪（如强奸和屠杀）以及对他们合适的惩罚是什么的争议中。某些观察者甚至抱怨（可以理解）这些法庭不能够表达如下事实，即反人类的暴力罪行比"触犯圣灵的罪行"③ 更糟糕。并且，直到今天，法庭审判一直受到如下事实的阻碍：它们运作的背景是国际社会迟迟未能建立一个永久性的国际刑事法庭，这种法庭的审判在其他地方因为政治原因而不可能在事实上进行。

即便有各种各样的缺点和争议，源自审判德国战争罪行案件和20世纪早

---

① Gary T. Bass, *Stay the Hand of Vengeance. The Politics of War Crimes Tribunals* (Princeton and Oxford 2000).

② G. M. Gilbert, *Nuremberg Diary* (New York 1947), p. 4.

③ Gérard Prunier, *The Rwanda Crisis: History of a Genocide* (New York 1997), p. 355. 同时参见 Martha Minow, *Between Vengeance and Forgiveness: Facing History after Genocide and Mass Violence* (Boston 1998) 以及汉娜·阿伦特对卡尔·雅斯贝尔斯的评论（17 August 1946），in their *Correspondence, 1926–1969* (New York 1992), p. 54："绞死戈林是绝对必要的，但还是远远不够的。也就是说，与任何刑事犯罪相比，这种罪行逾越并且破坏了法律体系。这也是为什么纽伦堡的纳粹党人如此自鸣得意的原因。"

期亚美尼亚大屠杀的青年土耳其党员（Young Turk）犯罪者的法庭开始起作用。它们开始审视威斯特伐利亚法理的关键假设，即国际法应当反映领土主权国家的意志，其自我中心特征使得仅有当它们的领土权力和"核心利益"（亨利·基辛格语）得到尊重的情况下，它们才会守护和尊重国际承诺。过去一百年来的战争法庭直接挑战了这种认识：它们复兴、修改并且使传统基督教的学说变得激进：一是"正义战争"（just war）中的区别对待和相称原则；二是与之相反的"归因"（正当理由）原则，根据这个原则，在团结基督教世界或人类共同体的普世责任下，可以用暴力来惩罚战争中有错的一方。这些法庭在确定惩罚责任的过程中，认可以牙还牙的情形。出于对受害者的尊重，以文明的名义，他们反对即便整个世界消失也要实现正义的古老言说（fiat justitia et pereat mundus）。它们详述了与此相反的说法：为了防止整个世界毁灭应当践行正义（fiat justitia ne pereat mundus）①。

酷　刑

20世纪对威斯特伐利亚模式的反思不仅集中在宪法化和减少国家间关系中暴力的规模和形式。民主学说认为，国家越是好战，其在国内对其臣民使用暴力就越多。国际社会的宪法性努力也集中在国家内部的"和平化"上。1949年建立的欧盟委员会有三个目标：多元民主、对法治的承诺和对人权的保护——差不多就是这种策略的雏形，其在世界上首次寻求，在接下来年代中，将这些目标写入欧洲各人权联盟中并且为实施这些目标提供各种机制。

---

① 参见1994年提交给联合国国际犯罪法庭的有关前南斯拉夫的报告，*ICTY Yearbook 1994*（New York 1994），p. 87。

遵守这些目标被认为是取得欧洲委员会成员资格的关键条件。不像其他超国家的组织，进入欧委会并非是自动的。申请国必须接受欧委会的宪章（其中包含三个目标），并接受对其法律和实践的仔细评估以审查是否在事实上满足条件。然而欧委会在保护个人权利上的角色，不管其正式的公民身份如何，远远超出了成员国加入时所接受的法律和实践审查。成员国也有义务持续地满足这些权利，欧委会寻求用具体的执行程序来保护这些权利：包括在走完一个成员国的救济程序后，如果成员国内无法处理，可以到准司法的欧洲委员会和位于德国施特拉斯堡的欧洲人权法庭申请裁决。实施程序的不寻常特征之一是对诸如免于酷刑的自由等人权的侵犯被视为超出了一个国家的领土之外的潜在或实际的事件（如防止驱逐或引渡一个人到其可能会面临国家暴力的地方）。

委员会的实施程序也试图表明这么一个事实：即便一个国家被认为是侵犯了一种基本人权，它的政策和司法体系可能像往常一样存续下去。欧委会通过酷刑委员会等机制，这种机制拥有特别审查权，在必要的情形下，通过考察为那些被剥夺权利的人拨乱反正，以防他们受到非人道的、侮辱性的对待或处罚。这种委员会建立在此民主假设之上：即当国家暴力远离公众的视线时，针对臣民的国家暴力便会滋长。因此它总的策略可以描述为对暴力的公开化（de-concealment）或民主化。虽然在访问一个特定国家前委员会必须提前告之，但该国有义务保证委员会对国内任何区域进行未经宣布的访问，包括监狱、军营、收容中心、精神康复医院和儿童收留中心。委员会试图通过突然造访来应对国家隐藏其暴力的天然倾向，这反映在它有限的时间段中（通常是两周），公布时间但不公布行程。接下来，委员会通过私下访问涉及其中的个人并求助于地方性的公民社会团体来提供相关信息。每一次访问之后，委员会都必须产生一份报告，报告的公布与否有赖于国家的请求——这已经成为一个规范——或由委员会单边决定，报告的公开可以让其针对的国家蒙羞。

公民政治

对政府暴力进行民主化的努力不仅仅限于政府领域。这种努力可能自上而下地兴起，来自重叠的公民社会内部，而重叠的公民社会又构成了正在兴起的全球公民社会。这些非政府的公共创举旨在将暴力的专断使用问题化——并且对武装政府机构使用暴力施加更严格的限制。

这些创举成功与否，或在什么程度上是成功的，并不是这儿关注的问题。关键点是自18世纪末期废奴运动诞生以来——该运动公开地加剧了用来替奴隶制辩护①的"自然法"主流话语中的深层次紧张关系——世界开始第一次见证任何规模的可谓文明政治的成长，即有组织的公民行动倡议，试图确保没有人"拥有"或专断使用国家暴力工具对付国内外的公民社会。那些忽视新文明政治的学者（像埃利亚斯和鲍曼），有时甚至不承认它们，热衷于最先由霍布斯勾勒出来的现代领土主权国家形象。这种国家形象在上世纪卡尔·施密特（Carl Schmitt）法西斯式的阐释中得到了复兴，他将现代国家当成是"道德上帝（the mortal God）"，是现代科技世界的人工产品，也是人类发明的领导对抗国内外实际或潜在竞争力量的命令机制，必要时可以借助暴力的形式②。

将国家当做道德上帝的观点逐渐变得不现实。近期公民对将强暴作为一种武器的公开谴责，呼吁拆除地雷和限制武器贸易，在诸如国际法庭上质疑核武器的正当性，甚至通过直接行动来防止这些武器爆炸等等，这些都在提醒人们，现在"和平"不仅仅是治国者、将军们和外交官关注的问题，也是公民—平民关注的问题。

---

① Robert M. Cover, *Justice Accused. Antislavery and the Judicial Process* (New Haven and London 1975).

② Carl Schmitt, *Der Leviathan in der Staatslehre des Thomas Hobbes* (Hamburg 1938).

这股趋势的典型例子是和平运动的兴起,它们的精神和组织根源于两股悠久的现代和平主义传统的潮流:第一股是"分离"的和平主义,其支持者虽然接受在世界上裁判官手中的利剑是一种必要的恶,但是反对他们自己的成员参加民选政府;第二种是"聚合"的和平主义,在诸如贵格会(The Quakes)等公民行动团体中可以看到,他们不反对政府,但是反对伤害性的暴力。① 上个世纪全面战争的爆发以及核武器和生化武器的出现,可以说已经极大地推动了和平行动的发展,一个有说服力的例子是英国20世纪80年代前半期和平运动的膨胀。② 从参与者、支持者和同情者的数量来判断,此次运动比其20世纪50年代和60年代的前身更为流行——即早期废除核武器运动和反越战抗议——因此,可以说,它代表了那个时代欧洲历史上单一社会运动的最高水平。

该运动有两个值得引起重视的显著标志;值得注意的是,只要是任何反对暴力三角的公共努力可能都不得不接受其遗产。首先,和平运动努力将核武器从官方机密和专业的科技知识带到热烈的公共讨论领域中,大部分建立在小团体的讨论之上。在反对好战的民族主义和撒切尔政府的核武器政策中,该和平运动引入了自主的辩论、行动和不服从的公共领域。它的反国家主义,为更新和丰富英国古老传统——议会民主制,公开的独立批评和对权力过分扩张的怀疑——的长期不懈努力作出了一个重要的贡献。其次,目标和手段的多样性也是这种运动的一个标志。这种社会运动突出的多元主义表现如下:高度去中心化和多样化的社会支持模式;在其数以千计的竞选团体中,服务导向的组织和横向组织对特定选区的利用;以及,其对令人眼花缭乱的各种各样具体目标和行动的依赖:从街头请愿,向地方议员施压,组织非核区到诸如以"死相威胁的抗议"(die-ins)的直接行动,拒绝处理和运输核垃圾,静坐示威以及民间的包围核设施的行动。

---

① Peter Brock, *Pacifism in Europe to 1914* (London 1972) 以及 Martin Ceadel, *The Origins of War Prevention. The British Peace Movement and International Relations 1730 – 1854* (Oxford 1996).

② 请参见拙文 'Civil society and the peace movement in Britain', *Thesis Eleven*, 8 (1984), pp. 5 – 22.

考虑到具体策略和社会支持模式的多元化,这种和平运动和所有当代社会运动一样,不能简单分析和总结为一般命题。这种运动对在英国和欧洲大陆分阶段部署巡航导弹的持续关注无疑是其公民政治中的一个关键的整合因素。核武器系统成为无条件反对的最显见象征并非偶然。在运动中,这些导弹被视为最前沿的策略模式表达,这种策略模式在20世纪50年代发展起来,后来成为核专家、研究技术人员、工业生产者和政治精英观念上的智慧:反制模式。

在它的多种形式中,这种模式强调技术精确和可控可限的暴力使用能够引入到核战争中去。它取代或至少补充了如下观点:在20世纪40年代和50年代早期,那种确保相互摧毁(MAD)的威胁将打消敌人的念头并保证世界和平——正如丘吉尔所言,安全不过是恐惧的产物,生存则是完全摧毁的孪生兄弟。到20世纪80年代早期,当和平运动的积极分子及其同情者的数量急剧膨胀的时候,这种确保相互摧毁(MAD)的老模式让路给一种新的毫无疑问更危险的官方政策——核子武器还击——其最新的袖珍版和更精确的武器库是包括如下词汇的一套体系:"空地一体战","灵活反应","外科手术式打击"和(苏联的说法)"通过作战来防御"。在40年的时间里,换句话说,武器研发和战略部署已经从氢弹(H-bombs)发展到反弹道导弹(ABMs),通过多弹头和多弹头分导再入载体(MIRVs)到"首次打击"和诸如神经炸弹,SS2Os以及巡航导弹和潘兴(Pershing)导弹系统的"智能"武器。

"战术武器"(tactical weapons)的这种发展被上述运动中的大部分人视为降低了区分核武器和传统武器的门槛。与冯·克劳塞维茨(Von Clausewitz)相反,核武器还击模式认为战争乃至核战争能够避免"摩擦",且因此可以进行限制和取胜。正是这种所谓的核武器政策的"现代化",此类运动被认为是非常危险。"威慑"的过程被广泛视为是不稳定的,会引发为一种完全不同的战争做准备,这种战争当然比欧洲拿破仑时期或弗里德里希二世时期的传统战争更糟。这种主张(20世纪80年代由大西洋主义者所辩护的)认为威慑政策一直"维护着1945年以来的和平",因而作为一种对这类运动最著名的鼓吹者 E. P. 汤普森所谓灭绝倾向的道歉而被拒绝。缓和被视为是稳定增长的更"先进"、更危险和更无道德的武器的同义词，这些武器的尖端程度和超级复杂性使得其容易受到机器故障和"人类"失败的损害。伯特兰·罗素（Bertrand Russell）1958 年发出了著名的警告，指出某些无法预料的环境可能引发世界范围的灾难，但这个警告已经在很大程度上被遗忘了。这种运动认为缓和政策的作用与公开声称一旦被逼入死角就会扣动按钮的现任总理相当。它将缓和一词和一种濒临危机的虚假谈判模式以及在超级大国之间寻求"领先"和"超越"的斗争模式联系在一起。在此模式中（正如日内瓦中程核力量会谈［Geneva INF］和削弱战略武器谈判［START］的失败所暗示的），谈判和军控协议充其量不过是更广泛武器扩散和军事动作的短暂停顿罢了。在缓和政策的压力下，运动中的许多人相信，生存将堕入霍布斯所言的自然状态。人们意识到，与核武器（以及化学和生物武器的）"现代化"相关的不断重整军备，是一个无穷的争取权力的过程，只会终结于大规模的死亡。

这就是为什么英国公民社会网络开始在此期间自我觉醒的关键原因。大部分国民开始对官方的"威慑"形象失去信任，他们将其作为一个重整军备的代号，作为一种新的国家权力意识形态来进行批评和抵制。原本用来消除国家和公民间紧张关系的缓和政策，有产生普遍化的担忧的效果，这种担忧源自有核国家及其新造和改进过的武器在射程和威力上的明显增加——如必须从平民区发射的陆基巡航导弹，或是比一枚广岛（Hiroshima）原子弹破坏力大 2500 倍的"三叉戟"核潜艇。例如，公众很担心，在当时普遍流行的核战争很有可能在未来十年内爆发。这种担忧在对政府建设"民防"系统所带来的愤怒中也很明显，该系统的建设强调国家通过拥有专断权力的委员、武装力量、特别法庭和拘留所的委员会，来控制核打击后虚弱、饥饿和面临死亡的存活者的必要性。整个焦虑产生的过程可以归结为笑声和恐惧的混合，这可以在 1980 年内政部的《保卫和生存》的小册子中看出，这本小册子将核战争带入公民社会的核心位置，它以一种富有同情心和外科手术式的准确用语通知到每家每户，告诉你如何在核战争中生还：放下窗帘、存好电池和机械表、匍匐在桌子和楼梯下面，并且将收音机调到BBC，等着告之下一步怎么走。

通过这样的体验，公民社会中各种各样的团体和机构已经觉察到在有核国家的斗争中，他们不过是被动的人质。缓和政策还有另一个意外后果：公民社会的明显崩溃，要么慢慢消逝，要么全面毁灭。缓和政策象征性地消除了20世纪前与战争相关的"前线经历"（捷克杰出的哲学家扬·帕托切克用语）和安全内陆的区别。对整个城市和平民的饱和轰炸和火力攻击的记忆又回来了。前线的启示（apocalypse），军队为了保证"后方"其他人的和平生活，要承受的残酷之夜和恐怖死亡变得普遍。战争前线的形象对整个公民社会而言具有显著的重要性。

通过告知和引导公众的这种普遍担忧，英国和平运动得到公民社会所有阶层以及政府内部机构的强烈支持。但是培育对全面战争的危险可能性的反感并非是其仅有的成就。作为那个时期争取无核区的积极活动所展现出来的成果，这次运动提升公民社会的常识，即其好不容易才获得的民主自由处于危急中。不成熟的核和平、奥威尔所描述的"冷战"以及先发制人的博弈被广泛认为会加速社会军事化并且恣意根植于议会制国家的专制因素的滋长。因此这种运动有助于公民社会的重要成员们发现公民社会和国家之间的"契约"被破坏了——这可是英国政治文化的古老主题，根据这种契约公民个人自发地将其忠诚授予国家以换取国家对个人自由和安全的保护。这个契约被破坏的结论解释了为什么反对核武器的和平运动和公民社会不是（正如那个时代内利乌斯·卡斯托里亚迪斯和其他人所声称的）一种仅仅是对生命的"动物性"保护，也不是无法为自由而奋斗（甚至献出生命）的奴隶式表达。这种和平运动不仅仅是对可能遭受核打击死亡的恐惧反应，它也是对国家暴力入侵的一种文明化抵制，因为国家的暴力入侵可能会消灭构成（理想）公民社会的多元、自主、和平组织。

5

为什么是暴力？

当利益冲突岌岌可危的时候，暴力是不可避免的。

西格蒙德·弗洛伊德（Sigmund Freud，1932）

不文明的根源

宪法性创制和民间和平努力对政府暴力工具的民主化这个大型工程而言是非常重要的。在这个暴力三角化（triangulated violence）的时代，它们通过迫使我们反思民主常常堕落为暴力的这种旧观点来让我们对战败主义保持警惕。这种知名教条的最早版本之一出现在柏拉图《理想国》（*Republic*）中的第八篇，民主政体不是被描绘为人民的政府，而是穷人反对富人的政府。民主的首要原则被说成是自由，由于民主缺乏对公共和私人的限制，这里的自由立刻被转化为放纵。这种民众的放纵被他们过多的需求、粗俗的欲望，以及他们对法律尊重和权威质疑的缺乏所强化，因此老人俯就年轻人，父母害怕他们的孩子，"老师害怕并恭维学生，而学生鄙视他们的老师和导师"。波利比乌斯（Polybius）在他后来的批评中重复了这种说法：

> 对民众来说，已经慢慢习惯于以牺牲他人为代价来养活自己，依靠他人的财产谋生，他们只要找到一个领导来制定暴力规则就行，这个人有领导能力，但被他那些贫民排除在官方荣誉之外；而现在（这个人）组织他们的力量来屠杀、放逐和掠夺，直到他们再次完全堕入野蛮状态并重新

找到新的主人和国王。①

这种将民主视同夺取权力的暴力斗争的不友好观点，在莱因哈特·柯斯勒克（Reinhart Koselleck）对 18 世纪知识界忽视内战危险且只关心民主"革命"②的著名批评中多次出现。这种观点不仅和通过民主使政治权力宪政化的努力相对立，也和反暴力和平运动的公民参与相对立。特别是公民的和平创议，可以被视为一种更为悠久的社会传统的一部分，这种传统可以追溯到 19 世纪反对贩卖妇女、奴隶和儿童的运动。这种多面的公民政治擅长修复公民社会中的受损构造。它不仅将目标对准政府机构的暴力，而且还试图识别并清除公民社会中确实存在的暴力。今天这种公民政治包括如下多样的主题：诸如反对杀戮、强暴和跟踪女性；针对儿童的道路暴力行为；学校中的种族侵犯和恃强凌弱；虐待动物；以及在诸如监狱、庇护所和医院等规训机构中传播的多少有些隐蔽的暴力。

这些社会活动的一个讽刺性效应是提高了许多公民的认知：我们所知道和所体验的公民社会事实上窝藏着很多暴力，其中的一些很危险——并且急迫需要更多更好地监控和整顿，以及新形式的法律管制、社会政策或彻底的压制。实际上，这种暴力无处不在的感觉被许多其他因素强化：从保险公司的风险和安全要求，到政府的"法律和秩序"运动，以及公民使用手机将暴力行为举报给当局的意愿。他们带来的长期混合效应是公民社会成员的暴力倾向特别明显——并且引导他们为此做一些事情。这些力量不仅仅使得有关暴力的统计数据"事实"总是并且必定是"虚假的"（犯罪学家已经很好地注意到这一点了），也使得人们对埃利亚斯（Elias）和其他学者的如下说法产

---

① 参见 Plato, *The Republic*, 8, sect. 563a, in B. Jowett (ed.), *The Dialogues of Plato*（New York 1897）; Polybius, *The General History of Polybius*（London 1756）, bk. 6, sect. 9。

② 参见 Reinhart Koselleck, *Kritik und Krise. Eine Studie zur Pathogenese der bürgerlichen Welt*（Munich 1959）。

生怀疑:"文明化"的社会忘记了它的历史起源,他们将自己的文明当成是理所当然,仿佛是"天然的"。

由于所有已知形式的公民社会都为内生的不文明之源所困扰,上面提到的最后一点能够被强化。单从实证上看,反驳头脑简单的"纯粹主义者"将公民社会作为亚热带风平浪静的天堂那种论述就是很有必要的。确实,我们知道公民社会产生社会交往上的冲突。敌对主义和合作主义倾向于形成持续的螺旋,因为通过他们的分歧,国民明白互惠的承让是社会生活的一部分。国民们通过更多地了解彼此来一起生活,他们开始学习相互适应和合理期待的艺术。① 即便有这些社会化的趋势,不文明依然在所有公民社会中持续存在。不文明是它们的一个局限,因此它始终是一根影响创建完全"文明"的公民社会的荆棘。康德在反思共和制政府和公民社会的优点时提到:"渐渐地,既存权力中的暴力将消失并且对法律的遵守将增加"。"部分是由于对荣誉的珍视,部分是由于对自我利益的正确理解,政治体中将出现更多的宽容且对法律的分歧减少,在恪守承诺上更为可靠等等"。② 上述陈述中对公民社会与暴力之间关系的目的论式的肯定假设或暗示并未得到证实。和康德的看法相反,公民社会并不必然导向"永久和平"。高度发展的公民社会能够并且确实包含着暴力趋势。有时那些"不文明"的习性积聚和混合在一起,通过反馈和前馈(feed-back and feed-forward)缠绕起来,直到公民社会能够并且确实毁灭了整个社会。此后公民社会就堕落为非文明社会,即一个多少由法律框定的被"不文明"的交往形式所主导的一套社会制度:从含蓄威胁对他人进行身体伤

---

① 参见 R. J. Rummel, *Understanding Conflict and War* (Beverly Hills and London 1981), vol. V, p. 32。

② 参见 Immanuel Kant, ' Welchen Ertrag wird der Fortschritt zum besseren dem Men-schenge-schiecht abwerfen?' (1798), in *Der Streit der Facultäten in drey Abschnitten*, in *Schriften zur Anthropologie, Geschichtsphilosophie, Politik und Pädagogik* (Darmstadt 1975), pt. 2, sect. 2, p. 365。

害的日常生活中的粗野直到"后文明化的野蛮"①，令人厌恶的各种系统化的有组织的暴力形式将损毁所有剩下的公民社会制度。

公民社会运作的内部冲突倾向于产生它自己的对立面，并且一直未得到认真分析。它一开始被18世纪的通向文明的螺旋上升理论所蒙蔽，最近则被纯粹主义者论述公民社会时对暴力的沉默所蒙蔽。一个关键的问题被忽视了：这种棘手矛盾的确切起源是什么？

对不文明的最常见解释是诉诸本体论。霍布斯（Hobbes）写道，"我们发现即便在管理有善的国家，那里有法律以及对侵犯者的惩罚"，"人民旅行也要佩剑防身，既要闭门而眠以防外人，也要锁好衣柜以防家人"。在这里，不文明被视为人类的原始本能：

> "人所处的环境……是每个人对每个人的战争环境；在这种环境下，每个人都受到理性的控制。只要是他能利用的东西，没有一种不能帮助他抵抗敌人，保全性命。因此，在这种环境下，每个人对每种事物都拥有权利，甚至是对彼此的身体也一样。"②

三个半世纪之后，霍布斯的推理依然享有盛誉。部分是因为我们还没有摆脱老式布尔乔亚（old bourgeois）对新霍布斯主义者（neo-Hobbesian）主题的幻想——彼得·盖伊（Peter Gay）的令人信服的研究已经表明在过去一个世纪这种幻想是多么强烈③；部分是因为将人类本质视为暴力的观点有一定的直觉

---

① Claus Offe, 'Moderne "Barbarei": Der Naturzustand im Kleinformat', in Max Miller and Hans-Georg Soeffner (eds.), *Modernität und Barbarei. Soziologische Zeitdiag-nose am Ende des 20. Jahrhunderts* (Frankfurt 1996); and Stephen Mennel, 'Decivilising processes. Theoretical significance and some limits of research', *International Sociology* (1990), pp. 205 – 223。

② Thomas Hobbes, 'Preface to the Reader', *Philosophical Rudiments concerning Government and Society* (London 1651) and *Leviathan, or The Matter, Forme, and Power of a Common-Wealth Ecclesiastical and Civill* (London 1651), pt. 1, ch. 14.

③ Peter Gay, *The Cultivation of Hatred. The Bourgeois Experience, Victoria to Freud* (London 1994)。

吸引力，特别是当"事实"似乎支持它们的时候。掩藏在诸如政府军削掉受害者的耳朵或生殖器，并且在处死之前用枪口逼迫他们吞食这样一些邪恶行径之后的，除了残忍的人类本性之外还有什么？当然，士兵们用枪指在母亲的头上，在聚集起来的一堆人面前，强迫她们用子弹射穿其已经惊恐万分的孩子的头部，在此之后才打死她们以及聚集起来的其他人，士兵们的这种自动自发行为能够证明我们有一种天生的暴力倾向吗？还有别的什么可以解释施虐者为了获得那种邪恶的虐待快感而将老鼠放到受害者体内，眼看着受害者在残酷的屈辱折磨下慢慢死去的吗？抑或对于那些使用螺栓刀和移动电话将民用飞机变成巡航导弹以企图蓄意杀死成千上万的无辜平民的暴徒，有什么能解释他们的冷血特征吗？

毫无疑问，正如精神分析一直强调的传统：为了理解此种暴力行为，对个体作恶者有一个结构特征或个性构造上的理解是至关重要的。这些作恶者即便与一个更大范围的作恶者团体保持行为一致，在对受害者独自作恶的那个时候却是由其内在本能和思维引导的。军队或者强盗自身是不杀戮的，更何况当暴力由战争机器管理着，这使得暴力和施暴对象之间在身体上和精神上产生了距离。并且当试图理解为什么个体具有暴力倾向的时候，很明显我们需要区分两种微观类型的"人性"解释。从圣·奥古斯丁（St Augustine）到弗洛伊德（Freud）都试图从人性自身寻找暴力之源。

首先，一些非历史的"硬"本体论将人视为本质邪恶（正如马基雅维利［Machiavelli］宣称所有时代的所有人都是"忘恩负义、变化多端、弄虚作假、怯懦软弱、生性贪婪的"①）。这种本体论解释由来已久，但是它无法说明个体以及实际上全部社会为何并且是如何时常保持和平的，有时会持续相当长的时期。其次，也有一些"软"本体论承认即使"人性"倾向于堕落，或甚至有

---

① Niccolò Machiavelli, *The Prince*, in *Machiavelli. The Chief Works and Others*, trans. Alan Gilbert, 3 vols(Durham, NC 1965), vol. I, p. 62.

些自然的嗜血性，但它在特定的制度条件下可以转化或规制为和平的方式。威廉·詹姆斯（William James）假设只要把年轻人都征募去开采煤矿、驾驶轮船、建设大厦、洗衣刷盘，那么世界就会更加安全，这就是一个"软"本体论假设的例子。18世纪（但最初是在前现代）的构想亦是如此，这种构想认为公民社会被限制进入（正如米拉波［Mirabeau］所言）一个悲惨的"通过文明和财富，从野蛮主义走向堕落的自然循环"。①

对暴力进行解释的"人性"论路径有两个问题。第一，暴力会周期性地横扫维护公民间和平的文明保护墙，对此很少或者没有什么能够阻止它，通过暗示这一点，暴力解释的"人性"论路径往往会导致政策创新的瘫痪。第二，很难用理论的或者实证的/阐释性的术语来证实它们。不论是"硬的"形式还是"软的"形式，仅仅用"人性"的卑劣来阐释暴力的各种尝试不得不承认社会—制度因素在解释上的重要性。宽泛地说，存在两种不同类型的解释。②其中一种（已经在讨论埃利亚斯和鲍曼的作品遗产中得到检视）指向外生的因素——世界的武装领土政府系统——正是这些政府激起了暴力并且导致公民社会的破裂和崩溃。其他的解释形式则坚持认为有限规模或扩大规模的暴力主要源自于公民社会自身历史上形成的特定组织原则。在这里，另一个重要的区别值得引起重视：对为什么这些社会容易从自身内部产生各种各样的恐怖暴力问题的解释，需要在资本主义中心论的解释和更综合的公民社会中心论的解释之间进行区别。

对于资本主义中心论的解释，最有影响的例子是马克思对雇佣劳动/资本潜在冲突关系的强调。马克思指出，现代资本主义是独特的，因为它导致政府

---

① William James, 'The moral equivalent of war', in *Memories and Studies*(New York 1912), pp. 262 – 272,290; Honoré-Gabriel Riqueti, Comte de Mirabeau, *L'Ami des hommes ou Traité de la population*(Paris 1756), p. 176.

② 对这些解释的不同论述的比较参见 Kenneth N. Waltz, *Man, the State and War: A Theoretical Analysis*(New York, 1959)。

与社会分层形式的分离。它第一次将人类细分为社会阶级;将个人的法律地位与他们在公民社会(Bürgerliche Gesellschaft)内的社会经济角色进行分离;并且将个人区分为私人领域的利己主义者和公共精神的公民。通过对比,封建社会有一种直接的"政治"特色。公民生活的主要元素(私产、住房和劳动形式)假定了地主所有制、财产和企业的形式。封建社会的个人成员不能享有"私人领域",他们的命运被无法摆脱地嵌入在他们所属的由相互交织网络构成的公共组织中。根据马克思的说法,"摆脱政治束缚"是现代资产阶级秩序的突出特征。公民社会是私人需求和私人利益的领域,雇佣劳动和私人权利从政治控制中解放出来,它成了现代国家的基础和前提。

马克思正确地认为公民社会是一个偶然的历史现象,不是一种自然给定的事态。在现代,国家保证下的公民社会不遵从自然的永恒法,并且它们当然也不是从其成员对"社会"的嗜好中产生的。它们是由历史决定的实体,其特征由特定的生产关系和形式、阶级分立和斗争所决定,并且在一个时期由"相应的"政治—法律机制所保护。不仅仅资产阶级公民社会是现代的产物。它们的寿命受到限制,因为他们催生了无产阶级,而无产阶级是激进的,无产阶级中处于公民社会之中却不属于公民社会,这个潜在的普遍阶级标志着其他所有阶级的解体,如果需要的话,可以通过暴力的方式。尽管马克思不是唯一一个持有此观点的人,他却正确地指出劳资关系是现代公民社会潜在的一个暴力对抗点。马克思主义者对公民社会的论述也是问题多多①。马克思的一个错误假设②是流氓无产阶级和无产阶级的劫掠与杀戮将让步于工人阶级的组织化战斗,此外,马克思对公民社会中非市场制度产生暴力和减震的潜力的把握还不到位。

---

① 参见拙著 *Democracy and Civil Society. On the Predicaments of European Socialism*, *the Prospects for Democracy*, 以及 *the Problem of Controlling Social and Political Power* (London and New York 1988 [1998]), pp. 57-64, 215-228。

② 原文如此,实际上马克思的上述假设是得到证实了的。——译者注

在已确立起来的公民社会中,对人民的强烈感情、强烈憎恶的表达是被限制在一定范围内的,更不用说是燃烧的怒火、野蛮的仇恨或将某人吊死的怂恿了。无论哪里有压力或耻辱在推动紧张情绪的发展,它们都会被社会结构所吸收和净化,从而文明占据优势,抑或如埃利亚斯所辩解的,他写道:"大多数的人类社会","正如我们所看到的,它们能够发展出一些针对其自身所产生的压力和紧张地应对措施。在那些较晚发展水平的文明社会中,相对稳定、平和与适度的限制无处不在,增强涵养的要求也很高,我们通常能够观察到各种各样具备该功能的休闲活动,体育就是其中一种。"① 假如确实如此,一个基础性问题有待回答:为什么那些关于理所当然的美好事物的规则并不总是在实际存在的公民社会里适用?为什么它们的成员不能舒适地生活在快乐街、友好镇、文明郡和宽容的国度里?为什么公民社会的"抗震"制度会超载,以至于它们从自身结构产生了和自由、团结、文明相悖的暴力形式?要不是因为这些暴力形式,它们本来会变得非常有吸引力。

公民社会的一个显著特征是它们针对上述问题提供了各式各样的、可争论的答案,总而言之,它们这么做是一件好事情。通过培育暴力有其社会根源以及暴力是偶然的和可消除的意识,有关暴力的解释性争议使得公民社会保持了活力。也许这便是为什么无聊(boredom)被引证为非文明的关键原因。根据这种阐释,那些无聊的人是市民社会生产的乏味同质性下的饱食终日的受害者,特别是在消费领域。消费社会——注意这种没有说服力的陈词滥调——产生了两种人:烦人者(the bores)和无聊者(the bored)。后者可能仍然装做文明的样子,但当他们开始感到受限制并且开始渴求变化和发泄的时候就会陷入无聊。他们不断寻求陌生的、奇异的和危险的东西。毫不令人奇怪的是,他们通过制造"道德沦丧"的暴力行为来进行报复,这些暴力行为很少被体验为

---

① Norbert Elias,'Introduction', in Norbert Elias and Eric Dunning, *Quest for Excitement*: *Sport and Leisure in the Civilising Process*(Oxford and Cambridge, MA 1993), p. 41.

一种失败或跌入虚无状态。对无聊进行分析的人给出的铁的事实是，暴力是被当做快感、满足和刺激形式来体验的，这种刺激形式不仅挑起了那些受到暴力侵害者的幻想，使其获得一种受虐狂的快感，而且也挑起了施加暴力者和暴力行为见证者的幻想。暴力的个体和其受害者在一起的时候，有时候将他们的行为当成是一种娱乐，在这个年轻人"被无聊困扰的例子中（阿瑟·米勒［Arthur Miller］所描述的），他陷在里面不能自拔，直到两三分钟后才'活跃起来'（lives）；他蹦到街角进行袭击，将一个灌满汽油的瓶子掷向某个孩子的头部并砸得粉碎，这种身体甚或生命冒险的滋味使他感到战栗。那是一条命……眼睁睁地站着看它消失，就像你能够抓住一样。①"

从无聊的视角论述暴力的理论是有趣的，但考虑到它们的症候特征——忽视了暴力的心理和社会制度动力——因此它们更具有刺激性而非说服力。那些将暴力追溯到公民社会的开放性和多元性的解释更接近正确。实际上，论点在于这些培育生活形式多元性的社会自身在其根基倾向于暴力。各种可能存在冲突的例子被引用。根据某些观察者，一个得到很好认识的事实是他们使得不同团体能够组织起来追求财富和权力，正是这种财富和权力在国内塑造了不停运作的资本主义经济和政治制度，还将其扩展到全球范围，其造成的一个后果是暴力被广泛输出到被视为"粗野"和"未开化的"部落、区域、国家和整个文明。现代公民社会确实已经向有扩张之梦的特定权力团体提供了可观的机会。这反过来又使得现代殖民史和对"非文明"世界的欺凌史充满了暴力，以至于我们也许可以说，带有一些苦涩的讽刺意味的是，有着世界范围吸引力的当代文明社会竟然是宗主国文明暴力的产物。

---

① Arthur Miller, The Misfits (London 1961), p. 51；可对比他的作品《无聊而暴力的人》(The bored and the Violent, 收录于 Shalom Endleman [ed.], Violence in the Streets [London 1969], pp. 270 - 279)。汉娜·阿伦特的《极权主义的起源》(The Origins of Totalitarianism, Cleveland 1958) 第 82 页从一个全然不同的视角对无聊论(boredom)进行了分析，其中谈到 19 世纪晚期的巴黎上流社会产生了一种对下层社会、诡异和危险事物的浓厚兴趣。

任何公民社会成员被赋予的通过复杂方式进行联合的法律或非正式自由，很明显也使得他们在国内具有暴力倾向，尽管也保留了大量的文明传统。这不仅仅是因为公民社会为利用文明以企图更易于破坏文明的精神变态者提供了便利的隐匿之处和跟踪地点，也不仅仅因为武器在现存的公民社会中更容易获得和更为便宜。无疑，这些促进了廉价武器的自由流动——如德国制造的 Brocock ME38 气步枪，来自以色列的 Uzi 冲锋枪，美国 Mac10 机械气枪——尽管（武器流动）程度仍不确定，这便是为什么对半歇斯底里的媒体所宣称的"枪支犯罪"和"枪支控制"的需要应该通过冷静地反思来进行调和，包括对暴力的多重形式和根源进行的冷静反思，以及对公民社会因迷失其成员方向并歧视其成员的更深层趋势而表现出诉诸武力方式的这一症候进行的反思。

理想构思的公民社会是由多种社会制度构成的复杂、动态网络，社会整体构成的不透明性——公民对构思和掌握社会生活全貌的无能为力——加上生活关键层面（就业和投资模式，谁将在下次选举中掌权，对自我及其周遭的偶然性认同）的长期不确定性使得社会成员具有强烈的压抑、焦虑、受辱和报复心态。所有的现代公民社会都差不多跳不出海里奇·冯·克莱斯特（Heinrich Von Kleist）所说的"世界制度的碎片化"（*die gebrechliche Einrichtung der Welt*）。这种碎片化增加了对诉诸暴力进行的传统道德制裁和限制被其他成员拒绝或规避的可能性。特别是当其和社会歧视联系起来的时候，比如说种族歧视和失业，那么这种超道德的焦虑和挫败感——被羞辱感——将扩大受挫者的队伍。

败给他人是公民社会内部的一个长期问题。他们毫无疑问希望自己的成员获胜——并且相信胜利的机会。选择一点也不难作出：一个身强体健无坚不摧的身体，无穷的力量，坚定的自信和极佳的运气，满满的雄心，不竭的原始活力和持续的原始满足——哪一个既存公民社会的成员在心智正常时会错过这些厚礼（如果不附带任何条件而赋予他们的话）？答案当然是不言自明的，但这回答掩盖了一个麻烦的问题，即不可能每个公民社会的凡人成员都随心所欲地实现他们的梦想，这就可能会并且确实孕育了憎恨或其他某些更糟的东西。汉娜·阿伦特（Hannah Arendt）已经指出假如我们检视历史上的那些参与变成仇恨的例子，伪善而不是正义才是驱动力。① 对资产阶级社会及其双重标准的仇恨在如下一些作者如帕累托（Pareto）、索雷尔（Sorel）、赛琳（Céline）、法农（Fanon）的作品中表现明显，这些作者为了暴力而美化暴力。燃烧的欲望撕掉了公民社会的伪善面具，这在那些用刺刀和枪炮撕裂公民社会结构的人当中同样很常见。他们的回应并非是"不理性的（irrational）"，因为公民社会不能对所有人保持其开放、自由和正义的标准——它们不能阻止某些成员遭受羞辱——这使得公民社会对那些坚持要揭露其伪善的人而言是很脆弱的。这可能是为什么——让人羞愧地——美洲黑人的杀人犯罪率超过白人 7 倍还多的原因之一；也是为什么 2/3 因杀人和暴力抢劫而入狱的人是黑人的原因之一；也是为什么美国一半的监狱人口是黑人的原因之一；还是为什么 1/5 的黑人被监禁过的原因之一——即便黑人比例仅仅是美国总人口的 12% 左右。

失败者的出现和受辱对公民社会的朋友而言是一种忧虑，因为有大量精神分析的证据表明：在特定环境下受辱会激发暴力反应，有时也会针对受辱者自身。② 考虑一个随机选择的案例：查尔斯·斯塔克伟泽（Charles Starkweather）[电影《穷山恶水》（Badlands）讲的就是这个事情]。斯塔克伟泽在内布拉斯加州（Nebraska）的一个小城镇长大，贫困并且不被家人重视。他罗圈腿，满头红发，长相猥琐，本地人都叫他"人渣"。1958 年初，斯塔克伟泽在该镇进行了为期一周的疯狂射击，杀害了 11 人并将其分尸。在他被处刑之前，他的

---

① Hannah Arendt, *On Violence*(New York and London), pp. 65 – 66.
② 相关的文献很多而且不错，一些比较好的文献包括 James Gilligan, *Preventing Violence*(London 2000); Adam Jukes, 'Violence, helplessness, vulnerability and male sexuality', *Free Associations*, 4: 1, 29(1993), pp. 25 – 43 and Rosine Perelberg(ed.), *Psychoanalytic Understanding of Violence and Suicide*(London 1999). 请注意受辱感能够激发整个社会的暴力渴望，如德国 19 世纪末发展出来民族主义的"平民军国主义"，参见 Thomas Rohkrämer, *Der Militarismus der 'kleinen Leute'. Die Kriegervereine im deutschen Kaiserreich 1871—1914*(Munich 1990)。

自传写作完成，书里解释说就在他杀人之前，他自认为是个人渣，是个失败者。他的自我早就不存在了——对自身经历的如此难以忍受以至于作为一个人，他更喜欢自己和他人的肉身死亡而不是所经历过的受辱的生活体验。①

导致那些斯塔克伟泽（Starkweather）案例的根源通常都是离奇和悲剧的。在儿时早期和父母关系破裂，特别是遭遇一个粗心的失职母亲或父亲，有时带来远比情感悲伤的状态：从而导致无法实现他们自身或精神自我的正常化。那些无法实现自我和周围世界正常化的人会将他们自己当成是一无是处，这种一无是处的感觉使得他们倾向于把自己的混乱强加在他人身上，或反过来强加在自己身上。他们陷入了失去一切的深刻恐惧。暴力是支撑他们软弱和失去的自我的一种垂死挣扎，或通过自我伤害（"如果杀死我自己，我就不用被我想的东西纠缠了"），或通过伤害他人（"如果我杀了你，我就不用担心你在想什么"）。暴力可能是欺骗，但与之相悖的是，正是那种欺骗提供了一个抵挡自我所遭受的连续打击的安全庇护所。像氧气一样，暴力顷刻间让一个已经窒息、几乎不像自我的自我重新活过来。

这些实存的公民社会中各种各样的暴力生产动力学的现实结果是在其社会中创造出不文明的群岛：这边有一起谋杀，那边有一起强暴或伤害。然后是连续的谋杀，甚至整个地理区域充斥许多具有"中世纪"特征的暴力。正如中世纪时代，人们通常是携带武器的，从不空手跑到镇子外去冒险，加之担心树林里都是可怕的坏人，因此如新奥尔良——那里一年有250起谋杀案，200起见报的强奸案，1500起持枪抢劫案和超过2000起的袭击——那样城市的白人中产阶级居民也不敢住到新奥尔良的东部。午夜之后（女性还更早些）他们尽量不独自一人坐公交。他们也不敢在天黑以后涉足像拜沃特（Bywater）和圣约翰近郊区（Faubourg St John）那样的街区。

---

① James M. Reinhardt, *The Murderous Trail of Charles Starkweather* (Springfield, IL 1960), pp. 49–50: 'The people I murdered had murdered me. They murdered me slow like. I was better to them. I killed them in a hurry.'

作为娱乐的暴力

为什么公民社会脆弱的开放性增强了他们的暴力感,还有一个不很明显的原因:他们依赖于公共和私人沟通的网络体系。媒体将暴力形象差不多是自由地和即时地展现在大众面前。反过来,公民社会内的沟通自由使得针对他者的暴力能够而且实际上经常成为娱乐,使得大众着迷、疯狂和愉悦。

以暴力来表达团体快感的残暴形式——如塞尔维亚士兵每天在波斯尼亚进行屠杀的时候,还不忘喝着李子白兰地酒①,嘴里唱着歌,这在今天也很常见(即便仍然让人感到迷惑)。更常见和令人迷惑的仍然是上百万人遭遇以娱乐形式表现出来的暴力时所体验到的那种迷恋和快感。和当代某些在媒体上反对暴力的活动家们的说法相反,将暴力装扮并市场化为娱乐是一种可以追溯到18世纪中期的古老现象。付费的色情谋杀电视、暴力视频游戏、让人作呕的暴力片和为死亡欢呼的音乐家,穿过血淋淋鼻子的扣针、持枪抢劫和谋杀、午夜漫步者、精神病杀手和对魔鬼的同情,上述这些都是现代大众文化中的古代主题。娱乐暴力的传统可以回溯至从诸如《活死人之夜》(*Night of the Living Dead*)和《精神病患者》(*Psycho*)等电影到鬼故事杂志、恐怖音乐剧、煽情报纸、启蒙时代的哥特文学和墓园诗人。对暴力的上述公开表现进行的历史研究被认为是不够的,然而,很明显,现代社会暴力制造的轰动和丑闻比辛普森案(O. J. Simpson)和华盛顿狙击手枪击案要早。例如,在19世纪早期的英格兰,断头台是一个显著的感官标志。"被吊死者"的图腾形象充斥着大众文化,在诸如塔罗牌、解梦书以及潘趣和朱迪木偶戏②(Punch and Judy)中都

---

① 李子白兰地酒,一种传统塞尔维亚饮料。——译者注
② 英国传统木偶戏,以插科打诨,偶尔穿插打斗的剧情安排而闻名。——译者注

可以见到。被处刑者的棕褐色人皮用来装订有关其犯罪行为的书籍，被吊死者的尸体罩吸引了参观杜莎夫人蜡像馆（Madame Tussaud）的大群人。暴力转变为娱乐的类似现象，也曾发生在魏玛德国，只是这次涉及的是被侵犯的女性尸体，当时的魏玛德国公民社会被内忧外患威胁着，定格于魏德金德《露露剧》（Wedekind's Lulu plays）中杀人魔杰克的血腥行为、奥托·迪克斯（Otto Dix）创作的被开膛破肚的妓女画以及阿尔费雷德·德布林（Alfred Döblin）对罗莎·卢森堡（Rosa Luxembourg）谋杀案的情色化描写。①

随着大规模发行的出现和利基市场②、电子媒体在全球范围内运作，对暴力娱乐可能感兴趣的人群在年龄段、规模和空间分布上呈指数级增长。这一程度明显已经达到了，因为几乎世界任何地方的观众都可以清楚地目睹令人毛骨悚然的流血现象，从技术的完善和逼真方面来讲，看起来已经达到无法超越的地步。为何如此多的数以百万计的人——情不自禁为之屏息和战栗，眉毛冒冷汗，后颈头发直竖——为这种本应避之唯恐不及的暴力而着迷，成了一个谜。借助弗洛伊德最先对诡异（the uncanny）进行的论述，根据这种说法，对于无法治疗的并且也是所有个体无可避免的命运的死亡，（在文明社会中）"看不见……他者也干预不了"。弗洛伊德认为死亡作为一个陌生的他者，是个人自食其果的行为。这种观点强调他/她的死亡感知，即这种暴力的终极结果是

---

① 参见一些基于报纸、犯罪档案和民间故事等原始资料的论述如 V. A. C. Gatrell, *The Hanging Tree: Execution and the English People*, 1770—1868 (Oxford 1994). 19世纪出现的对暴力行为追求轰动效应的放纵报道——坚持主张新闻的热钱效应，要求渲染谋杀的暴力程度和报道的血腥细节——请参见 Thomas Boyle, *Black Swine in the Sewers of Hampstead: Beneath the Surface of Victorian Sensationalism* (New York 1989). 魏玛德国对女性的暴力档案可见 Maria Tatar, *Lustmord. Sexual Murder in Weimar Germany* (Princeton 1995)。

② 利基市场，或译为缝隙市场、小众市场、针尖市场，指企业为了避免在市场上与强大的竞争对手发生正面冲突而受其攻击，选取并进入的被占据市场绝对优势的竞争对手所忽略的、需求尚未得到满足、力量薄弱的、有获利基础的细分市场。——译者注

"不舒服、精神不安、忧郁、失望……可怕的"。① 弗洛伊德错误地认为,这种诡异的体验和对死亡的原始恐惧处在一个生者和死者之间的领域,是一种普遍的人类体验。他没发现这种诡异体验能够并且确实有不同的历史形式,例如在前现代,对诡异体验的界定就常常被诸如宗教权威、武士阶层和地方社区等核心制度所垄断和限制。从这种历史敏感的视角来理解,诡异理论对民主和暴力的论述有一个显著的暗示,这里需要重新表述为:现代形式公民社会的出现及成长和暴力被排挤到国家领域不可同日而语,暴力在国家已经变得差不多不可见了。这恰恰是因为界定诡异的权力已经不再垄断在定义明确的权威手中——宗教、社区和专业军队丧失了对死亡界定的控制能力——因此诡异变得"无家可归"(homeless)。这里发展出某些像文明辩证法的东西,其中各种暴力形式明显地从公民社会中减少和移除与其不断提升的媒体能见度形成了对照。暴力以多少有些无端的"模仿"或"虚拟"形式重现。

儿童谋杀案

见证"虚拟"暴力行为的快感是一回事,公民社会实际针对他者的暴力犯罪又是另一回事。问题的关键是在所有公民社会内部,平民总会在某些时间和地点体验精神困惑和社会疲劳,甚至会感到生活(正如俄国人所言)是建立在耻辱之上的空白而不受法律管制的空间。在这样的条件下,平民们开始怀着仇恨和不满。在濒临崩溃的时候,他们也许会忍不住为受到的耻辱、困扰和疑惑而报复——去揭露他们认为存于在其周围的伪善——其结果是伤害他人身体。家庭内的儿童谋杀案这样一个例子就足以阐释这种藏匿在公民社会缝隙内

---

① Sigmund Freud, 'The uncanny' (1919),收录在 *The Standard Edition of the Complete Psychological Works*, ed. James Strachey (London 1955), vol. XVII, pp. 219–252. 在近期关于死亡和诡异的有趣讨论中有 Walter Kendrick, *the Thrill of Fear:250 Years of Scary Entertainment* (New York 1991)。

的微观暴力。

虽然使用暴力作为一种解决和他人分歧的手段,就像宽容一样,最典型地开始于家庭内部,可以理解,儿童谋杀案依然是一种奇特而令人不安的现象。在英国、法国和美国官方记录的儿童谋杀案近十年来一直在实质性地增长。对数据存疑当然是合理的,官方的统计数据通常存在方法论上的模糊,严重依赖于报告和分类方法,并且还受到政治正确的限制。对于现代史中针对儿童的家庭暴力,我们依然没有充足的历史记录。但是最近的数据确实表明了一种非文明的对待儿童的模式图景。

美国最近40年来,儿童在其出生的第一年被杀死的记录数据已经翻倍;在1至4岁被谋杀的数据增长了4倍。在1年中,超过1000多名儿童被谋杀,超过18000名儿童因家庭暴力而永久致残。这些谋杀行为的微观模式正在被揭露。4/5的孩子是在家里被其父母杀害的。从与儿童在一起的时间这一点来看,女性不成比例地要为2/3有记录的谋杀案负责。差不多一半的谋杀都是针对1岁以下的儿童,4/5在4岁以下。刚好超过一半的受害者是白人和女性,但是在美国黑人中儿童被谋杀的比例更高:几乎每十万人中有20名儿童被杀死,约为总数的30%①。这个发展趋势吸引了大量媒体报道,结果儿童谋杀也像其他形式的暴力一样,展现在那些之前听说过但从来没有看到过的人眼前,是如此的可怕。现已广为人知的是,约六成的这类谋杀案例的作案人是儿童的父母,从而使得"血缘关系"这一术语显得悲惨可怕。特别让许多评论者痛心的是下面一些故事:那些深陷现代母性地狱和天堂之间的凶残母亲,她们用废气将孩子窒息而死,或用皮带将孩子捆绑在安全椅上然后将私家车开进湖里,摇晃孩子直至其处于无意识状态,或在自己自杀之前将孩子刺死。

---

① 参见 the National Clearinghouse on Child Abuse and Neglect Information, *Child Maltreatment 1996: Reports from the States to the National Center on Child Abuse and Neglect* (Washington, DC 1996); R. W. Zalar et al., 'Domestic violence', *New England Journal of Medicine*, 342 (11 May 2000), pp. 1450 – 1453; and Gerald L. Rowles, 'Domestic violence', http://www.dadi.org/dvca glr.htm。

许多震怒的评论员已经通过与政治无关的行动来反制这种卑鄙的行为。他们用传统的原罪论谈论这些"邪恶"行为,一直用让人毛骨悚然的希区柯克风格的(Hitchcockian)主角生活细节口吻来阐释他们的观点;或者他们的评论(用一种并非不相关的解释)通过强调20世纪60年代文化政治引发的"自私自利社会"(me-first-society,纽特·金里奇[Newt Gingrich]语)的血腥后果复兴了霍布斯的假设。在如此简单地作出判断之前,这些评论者最好住口。他们应该理解儿童谋杀(像其他所有暴力形式一样)是有历史的;在16世纪之前儿童谋杀控诉案件罕见,然而,两个世纪以来的法律对被控杀死新生婴儿并且隐藏其遗体的贫穷未婚母亲的压制,产生了官方的儿童谋杀案统计数据,毫无疑问,那时的谋杀案例要比今天更多。①

用历史视角来审视后面的数字是关键的,那些匆匆将儿童谋杀谴责为"原罪"和"恶魔"的人最好用斯宾诺莎(Spinozist)的名言"不要笑,不要痛苦,也不要谴责,而是要理解"来研究一下这种现象。他们同时应该努力将他们的判断置于一个可能富有成效的阐释框架下,这个框架将暴力和公民社会的动力学联系起来进行阐释。在许多有记录的儿童谋杀案中,很明显,受害者和谋杀者都深陷于市民社会内那些高度紧张的区域中,其中布满冲突逻辑的家庭(亲密关系,性欲望,认同模式,私人关系,婚姻关系,金钱,做饭、清洗和看护孩子的繁重家务)和劳动市场(来自职业、失业和就业的特殊压力和紧张)以及嵌入其中的社会关系的相同冲突逻辑形成互动、强化并且实际上经常冲突的关系。考虑到这些公民社会内典型的压力和紧张环境,那些过分自夸的"恶魔"自私解释就是不真实的。"恶魔"解释没有看到

---

① 例如可参见 Peter C. Hoffer and N. E. H. Hull, *Murdering Mothers: Infanticide in England and New England*, 1558 – 1803 (New York 1981); René Leboutte, 'Offense against family order: infanticide in Belgium from the fifteenth through the early twentieth centuries', *Journal of the History of Sexuality*, 2 (1991), pp. 159 – 185; and Keith Wrightson, 'Infanticide in European history', *Criminal Justice History*, 3 (1982), pp. 1 – 20。

里面的压力和紧张。它忽视了像耻辱、困惑、疲劳体验等重要因素的作用；也没有考虑到对父母爱恨的矛盾感受，他们缺乏相互关系和社会支持（缺乏父爱、缺乏正确的儿童护理、女性对孩子的爱缺乏男性的足够支持），从而将他们推向一个死胡同，深陷其中不能自拔，唯一解脱的方式就是作出决定在公民社会内另杀一人，甚至是自杀。在这一点上，简直可以说是公民社会用压力杀死了它自己的孩子。

6

残酷战争

枯树没有阴凉,蟋蟀不使人轻松,干石头发不出流水声。

T. S. 艾略特(T. S. Eliot,1922)

在运行良好、历史悠久的市民社会，不文明行为只是一种温和（mild）的趋势。市民社会扼杀自我、在广阔范围内自甘堕落为野蛮的倾向通常在自我克制、慈善之举、朴素的善行、媒体报道和他人干预（无论是家人、朋友、陌生人、社会护理专业人员抑或是法院和警察的干预）的合力中受到阻止。然而，这些机制的削弱或者被打破有时会造成文明的"一夜蒸发"（overnight）。事实上，市民社会开始向非市民社会发展的情况已经出现。① 由于一些社会契约（social bonds）和某些公民自由权利的遗存，强者得以在建立起来的战场中享有操控军事武器、攻打弱者的特权。在极端情况下，一个野蛮的社会很可能会流血致死。一场野蛮的战争先是隐隐出现，然后在愤怒中爆发。"好"与"坏"的暴力行为之间的区别不复存在。社会和政治对复仇行为的限制与约束被摧毁。先是双倍报复，接着是三倍（Reprisals double, then triple）。墙面、地面、脚下的深潭——鲜血无处不在。受害者在他们燃烧的家园中被枪杀，聚

---

① 在此，我需要说明我使用"uncivil"这个词并不指涉行为的各种形式。"uncivil"这个老式的形容词最初由亨利·大卫·梭罗（Henry David Thoreau）在《论公民的不服从》（*Duty of Civil Disobedience*）（1849）中使用，公民不服从（civil disobedience）被认为是一种强有力且故意的违法抗争，或是合法性存在争议的外向性行为。它所宣称的目标是将特定的政府法令或市和州的政策提交公众讨论，包括其所断言的非法性或道德和政治上的缺失。如此看来，公民不服从并不是无礼的代名词，即使这样的不服从往往被那些害怕者或不支持者视为"不文明"、"无法无天"或者充满暴力。梭罗本人曾公开为不向认可奴隶制度的政府交税的决议作出辩护，而圣雄甘地——20世纪推广公民不服从战略的第一人——则尽全力对英帝国政府进行阻挡。在任何情况下，当公民不服从作为一种推动变革的战略时，那些挑衅者和对抗者则有意采取非暴力的行为，这既是争夺不合法权力的手段，同时也是为了加强市民社会的力量。

集在枪口之下。他们有的在附近房屋被立即处决，有的被送上铁路列车，路经腐烂的尸体，再被卡车送往临时的集中营。在那里他们被强暴或阉割，眼睛肿胀，面部臃肿，等待死亡的到来。

残酷的战争问题已被关注，然而，由于依托核武器（建立起来）的无政府状态（nuclear anarchy）和恐怖主义对民主造成了——正如我们所知道的那样——直接性的挑战，因此，残酷战争的轮廓值得更加深入的研究。（它的）细节复杂而丑陋。残酷战争所带来的暴力范围和程度令全世界深为关注、震惊和厌恶。语言难以简单描绘他们的残酷，他们试图对暴力行为进行的理论化乍一看似乎是一种花言巧语的自我放纵行为（a self-indulgent act of blandiloquence）。那些试图反思这种暴力模式的人很容易陷入一种羞愧的情绪之中，因为他们成了不请自来的事件目击者，漫天遍野都是尸体，甜中带着毁灭的味道（littered by corpses sweet with the smell of doom）。

这种难以理解的羞愧感经历，或许正是理解为何有关流血冲突的著名现代理论在近期已被严重忽视的一个关键原因，该理论最早是由托马斯·霍布斯（Thomas Hobbes）在 1668 年所著的《比希摩斯：英格兰内战的历史成因以及 1640—1660 年使用的计谋和手段》（*Behemoth*: *The History of The Causes of The Civil Wars of England, and of The Counsels and Artifices By Which They Were Carried On From The Year* 1640 *To The Year* 1660）一书中提出的。考虑到武装冲突的绝对数量之多并且已经蔓延到地球的各个角落，令人感到愤慨的是，反思当代战争的理论思想却鲜少出现。诚然，冷战结束以后，已出现大量有关这些暴力冲突的解释。越来越多的人一致认为，如今对战争与和平的区分，同冷战时期基于不同的原因对二者的区分一样值得怀疑。那一时期以两极思想和地缘政治的对立为标志，看不到战争，也看不到和平。虽然真正的和平，从相当程度上不存在可预见的战争或战争威胁的意义上说，被证明是不可能的，但战争的实际爆发，即便是在有限的区域内，都受到战争升级以及相互核毁灭的严重风险考验；或者是使用雷蒙·阿隆的简要表述，冷战导致了"和平不可能，战争亦不可能"。①

相比之下，苏维埃帝国和全球性东西方对抗的衰败已经加快了本书开头提到的暴力三角（the triangulation of violence）的形成。虽然在一段时期以来，超级大国对抗的结束似乎使第三次世界大战和总体战争成为不可能，但是，事实上，局部战争变得更加普遍，并且更加凶猛。如果在冷战时期"不战不和"的准则占据上风，那么，正如皮埃尔·哈斯内（Pierre Hassner）提出的，后冷战时期的准则则是"既战又和"。② 欧洲自身已经显示了令人困惑的朝向残酷战争和暴力三角（triangulated violence）发展的混乱趋势：其西部地区参与到领土国家融合的开创性政治行动中以制止战争，而距离几百公里的东南部地区则发生了流血冲突事件，导致了成百上千人的伤亡。

在暴力三角化的时代，战争与和平的事业都蓬勃发展，局部战争所造成的流血事件十分广泛。1964年，据估计存在激烈抵抗运动的国家不超过12个——安哥拉，柬埔寨，刚果，古巴，塞浦路斯，危地马拉，老挝，新几内亚，南非共和国，越南和也门——而在今天，根据最近联合国的可靠估计，类似冲突的数量已经增长了7倍，涵盖了世界各地所有大规模武装冲突中9/10的情况。

然而，不仅是局部战争（local wars）有所增加。在一些地方，战争形式及内容的发展趋势已经超出了所谓的常规内战分析思路的掌握范围。为了澄清这一点，对传统认识中的"内战"（civil war）概念作进一步思考是有必要的。按照标准的社会科学方法，内战是指为夺取或维持国家权力及合法性符号，采取

---

① 这一方案最早出现在雷蒙·阿隆（Raymond Aron）的《大分裂》(*Le grand schisme*, Paris 1948)中。在阿隆死前不久，该观点在 *Les dernières annels du siècIe* (Paris 1984) 中被反复重申。

② Pierre Hassner, 'La guerre et la paix', in *La violence et la paix. De la bombe atomique au nettoyage ethnique* (Paris 1995), pp. 23–61.

非法暴力手段，在社会内部引发的暴力冲突。① 内战作为一种水平冲突（horizontal conflict）的暴力形式，有其垂直目标（vertical aims）。之所以用"内部的（civil）"是因为社会公众参与到了战争之中。之所以说是"战争（war）"是因为暴力手段被各方应用于冲突之中。通常情况下，引发内战的原因被认为是由于缺乏有效的解决社会和政治不满的正式与非正式渠道。随之而来的挫折感、徒劳感或者害怕被报复的心理在部分人群间蔓延开来，促使各方接受"暴力是必须的"假设或信念。一场精心策划并实施的斗争随之发生，借助理性计算（rational-calculating）的暴力手段试图夺取国家政权。

一般认为，任何内战通常有三个阶段。第一个阶段见证了抵抗运动结构的建立，尤其是命令下达、信息接收网络的建立。在第二个阶段，内战的主角直接使用暴力对付他们的敌人。他们的攻击队、地下潜伏队和游击队按照一定的时间间隔制造恐怖，选择性地攻击敌人权力结构的大脑和神经系统——统治精英、通讯和交通中心以及最敏感的战略产业。内战的最后阶段，冲突的结果一旦确定，就会演变为叛乱，其中冲突转向公开，并伴有全国各地一同发生的暴动。抵抗运动将进行侦查，以实现对资本或国家战略地区的控制，并建立起某种合法的反政府机构，对外公开代表该组织。这个阶段至关重要，因为它促使组织街头抵抗，直到取得胜利或者被击败。此时，叛乱分子在大范围内展开行动，按照步兵战术的规则（the rules of infantry tactics）进行巷战（street fighting）。叛乱分子的目标是发动一系列像火一般蔓延的暴动，以摧毁敌人的正式权力结构和贯穿全境的暴力机器。有时，冲突即将结束，当任何一方用强力打败了它的对手（正如美国内战中的那样），或者交战各方建立起独立的领地

---

① J. K. Zawodny 有关"非常规战争"的各项作品很好地说明了这种方法。例如，可以参见他的两卷本 *Men and International Relations: Contributions of the Social Sciences to the Study of Conflict and Integration*(San Francisco, CA 1966)；他的论文，'Unconventional warfare', *American Scholar*, 31(1962), pp. 384 – 394；及他主编的文集 *Unconventional Warfare*, in Annals of the American Academy of Political and Social Science, 341(Philadelphia 1962)。

(例如导致比利时和荷兰分裂的内战),又或者交战各方的力量已经筋疲力尽并遭削弱,战争主要参与方至少同意暂停休战(比如玫瑰战争)的时候,内战通常可以说已经停止了。

关于内战公认的一般文献在此用简短的术语作出了总结,但我这样做的目的则是为了突出其无法把握内战轻而易举就会产生的各种方式,而在今天,内战常常是遭遇死亡和毁灭这类最可怕经历的一种委婉说法。

正统的评论家们往往未能质疑这样一种假设,即内战就其概念而言必然在民族国家的层次上爆发。他们没有质问"内战"的概念是否能够"向下"(downwards)延伸到次国家(sub-state)或"微观层面"(micro-level)。同样引人瞩目的是——沿用霍布斯的见解——很少有理论家提出疑问,在所谓的内战中,战斗人员的暴力斗争(violent struggle)是否以及在多大程度上能够演变为一场冲突(conflagration),其中,正义战争经由理性设计的传统道德准则被打破,暴力手段被用来侵犯他们自己的生命,因而暴力最终成为目的本身。

这些可能性已经在汉斯·马格努斯·恩岑斯贝格(Hans Magnus Enzensberger)、罗伯特·卡普兰(Robert Kaplan)、马丁·范·克里费德(Martin van Creveld)和其他人①的著作中得到了卓有成效的探索,按照这些人的观点,冷战结束加速了常规军队的衰落和领土国家的网格化分类(the classificatory grid of territorial states)的衰败。我们的时代呈现出卡普兰(Kaplan)所说的"由城邦国家、衰败国家、(边界)模糊不清且无政府的地方主义(anarchic regionalisms)构成的锯齿状玻璃图案(jagged-glass pattern)"特点。欧洲和其他大都市地区的中心地带处于"低强度冲突"(范·克里费德[van Creveld])的阴影之下,或者属于恩岑斯贝格(Enzensberger)所谓的"分子内战"。令人不安的是,发生在索林根(Solingen)、伦敦塔桥(Tower Hamlets)、谷丛林

---

① Hans Magnus Enzensberger, *Aussichten auf den Bürgerkrieg*(Frankfurt am Main 1993); Martin van Creveld, *The Transformation of War*(New York and Toronto 1991), especially pp. 1 – 32, 192 – 227; Robert D. Kaplan, 'The coming anarchy', *The Atlantic Monthly*, 273, 2(February 1994), pp. 44 – 76.

(ValFourré)、里约热内卢（Rio de Janeiro）、洛杉矶（Los Angeles）和马赛（Marseilles）的地方暴力行为并不逊色于苏联、非洲、亚洲和拉丁美洲的大规模战争。恩岑斯贝格指出，城市的每一节地铁车厢都可以视为波斯尼亚的一个缩影。这一观察发现可以找到其他的例子。例如，在里约热内卢死亡三角地带的棚屋区，毒枭和他们的枪手强行实施宵禁，他们决定何时人们可以出行、谁活着、谁死亡，并且，通常情况下，他们决定着谁可以在什么时候得到什么；还有像66号干线这样暴力肆虐的地方，这条高速公路从犹他州的蒙蒂塞洛（Monticello, Utah）延伸到新墨西哥州的盖普洛（Gallup, New Mexico），若干年前的杀人逃脱案、抛尸案和一个被称为"疯狂的卡车司机"的杀手——警方怀疑这个杀手为了娱乐而压死路人——给这个地区造成了极大的困扰。

大规模展开的这种冲突是诸如阶级斗争、青年反抗或民族解放等传统类型所无法理解的。将其称为内战也是一种令人反感的委婉说法。毫无疑问，传统的有组织的血腥内战仍将存在，然而，至少如今的一些战场最好被描述为一种新的冲突类型，即"残酷战争"。令人不安的是，这些战争显示出新的共性。最引人瞩目的是暴力拥有者采取的不对称暴力方式。他们使用非常先进的暴力工具智取了负荷过重、笨拙和装备昂贵的常规军队，他们不遵从任何规则，对人员、财产、基础设施、历史遗迹，甚至大自然本身进行破坏。早期的内战无疑是血腥的，然而往往具备有组织和纪律的形式，正如托洛茨基将苏维埃视为组织内战以反对地主、资产阶级和富农的重要力量，在这场导致900万人死亡的内战中，他成了胜利的缔造者。除了无限规模的谋杀案，今天的冲突似乎没有任何逻辑或结构可言。因此，把这些战区的破坏性描述成一种后现代的向"部落"或"原始"战争回归的做法是极具诱惑力的。卡普兰谈到了再生原始人（re-primitivized man）的出现："武士社会产生（operating）于资源陷入前所未有的稀缺状态和星球上人满为患的时期。"克里费德预测，暴力的新兴模式"比起大规模的常规战争，将与原始的部落斗争具有更多的共性。"

将当代残酷的战争视为"原始性"（primitive）的诱惑力就在于它的原始

性本身。它应该被抵制,因为许多人类学证据表明,在狩猎和捕食的社会中,战争的逻辑完全不同。举例来说,在无国家的、奉行平等主义的穆斯林沙漠部落,没有各级别间永久性争斗所生成的凝聚力效应而产生的政治集权,水平安排和垂直布置的各部落组织的顺序始终维持不变,有一句格言反映了这种模式:"兄弟阋于墙而外御其侮。"① 皮埃尔·克拉斯特(Pierre Clastres)对美洲印第安社会进行了反思,他把这些社会长期存在的暴力(the chronic violence)解释为一种保护他们成员的自主权、防止出现压制性国家机构的自反性手段。"从原始社会依靠社会动员来战斗这层意义上讲,原始社会是反对国家的社会",他指出,另一个令人感到惊讶地发现是部落酋长并不像我们现代人所知道的那样行使权力,他们本人被阻止将发动战争作为权力手段,因为他们踏上了一段注定以死亡终结的旅程。"部落人每一次举臂欢呼和庆祝的壮举,事实上,是责成他追求更高的目标",直到达到这种程度,即"当他意识并实现了至高无上的勋绩时,他将因此获得绝对的荣耀——死亡。"派遣孤胆勇士怀着为荣誉而死的精神前往国外攻打敌方阵营的做法,犹如圣王"以一抗十"(alone against all),与之截然相反的做法则是奉行"以十抗一"(all against one);暂时让战俘融入社会,让他们结婚,庄严地对待他们,直到有一天他们按照礼节的要求被处死或者被逮捕他们的人吃掉,这种做法同样也会带来类似的效应。②

战争中相似但实质上不同的分配暴力之规则,已经成为政治思想和实践的一大特点延续至近代。马基雅维利(Machiavelli)评论指出,一个聪明的王子知道,虽然他经常需要作出"违背真理、慈善精神、人性和宗教信仰"的行为,但是维持他的政府,即使在战争中,也要求他洞察到"什么是他能够做

---

① 欧内斯特·盖尔纳:《穆斯林社会》(*Muslim Society*, Cambridge 1981),第36—39页。
② Pierre Clastres, *Recherches d'anthropologie politique* (Paris 1980), pp. 206, 232, 237, 234. See also Alfred Adler, 'La guerre et l'État primitif', in Miguel Abensour (ed.), *L'esprit des lois sauvages. Pierre Clastres ou une nouvelle anthropologie politique* (Paris 1987), pp. 98–99, 111–112.

到的正确的事"(what is right when he can)。① "在战争爆发之前",约翰内斯·阿尔图休斯(Johannes Althusius)写道,"一名地方官员应该首先审视自己的判断和推理,并且向上帝祷告以唤起并引领治下的民众和他自己的精神与意志,贯注于福祉、效用、教会和社会的需要之上,以避免一切的鲁莽和不公正。"② 冯·克劳塞维茨(Von Clausewitz)建议在某些情况下慎重使用暴力,以此提出了同样的非宗教性观点;他尤其重视的是,必须注意"人格化国家"的"道德力量"(moral forces)和"情报"(the intelligence of the personified state)超越战争暴力的重要性。

至少在今天一些规模大小不等的残酷战争中,所有这些有关战争基本规则的适度的(sober)限制被抛在了一边。可以肯定的是,借口比比皆是,而作战法则却简单明确:谋杀、强奸、抢劫、焚烧、摧毁一切移动的、呼吸的或者颤动的物体。没有结构性特征及约束的纯粹暴力行为——这种暴力象征贯穿于手段和目的之中——成为可怕的内城纠纷。青年人为了毒品被刺死。一对夫妻被杀害,然后被肢解。身份不明的受害者被汽油浇灌并焚烧。在残酷战争中,各种各样的谋杀案及反谋杀无辜者的类似情况大规模地出现。在卢旺达,良知丧尽的谋杀者像对待动物一样有计划地追捕和屠杀民众,就是这种趋势的典型特征。卢旺达的案例表明,当一切都待价而沽,残酷战争很可能会最终沦为灭绝种族——通过有组织的暴力旨在从肉体上消灭目标群体。为了做到这一点,野蛮的暴力行为必须有严密的组织。它必须具备组织手段(the organizational means)以大规模地杀人(幸运的是,有时候这种情况会被残酷战争的纯粹鲁莽和轻率所破坏)。卢旺达人民——图西族和反对派胡图族——遭受种族灭绝

---

① Niccolò Machiavelli, *The Prince*, in A. Gilbert(trans.), *Machiavelli. The Chief Works and Others*, 3 vols(Durham, NC 1965), vol. I, p. 66.

② Johannes Althusius, *Politica Methodice digesta atque exemplis sacris et profanis ilustrata*(Herborn 1603), ed. and trans. and with an introduction by Frederick S. Carney as *Politics Methodically Set Forth and Illustrated with Sacred and Profane Examples*(Indianapolis 1995), ch. 35, sect. 10, p. 188.

并不是因为它"原始"或"落后"。相反，无限制谋杀的技术先决条件（the technical preconditions）促成了他们的命运：一个组织严密的行政体系，一小块被严格控制的土地，良好的通讯系统以及一个自律的群体，这种自律精神能使人处于遗忘文明之意义的压力感之下（a self-disciplined population capable under pressure of forgetting the meaning of civility）。① 考虑到这些情况，野蛮的荆棘以一种可怕的规模蔓延开来。

一个联攻派民兵（the Interahamwe）的幸存者回忆说：

> 大约是在上午十点，（暴徒）手持刀枪开始谋杀，……教堂、医院、贸易中心，整个地方被完全包围起来。没有人能逃脱。如果人们成群结队地逃跑，暴徒就会向他们投掷手榴弹，然后，从尸体身上搜寻钱财。我幸存于一枚手榴弹的袭击。我跌倒了，不过我没有受伤。我藏在一个角落里。我的丈夫已经被杀害……大约在下午两点左右，攻击者离开（这里）去攻击贸易中心。尸体太多了，满地都是红色。鲜血像水一样流动着。我看见婴儿正在吮吸他们死去的母亲的乳房。②

参与这种放纵的杀戮会是怎样的人？野蛮的暴力行为似乎有赖于（feed upon）没有品性的人（characters without character）。暴力必须具有否定的能力——即使是在面对最明显的证据——即暴力正在发生。手持 AK-47 冲锋枪，或手榴弹，或砍刀，又或者只是徒手，他们表现出了汉娜·阿伦特（Hannah Arendt）称之为激进的自我迷失的所有症状。他们消除了宗教信仰和道德顾忌，自然缺乏理想主义（idealism）。他们是平庸的生物。像城市墙壁上的涂鸦，他们的暴力行为是随意的，并且通常是无意识的。他们将服务任何人，背叛任何人，做任何事以保护他们自己。谋杀者面无表情（faces are blank），他

---

① Gérard Prunier, *The Rwandan Crisis. History of a Genocide* (London 1998).
② Testimony by Clementina Murorunkwere, 13 June 1994, reprinted in the African Rights report, *Rwanda：Death，Despair and Defiance* (London 1994), p. 258.

们的话冷嘲热讽。他们中的一些人被药物剥去了皮质。"我没想过这件事"，他们如是说。"我所知道的是，他们是狗屎"，或者"要么你杀人，要么你被人杀"，他们补充说。这样的言论，对于记者和那些持枪在他们脸上挥舞的人们而言是十分熟悉的，它们显示出当前游击队的自我中心意识（autistic）达到了多么惊人的程度。与墨索里尼、希特勒凶残的追随者不同，今天的战士——例如，无意炸毁难民家园的光头党——行动起来好像他们是一部席琳小说（Céline novel）中的人物角色。他们通常是没有希望的人，不相信任何事物，除了他们自己的个人幻想。像塞尔维亚的由前银行抢劫犯泽利科·阿尔干·拉兹加特维克（Željko 'Arkan' Ražnjatović）带领的猛虎准军事部队，他们的感官只能适应暴力，这并不奇怪，（因为）他们被迫放弃了（take leave of）自己的感知。不怕被枪杀或受伤，在"对任何完好事物感到愤怒"（恩岑斯贝格）的驱动下，他们成了自我毁灭的歹徒。如果有罪的前提是一个人在犯罪时对自己正在做的事有清醒的认识的话，那么暴力被描述为无知的杀人犯就最合适不过了。

今天的残酷战争倾向于制造混乱。他们破坏了曾经由常规战争、威斯特伐利亚和费城模式带来的政府、军队和平民三分。今天的残酷战争破坏了长期以来国家对武装力量的合法垄断。他们将暴力行为去专业化（在塞拉利昂，"士兵"[soldiers]和"反叛者"[rebels]两个词汇融化成为"索贝尔"[sobels]这一新的词汇，用来称呼枪手），并且结束了对战争和犯罪之间的区分。他们确保冲突将退化为"刑事上的无政府状态"（卡普兰）、死亡般的破坏和自我毁灭，这些状态具有可怕的标志象征：在发生饥荒的国家，由抵运党（Renamo）战士们所制造的引人瞩目的食物中毒和焚烧事件；塞尔维亚的枪手们在记者面前吹嘘，在屠杀了一所医院的所有病人并摧毁了医疗设施之后，他们只感到十分自豪；在卢旺达，对妇女进行性虐待和谋杀，甚至是将孕妇开膛破肚，公开展示她们的胎儿的情况十分普遍，谋杀者向那些被害人的丈夫和旁观者大声喊着类似这样的话："在这里！来吃你的杂种！"

荒 原

有一点非常重要,那就是要努力弄清楚血腥暴力肇事者的自我毁灭情况——弄清楚至少在这个范围内,其荒唐的暴力冒险活动从哪些方面对暴力作为一种权力斗争武器的效能和合法性提出了有效的质疑。残酷战争带走的不仅仅是目前的生活,它们将对那些经受住了冲突的人和那些尚未出世的人产生危及生命的影响。战争从坟墓里统治世界(rule from the grave)。埃德蒙·伯克(Edmund Burke)强调说,战争威胁着死亡的人、活着的人和尚未出生的人之间的协定,因此,它破坏了一个由民主政府所保护的公民社会(civil society)成长的潜在可能性。很多方面确实如此。

战争常常被认为对商业有利,并且,毫无疑问,从战争中牟取暴利依然是世界范围内武装冲突的一个长期特点(chronic feature)——章鱼般(octopus-like)遍布的军火贸易网点仍然在整个商业领域盛极一时(apogee)。然而,当代关于战争的争议有着悠久的历史,追溯到18世纪,人们坚持认为战争对商业常常是不利的,暴力会产生颓废形式的投资,并且战争往往会对市场经济的基础设施,包括文明——商品生产和交换的基本前提造成破坏。"我必须承认",大卫·休谟(David Hume)写道,"当我看到处于战斗和争吵之中的王公和国家面对他们的债务、基金和公共贷款的时候,我的脑海中总会浮现出瓷器店里(China shop)棍术表演对抗赛(a match of cudgel-playing fought)的画面。"① 可以说,认为停滞或贫困是野蛮之结果(offspring)的古老论断面对全面暴力战争时仍然很中肯,这些战争无疑将资源转移到非生产性的、黑手党式

---

① David Hume,'Of public credit', in Essays, Moral, Political, and Literary, ed. T. H. Green and T. H. Grose(London 1898), p. 396.

（mafia-type）的活动中，诸如腐败和犯罪，反过来又削弱或破坏了发展或维持能促进"税收国家"（taxation states）形成并让百姓过上好生活的动态经济（dynamic economy）的可能性。

像塞拉利昂、黎巴嫩和阿尔及利亚，遭受战争蹂躏的（war-torn）非市民社会对经济的掠夺并不仅仅作为一个提醒——只有当市场嵌入在一个强大的公民社会时，市场才能运作良好。相反的规则则也非常适用。残酷战争反常地突出了一点，即哪里没有公民社会，哪里就不可能有市场，正是因为市场经济直接依赖于密集而精细的非暴力民间机构，这些机构的社会团结、互惠规范和公民参与对于确保有关科技发展的信息流动，对于想要成为企业家的人信用价值的普遍认识，对于机会主义快速致富形式的抑制，以及通过参与咖啡馆、酒吧、俱乐部和街道举行的非正式社会交往以培养公认的积极性、可靠性和尊严感都是至关重要的。①

残酷战争作为不文明行为最极端的形式，对战争爆发所在的生态系统也有着长期性的破坏。T. S. 艾略特（T. S. Eliot）预感到［见《荒原》（*The Waste Land*）］，"枯树没有阴凉，蟋蟀不使人轻松，干石头发不出流水的声音"，这样的情况在终极战争（ultimate war）爆发的地方已不再只是幻想。无论是在喀布尔（Kabul）、武科瓦尔（Vukovar）、格罗兹尼（Grozny）或是萨拉热窝（Sarajevo），战争留下了被毁坏建筑物的痕迹，油渍蔓延至整片区域，毒瓦砾成堆以致没有花和树木生长，疲惫不堪、面露病态的男人和女人们埋葬他们的死者，留下年轻人在废墟中寻找柴火、面粉、荨麻、蜥蜴和可食用的草。战争对生态的破坏似乎并没有受到（unaffected）战争"技术含量高"（high-tech）或"技术含量低"（low-tech）的程度的影响。生态破坏当然是高科技战争的一种长期性特点（chronic feature），正如1991年海湾战争（Gulf War），

---

① Robert D. Putnam, *Making Democracy Work. Civic Traditions in Modern Italy* (Princeton 1993), pp. 152 – 162.

以美国为首的联军轰炸了伊拉克和科威特的油井和油轮，伊拉克的油井被焚烧，石油被倒入海洋，造成硫黄的黑烟连续几周弥漫波斯湾地区，生化武器溢漏、石油泄漏造成了永久性的污染，（人们）用了好几个月才将油井大火扑灭。许多所谓的"低强度冲突"（low-intensity conflicts）是指长时间运行的战争，这些战争产生了类似的影响。在19世纪著名的索尔费里诺战役（battle of Solferino）中，暴力事件持续了整整一天。发生在安哥拉的残酷战争持续了30年；而阿富汗的暴力事件持续了同样长的时间。难怪这些冲突使整个区域或国家变成了战区，不仅伤害了平民百姓，也对生态造成了长期性的破坏，有组织的犯罪不顾一切地从权力的普遍性卸责（the general unaccountability）和法律及秩序的崩溃中获得利益（正如在黎巴嫩有毒废物的广泛倾销），这对于爆发战争起到了推波助澜的作用。

　　残酷战争对人性的生态环境也造成长期性的伤害。由于残酷战争威胁着个人的生命，他们心生恐惧。每一个活着的生物都陷入了永久性的紧急状态之中。冲突就像一个自由开火区（free-fire zone）、一个杀戮地，在这里一切移动的或妨碍自由移动的事物都会被射杀。霍布斯认识到恐惧作为一种政治因素的根本重要性，他认为在经历激烈的暴力过程中，饱受恐惧的个人终将清醒过来。他们将为一份和平契约（peace contract）进行理性投票——仿佛征服恐惧只是精神对肉体的控制问题。实际上，事情并没有这么简单。残酷战争所制造的恐惧具有警示和动员的功能。它可以激励那些战斗或身陷战斗之中的人们。它可以使他们能够生存下来，甚至采取他们从未想过会采取的行动。恐惧甚至可以产生"渴望非凡"（craving for the extraordinary）的效果，正如恩斯特·荣格尔（Ernst Jünger）所说的，第一次世界大战期间，在鲁莽的团结一致（reckless solidarity）的离奇模式（bizarre patterns）中，士兵一意孤行地破坏了兰斯和阿尔伯特的教堂，并且视若平常地空袭了圣母院。[①] 类似战争"英雄主义"（war 'heroism'）如此种种的

---

① Ernst Jünger, *In Stahlgewittern* (Berlin 1929), pp. 114–115.

说法，我们已经听了太多太多，但从霍布斯开始，我们却很少听到有关暴力带来的恐惧给个人造成的瘫痪或自动破坏效应。埃德蒙·伯克（Edmund Burke）对霍布斯的回应仍然十分突出：持久性暴力的发生最沉重地打击了人们的礼貌行为。他们使政治变得腐败，使道德沦丧，甚至扭曲公平和正义的天然属性（the natural taste and relish of equity and justice）。"①

由残酷战争所带来的每一次顿悟（epiphany）都导致了至少数量相当的身心伤残（psychosomatic wreckage）。因战争而产生的恐惧是极度反民主的（anti-democratic）。暴力吞噬了平民百姓的灵魂。它削弱或破坏了他们团结和反对其他平民百姓的判断力和行动力。侵犯行为害怕受到惊吓。它们被失去自我的恐惧所笼罩。他们经历了噩梦，处于空虚之中。当他们试图谈论他们的困境时，语言往往是苍白无力的，或者难以启齿（words often fail them, or burn their mouths）。恐惧感饱受着暴力幽灵的困扰，出现或重新出现了诸如极端的创伤综合征，或是对永久性伤残或可能丧命令人厌恶的恐惧（正如在所谓的"海湾战争综合征"［Gulf War Syndrome］）中，体重减轻、慢性过敏症、癫痫发作和癌症等症状可能已经被随后从事"沙漠风暴"行动（Operation Desert Storm）的部队所发放的疫苗鸡尾酒（the cocktails of vaccinations）和抗神经毒气药物（anti-nerve gas drugs）所触发。然后，长时期内心的恐惧感随机肆意地困扰着个人。文学作品用大量篇幅描述了许多幼时目睹过暴力或被殴打的儿童因羞辱感（humiliation）而产生卑微的自尊心和自我破坏性，并且形成将暴力投射到他人身上的意愿。众所周知的另一件事是，被强奸的妇女或是在大街上被袭击和抢劫的男子，他们时常做噩梦，或者白天与恐慌相伴，又或者痛哭不止。战争期间以及之后，即便是在暴力的客观条件已经消失（的情况下），这种症状也将更为强烈并且持续更长的时间。在和平来临之时，战争和人们如影随形。

---

① Edmund Burke, *A Letter to John Farr and John Harris, Esqrs., Sheriffs of the City of Bristol, on the Affairs of America* (1777), p. 203.

他们并没有感到"胜利"或者"和平"带来的喜悦。

来自波斯尼亚战争的临床证据虽然有些印象主义的色彩（impressionistic），但仍然记载了一些影响，其中的一些（证据）有时显得很神秘（enigmatic），包括许多妇女被强奸的情况，但是，乍一听可能令人难以置信——这些妇女有时却发现了她们担忧中最合理因此也最小困扰的事实。实际上，这些妇女因为同她们的孩子分离而受到伤害，因为目睹自己的丈夫在走出家门的时刻被枪杀而深感不安，或是因为以下经历而深受打击：她们排了几个小时的队接水，背着水桶沿着楼梯走到被炸酒店里的临时安身之处，结果却成为狙击手守株待兔诡计的牺牲品，当她们走到了门口时，狙击手只用一颗子弹就精准地击穿了每一个水桶。和大屠杀的幸存者一样，受害者容易受到"畸形、紊乱和想象力障碍"的侵害，表现出精神麻痹的形式；从死神的魔掌中逃生以及对于来之不易的死亡经验的碎片化理解使他们产生负罪感。① 与暴力死亡擦肩而过麻痹了他们。他们郁郁寡欢地被迫和自己的困惑与创伤作斗争，和对现状说不大清楚的混乱经历作斗争，如果他们有任何期望的话，对未来受到损害的预计也已使他们感到孤立无援（unaided）。

地　雷

通常情况下，残酷冲突在其轨迹中留下了另一个致命遗产（deadly legacy）：指涉整个人口和大片土地的未使用或未引爆的武器被证明在和平时期的杀伤力远远大于战争时期。残酷战争消解了战争与和平之间的差别；和平变成了蓄势待发的战争，每天都充斥着有关持久性暴力的提醒。在签订正式停战协

---

① Robert Jay Lifton, *The Future of Immortality and Other Essays for a Nuclear Age* (New York 1987), p. 24.

议很久之后，未爆炸的地雷仍然是这种持久性暴力的一种象征。①

作为20世纪留给后人的一个礼物，地雷当然不是新的。第一次世界大战期间，地雷被设计为应对坦克的武器，它们在第二次世界大战中被广泛使用，尤其在俄罗斯（Russia）②和波兰。然而，这些地雷又大又重，铺设费时而又容易探测，主要用于对付特定的军事目标。地雷被用来重伤或杀死敌军，以减缓他们的行动，保护军事设备、部队、平民百姓和领土。在20世纪60年代，技术进步使它们变得更小、更轻而且更便宜——流行甚广的P4MK2重量不到3盎司，并且只售价几美元。事实上，地雷的延时效应促进了下述认识的形成——即它们可以作为进攻的手段，以低廉的价格有效控制人口流动，恐吓他们，清空村庄，制造难民潮并真正削弱敌对方的力量。第二次世界大战时需要花费一个营整天时间来布置的地雷，如今却只需要花费几分钟。老挝和柬埔寨见证了第一次大规模随机散布地雷的尝试；1979年，当苏联入侵阿富汗时，地雷已经成为了一种标准的进攻性武器，通过火炮、火箭或飞机熟练地散布于广阔的区域。

地雷很快就成了大生意。虽然准确的数据仍然难以获得，但在20世纪90年代中期，有50种不同型号的地雷由至少48个不同国家的约100家企业生产制造；主要的生产商和出口商来自美国、意大利、德国、埃及、新加坡和巴基斯坦。随之而来，地雷能够较为容易地获得，对那些军费紧张的部队来说尤其如此，从而导致地雷的使用成为残酷战争的标准特征，带来了极其可怕的后果。在库尔德斯坦（Kurdistan），仍然有超过一半的卫生总费用用于地雷受害者的治疗和照料。据报道，在柬埔寨，800万人口中的截肢者人数超过了3万人。其他地方同样如此，超过一半的受害者是那些农村土生土长的男孩和女

---

① The following draws upon the well-documented reports provided by the Arms Project of Human Rights Watch and Physicians for Human Rights, *Landmines. A Deadly Legacy* (New York, Washington, Los Angeles, London 1993) and http://www.icbl.org

② 原文此处用的是"Russia"，可能是笔误，应为苏联。——译者注

孩，这些人在地里劳作时碰到地雷而爆炸——如在牧场上放羊、打水和收集木柴——或者是玩耍嬉戏。苏联占领阿富汗战争初期，在顽皮的孩子们明事理（knew better）之前，他们甚至会被那些绰号为"蝴蝶"或"绿鹦鹉"的体积小而色彩鲜艳的空投地雷所吸引。20世纪90年代，在美国推翻塔利班政权之前，估计有1000万枚未引爆的地雷散落在该国，摧毁了该国部分高效的灌溉系统，结果是破坏了整个人口在粮食供给方面的自给自足。在安哥拉，那里的战争肆虐超过30年之久，一些因遍布地雷而难以种植庄稼的地区，导致饥荒蔓延。在饱受战争蹂躏的莫桑比克（Mozambique），解放阵线政府（Frelimo government）和抵抗组织力量（Renamo forces）进行的反复布雷排雷行动导致运输系统陷入瘫痪，该国的电力供应被永久性地切断，200多万难民被强行阻止返回他们的家园。在遭受污染的野生动物保护园区，大量的大象和其他野生动物被杀害，旅游产业受到了破坏。

地雷导致了公民的死伤。它们也遏制了一个彬彬有礼的公民社会在未来可能的成长。地雷可以在长达20或30年里处于休眠状态，直到被一个在地里玩耍的孩子、一个黄昏漫步的老人或者一头家庭饲养的肥育猪所引爆。它们造成的创伤是毁灭性的。爆炸的地雷所产生的冲击波常常会破坏腿部的血管，迫使医生截肢的部位要比主要伤口部位高得多。地雷爆炸导致进入人体组织的扬尘、布块、细菌、金属和塑料碎片，也会（对人体）造成二次感染。幸存于地雷爆炸的人们遭受着强烈的身体疼痛。他们往往难以维持生计。治疗及康复需要大量费用，幸存者失去了收入，再加上长期支持一个失去生产能力的亲属的开销，导致家庭面临严重的经济压力。在地雷密布的地方，尤其是农村地区，人们必须学会和地雷共处，竭尽所能地在他们的领域开展工作，每天冒着丧失生命的危险，或者，放弃他们的家园在别处平安生活，这将会减少当地人口并削弱社会团结的基础。

清除地雷的工作并不容易。购置并安放地雷可能很便宜，但安全拆除它们的平均成本大约在300至1000美元之间——这对于世界的可怕影响就在于全球人均收入往往比拆除地雷的平均成本要低,其中大约有 1 亿未清除的地雷,并且它们仍然正在被放置于世界各地,且放置速度远远超过了拆除速度。有效禁止生产、出口、储存和部署地雷的行动遥遥无期——其中一个令人沮丧的征兆是 1983 年开始实行的联合国地雷议定书(the UN's Landmines Protocol of 1983),这份协议试图约束地雷的使用,但显得有些力不从心,因为它并没有涉及地雷的生产或销售。虽然最近的国际反地雷公约大会(1997)(anti-landmine treaty convention, 1997)试图减少对平民百姓使用地雷,但它不包含任何有效的执行机制,且忽略了地雷战固有的时间随机性(temporal randomness)这个根本问题:地雷超越其军事用途并使平民百姓处于风险之中的有效性,通常建立于长期性基础之上。同时,排雷仍然采取原始的方法,一劳永逸的高招尚未找到。自相矛盾的是,复杂的反拆卸装置常常要使用电子传感器或芯片,这增加了排雷人员的危险。"大多数排雷工具是美化了的农具",《原子科学家公报》(The Bulletin of the Atomic Scientists)指出,"一个人用一根棍子仍然是最常见的工具手段。"[①] 毫无疑问,手工排雷既危险又费时,特别是考虑到这样做的人对于地雷的型号和位置所知甚少。强大的政治诱惑,尤其是在那些被战争损耗得精疲力竭的地区,将会促使忘记所有肮脏的交易,并在所谓的和平时期承受它所带来的极端后果。

[①] Jim Wurst, 'Ten million tragedies, one step at a time', The Bulletin of the Atomic Scientists (July/August 1993), p. 20.

7

伦 理

如果你不打算剥夺生命,你就必须经常做好因其他原因而失去生命的准备。

乔治·奥威尔(George Orwell,1949)

社会和解

是否可以使用暴力来防止或减少暴力？是否存在特定的环境，在其中可以尝试通过暴力手段来建设或保护民主？在更一般的意义上，是否可以合理地将暴力作为一种民主的道德规范？

这些问题都回到了政治议程，在很大程度上是因为即使所有的战争都令人讨厌，还是有一些战争——如那些发生在苏丹南部、车臣、利比里亚和黎巴嫩的残酷战争——被证明比绝大多数战争都更糟糕。残酷战争鲁莽而随意地杀人，不带怜悯或同情，他们产生破坏性的影响，波及更广泛的世界。战争显示了集体冲突多么容易在和平而充满活力的社会爆发，即使这些社会有令人印象深刻的发达多元主义历史；这种冲突会演变成一种随意而鲁莽的暴力，只遵循自己的逻辑。而且——最黑暗的一点——战争显示了，一旦引发对平民的无限制杀戮，确定和掌握社会和解和民主建设的艺术将会何等困难。

如果战争被限制在地球的特定地区，远离我们所知的全球化世界的中心，绝大多数人就不会对它们有多少兴趣。但战争不是那样的。他们很难被限制在地理边界范围之内。武装分子、雇佣军、奸商和恐怖分子在全球范围内行动，战争是他们的狩猎和训练场地。难民从受影响的战争区流出；企业从受摧残的经济中撤资；其他非政府组织也被迫撤离这些地区。新闻媒体一天24小时不间断地将其呈现在全球观众面前，所有这些效果解释了为什么只有瞎子、麻木者或笨蛋才仍然将其视为发生在遥远地方的遥远冲突；以及为什么（"人道主义的"）干预和（由此而来的）战后重建已经成为我们这个时代长期的全球问题。由于最新的军事战略，干预和战后重建也已经成为全球政治议程最重要的工作。目前，外国干预的主导模式已经被设置。美国军队在伊拉克、索马里、阿富汗、科索沃执行的那些模式类似于打了就跑的战略。就像用铁锤将木桩敲进地里，他们的目标是打败敌人使其屈服，并寄希望通过时间来溶解源于地方冲突的敌意。这种干预与游牧民攻击其敌人有奇怪的相似性。袭击者武装到了牙齿，轻装上阵；他们对敌人发动猛扑袭击，借助于隐形轰炸机和巡航导弹——19世纪炮艇的当代版——等武器给敌人造成最大程度的损失，然后撤退，并始终认定受侵犯者不会或者没有能力报复。如果用建立民主机构与和平生活方式的力量来衡量的话，这种美国式的或华盛顿支持的快速干预战略是有严重缺陷的。伴随着"和平"的到来，美国在巴格达的驻军却发现他们不得不全副武装地在街上进行高度警戒的持枪巡逻行动。任何短期的占领者都是潜在的目标，包括年轻的美国军官——由于干预行动缺乏广泛的全球支持——不得不自己动手创办学校、净化饮用水、维修发电厂和捡垃圾，经常不知道他们在做什么。基于民主的立场，美国式军事干预也是很容易受到诟病的。军事人员伤亡和给平民带来的暴力之间的不相称让人惊异；对入侵军队的保护程度之高以至于让观察者和受害者都感到其暴力具有恐怖主义的性质。

还有一个困难：强迫他人屈服的力量并不会自发转变为另一种力量，使幸存者形成稳定的民主政府和法治的民主社会。由干预战争和战争前所有愚蠢的圣化残酷行为（sanctification of cruelty）造成的心灵创伤、社会交往组织受损、生态和基础设施破坏，都没有得到处理。在一些地区的"胜利者"营地，没人对此在乎；当干预完成后，被征服者往往不言而喻地被描述为（如吉卜林曾提到的）为"无法无天的下等人"（lesser breeds without the Law）。然而，从幸存者的立场来看，一切都是那么的不同。在战争和外部军事干预的余波过后，似乎世俗权力不再发挥作用，他们世界的内容破裂了。人们感到麻木，遭受沉默的痛苦和不安。鲁莽和任意的杀戮削弱了人们对自己和他人的信任；削弱了他们自我组织的能力；也削弱了人们通过家庭、伙伴、社区和其他社会联系和网络进行短期决策和长期规划的能力。

在战争废墟中构建或重建公民社会的努力开始于这一点。构建和重建公民社会的困难也始于这一点。建立和平的社会关系无疑是走出残酷战争所留废墟的必由之路。然而谈到需要一个公民社会并不是解决一切问题的万能魔杖。新宪法和一些基本的政府部门可以在几个月内创建完毕，然而军队需要更长的时间来建立，也许两到三年，但它还不及建立可行的市场体系所需时间长，后者至少需要十年。最艰巨的任务，可能需要几十年才能完成，那就是创建其他产生信任的公民社会体系，如专业协会、工会、社区组织、自助和公民自由网络——其中没有任何一个像天然存在的物质。被称为文明性（civility）的这种脆弱性资源不能通过圆桌会议、制宪会议（constitutional conventions）、真相调查委员会（truth commission）或盟约（如1989年塔伊夫协议的签订标志黎巴嫩共和国的重生）而获得同意或书面确定。文明性既不能从上面设计或立法产生，也不能通过理性的同意和公众争议而产生。它也不能像比萨和快餐食品那样被生产，或者像汽车或微芯片在装配线上生产出来。它需要时间去生长。

像其他民主机制一样，公民社会的制度规则和组织具有深刻的偶然性，它们假定角色具有与他人一起、进行交流、形成团体、改变忠诚或使忠诚多元化的情感自愿。特别是在一个公民社会，男性和女性的倾向是自由地与他人联系且无所畏惧地进行互动，这种倾向没有（也不应该）与任何一个特定的身份或团体相联系，无论是否基于血缘、地域、阶级、传统或宗教。与马克思和其他人的观点不同，中产阶级不是公民社会情感的"天然"携带者。和解，能够终结残酷战争的痛苦，它要求必须给予任何能够产生多元主义和自由联合精神的组织或项目以支持和鼓励。公民情绪在像城市区域的紧凑环境，通过各种显然"非政治"的策略——建筑设计和景观方案；当地的健康、环境和考古计划；并通过从表演艺术到竞技体育和大学研讨会的一系列文化项目——能够得到最好的孵化和生长。这些举措产生的品质是由民族主义、恐外种族主义或再部落化驱动的意识形态群体、运动和政党永远所不能企及的（nationalism or xenophobic racism or re-tribalisation）。一个文明的社会假设男性和女性都可以成为特立独行的人——马卡里（makari）①——能够与各种各样的人以复杂的方式生活在一起。换句话说，它要求他们可以控制复仇冲动，要求他们善于交际，因此在他们的内心能够信任和忠于其他人——实际上，这种忠诚使得他们觉得足够强大，以至于能够经受他人的挑战（stand up to others），并组织起来反对他们。

我们可能会问，为何难于建立或者在残酷战争的余波之后重建文明社会体系？原因有很多。商业公司往往不情愿扮演经济向导（economic wizard）的角色，甘冒风险投资建设被战争的暴力所损毁的社会和经济基础设施。当他们确实投资时，媚俗的投资往往能够快速获利（quick profits often result in kitsch）。被火箭炮和集束炸弹损毁的公共纪念馆、清真寺和商店中坐落着"滚石咖啡"餐厅和必胜客，但由此产生的炫耀性消费的资产阶级文化往往像纸片般轻薄。由于没有真正的市场和充满活力的中产阶级，企业没有真正的社会化效果。它只是强化了公众的怠惰和解脱情绪。而当这些要求得到满足，企业的投资往往给在残酷战争中幸存下来的社会结构造成了裂痕。时尚的酒店、高档的公寓和其他全球有名的高层聚会场所与污秽的院落和破败的家园并排而立；受到高档化建筑的威胁，贫困人口被迫保护自己的立足之地，以免遭到富裕投机者和挥舞警棍、催泪弹、防爆水枪或更致命武器的警察队的侵犯。

同时，在战后救济和重建方面，非政府组织（NGOs）能够并且确实具有

---

① 通过一个引人注目的和充满希望的形象，萨米尔（Samir Khalaf）对公民社会体系重生困难的叙述（*Civil and Uncivil Violence in Lebanon*［New York 2002］p. 323）指向了黎巴嫩传统马卡里（makari）形象隐喻性的重要性，这些四处叫卖的小贩因为从更广阔的外部世界带回故事和花边新闻而在当地知名。

多重效应。与各国政府相比，非政府组织灵活而富有创新，成本低廉且能对基层的压力作出响应。但它们的"文明"效应不会自发地或自动地发生。一方面，自下而上重建文明社会的任务，并不能够替代建设有效和合法的政府机构这一平行的任务，这就是为什么——正如掌握在外部阿拉伯国家和超级大国相互竞争手中的小小的黎巴嫩如此悲惨的命运所显示的——救灾和发展工作经常被地方军阀、武装团伙、私人武装和占领军所打断。华盛顿风格的入侵者的新方法，是通过使用廓尔喀人（Gurkhas）——类似阿尔巴尼亚科索沃解放军或阿富汗北方联盟的本地附属武装——来最大限度地减少他们自己的伤亡，但也并不能解决问题。这种方法有利于军事力量和军阀，却是以牺牲平民政府为代价的。

而非政府组织的方案具有社会扭曲作用。观察者通常很少注意到这一点，但仔细观察战后的许多重建努力，另一条规则的作用显然很突出：就文明社会的可持续发展依赖于非政府组织资金支持和技术援助的程度而言，它往往把后者变成了幸运的抵押物，以获得多种收益。捐助者的资金提供行为可能（但不总是）淹没或扭曲建立一个文明社会的目标。它往往会产生一些以自我为中心、拥有权力但不向公众负责的地方组织，部分原因在于他们如此严重地依赖其捐助者，另外部分原因在于这些非政府组织的工作人员（正如一个南非的笑话所指出的）En-J-Oy（享受）各种特权，而不顾那些生活在他们周围的人的苦难。

分　类

残酷战争是不文明行为的集大成者，其所产生的令人难以置信的暴行突出了强大暴力和民主权利之间的冲突。（理想构建的）民主国家作为政体，能够培育或多或少平等的动态多元的生命形式，由于公民可以借助于独立的传媒，定期的选举和活跃公民社会，民主国家需要公开向社会公众负责。从这种"理想型"

的方式看来，民主国家不适用第一原则（First Principles）。它们培育了各种各样的道德，反过来，这些道德要求公民恪守对积极伦理的承诺，包括以下一些共同责任：自己活也让别人活，平等相待，通过公开和负责任的政府来保护和培育公民社会体系。民主是多元道德体系的朋友。它代表着从单一的普遍伦理到普遍自由的转变。这就是为什么民主要求个人和团体都举止文明：容忍道德矛盾，实践道德判断，运用诸如间接、留面子和自我克制之类的方法，使用委婉的言语、行动和身体语言，以证明他们遵循多元道德和平共存的世俗原则。

这种民主的原则不仅是从所有第一原则中产生自由可能的一个条件，而且蕴含了反对所有暴力形式的意味。暴力夺去了施暴者和受害者双方的自由，与多元道德伦理是对立的。然而很明显，缺乏基础的非暴力民主国家在各种势力——暴力分子、恐怖网络、好战的帮派团伙和训练有素的武装——面前易受侵害，这些势力对多元主义不感兴趣，只想要他们独特的生活方式。如果民主国家容忍这些褊狭者，它们就会与自身的文明精神相抵触并削弱这些精神，这就是为什么在特定的背景——例如战争——下，不得不使用暴力来终结暴力。因此，没有固定的规则可供遵循以测定和处理民主的暴力反对者。对于在特殊背景下作出艰难的政治判断这一任务而言，根本不存在什么替代办法。这些判断很自然地提出了一个根本的战略问题：考虑暴力威胁到所有的当地居民并对我们目前所知的民主国家产生了不利的影响，能否采取什么办法以防止或阻止它呢？

几年前，汉斯·马格努斯·恩岑斯贝格（Hans Magnus Enzensberger），这一德国最坦率的政论家，提出了一个温和然而令人不安的答案，对这个问题作出了挑衅性的回应：地方消防是最有能力做也最应该做的工作。这里是罗陀斯，就在这里跳吧！（Hic rhodus, hic salta!①）首先，"没有人会否认，普遍的

---

① "罗陀斯"又译为"罗得岛"，是一个靠近现今土耳其西南海岸的希腊属岛屿。此语源于《伊索寓言》中的故事《说大话的人》。故事讲到，一个心虚的竞技者吹嘘自己曾在罗陀斯跳得很远，超过了所有奥林匹克选手，并说当地人士可以作证。于是有人说起：不用作证。这里就是罗陀斯，你就在这里跳吧！这里引用此语的意思是问题就摆在面前，需要用行动来回答。——译者注

团结是一个崇高的目标。决心实现这个目标的人是值得钦佩的",恩岑斯贝格写道,他接下来强烈地抨击了当前与在全球公民社会中可以发现的那种态度联系在一起的世界主义信念,这种信念认为(前殖民地)宗主国的公民和政府已经将如此多的暴力堆积在世界其他地方,他们有责任解决如阿富汗、苏丹和车臣等遥远国家和地区发生的暴力问题。在恩岑斯贝格看来,相信无所不能的欧洲给世界带来的不过是邪恶的观点就和这种观点的另一面即确信无所不能的欧洲人现在必须向世界提供善一样值得怀疑;或像联合国波斯尼亚策略一样怪异,这种策略拒绝向主要的侵略者开战,并且防止受害人抵抗,但也一直努力保护他们免遭彻底毁灭。恩岑斯贝格的建议是直言不讳的:放弃普世伦理自命不凡和内疚深重的废话("普世主义"的修辞),转而为实际消除文化和地缘接近之处的暴力而努力。例如:

> 德国人,不能够解决克什米尔的困局;我们对逊尼派和什叶派、泰米尔人和僧伽罗人之间的冲突理解甚微;安哥拉的前途命运则必须由安哥拉人自己决定。在我们被困于战火中的波斯尼亚之前,我们应该结束自己国家中的内战。我们的首要任务不是索马里,而是霍耶斯韦达和罗斯托克、默尔恩和佐林根。①

恩岑斯贝格可能是对的,他坚持认为向公民社会注入更多的文明性是民主政治一项紧急而切实的任务。然而,可以说,他的这一头脑清楚的反偶像主义遭到了一些疯狂结论的破坏,这些结论提出了一连串对于评估处于充满暴力的世界中的民主国家命运至关重要的问题:传统的内战是否真的已经从地球的表面消失了?从德国的罗斯托克市到印度尼西亚的亚齐省之间是否仍然存在一条单一而连续的残酷战争暴力链?抵制萨达姆·侯赛因的库尔德人和抗击以色列军队的巴勒斯坦自杀式炸弹袭击者的行为全都像横冲直撞的"自闭症"德国

---

① Hans Magnus Enzensberger, *Aussichten auf den Bürgerkrieg* (Frankfurt am Main 1993), p. 90.

光头党或英格兰足球流氓吗？如果不是的话——尽管看起来可能——那么很明显反对统治和种族灭绝的暴力斗争，以及在前战争区重建文明的持久努力，有意义吗？而且，因为其中的一些斗争——例如，在南非、波斯尼亚和缅甸——对民主国家和全球强权政治有更为宽泛有时甚至是直接的影响，现存民主国家的公民和政府能够简单地转过身来，耸耸肩膀，嘟囔着将重要的事情放在第一位吗？培育和保护一个得到代议制民主政府支持的全球公民社会是可能的和可取的吗？或暴行问题实际上已经不再成为一个全球事务了吗？

恩岑斯贝格预料到了其中一些具有挑战性的问题，通过证明从总体上牵制和减少内战在技术上，特别是在冷战余波的冲击下，是不可能的，他努力回答了这些问题。暴力实在太多，对它们进行整体的处理是不可能的。但恩岑斯贝格错误地轻视了一种可能性，即环境的意志和力量会迫使美国作为世界警察，发挥全球平衡力量的角色，能够同时在几条战线对野蛮战争发动反击。

恩岑斯贝格也拒绝将全球文明社会作为一个理想的替代性选择，以及建设新兴秩序体制的补充政策，这反过来又要求"以最大限度降低国家间暴力冲突，减少国家间及国家内部不公正和防止对其公民权利的危险侵犯的方式来对付全球或地区动荡的许多源头"。① 恩岑斯贝格意识到他自己的论证有可能陷入行动导向的伦理困境（怎么可能在主张减少暴力的同时又主张容忍暴力呢？），哥德尔的格言，即哪怕是数字运算也不能从不一致的泥淖中脱身，也适用于残酷战争问题。优先顺序的选择不仅是必需的，也是必然的。从哪里开始呢？我在哪里可以最有成效地从事我的工作？这些选项中的哪一个应该优先？这些问题必须被置于政府、军事和公民运动的中心，以反对不文明行为。政治家、外交官、将军和公民无所不能的幻想都应该被抛弃，转而应该被分类的逻辑所代替：正如战地医疗第一次将伤员分为轻伤、致命伤和重伤需要优先

---

① Stanley Hoffmann,'Delusions of world order', *New York Review of Books*, 9 April 1992, p. 37. 有关本人对于全球公民社会和秩序体制的讨论请参见 *Global Civil Society*?（Cambridge and New York 2003）.

处理三种类型一样，今天的残酷战争也并不是全都能够救治的。其中一些需要外来者的轻度包扎；另外一些，即那些无法治愈的，只能任其自然，接受垂死的命运；余下那些有解决可能性的，则应该是全力关注的对象。

恩岑斯贝格的政治实用主义主张，用节制而棱角分明的散文写出，充满了讽刺意味的轻描淡写，保留了乔纳森·斯威夫特《为防止爱尔兰贫困者子女成为父母或国家负担以及将他们培育成为对大众有利者的小小建议》(*A Modest Proposal for Preventing the children of Poor People in Ireland from Being a Burden to their Parents or Country; and for making them benefical to the Publick*, 1729 年) 中的现代传统。自 18 世纪 20 年代出版以来，那本小册子一直让读者着迷和震惊于其玩笑的建议，将爱尔兰婴儿提供给大都市肉食市场，以缓解大英帝国范围内爱尔兰人残酷的贫穷化。在某些方面，恩岑斯贝格提出的分类战略激发了类似的震惊和愤怒，也确认了他作为一个明智挑衅者的名誉，知道怎么击中读者的痛处。那种敌意的反应可能是恩岑斯贝格有意为之的。因为，他早些时候声称萨达姆·侯赛因真的是另一个希特勒的言论在德国掀起了争议，就如该争论显示的，恩岑斯贝格的一个当务之急就是质疑那种教条式的偏见，无论是天真的和平主义还是粗暴的军国主义。作为一个政治作家，他用多种语态巧妙地写作，在这样一个倾向于刻板的时代发挥了特殊的讽刺作用。他当然不是一个褊狭冷漠或喜欢自我辩解的人。他也不能被指责纵容战争，无论是由于疏忽或故意，或不愉快的比较。"战争像破碎的啤酒瓶闪亮在阳光下/和'老人之家'外的巴士站"，他在一首诗中简练地写道，"像和平会议上协议代笔者手中的稿子发出沙沙声/像电视机的蓝色屏幕一样闪烁/在梦游者的脸上。"①

---

① Hans Magnus Enzensberger, 'Der Krieg, wie', in *Kiosk. Neue Gedichte* (Frankfurt am Main 1995), p. 8.

国内暴力？

恩岑斯贝格对暴力的反思精神，可以说是从布莱希特（Brecht）停下来的地方继续前进了，不是用他意识形态（马克思主义）的确定性，而是通过使用一种诗歌形式的陌生化战略，其中可观察到的事物被戳来刺去，并被贴上令人不安和相互冲突的轻描淡写的标签，总是感觉到"选择的痛苦"，意识到需要就将要做什么作出判断。对判断的强调显示了恩岑斯贝格为什么没有认为他的观点将是对暴力主题的最后分析，以及为什么对同样主题的进一步反思不仅是正当合理的，而且是必须的。可以肯定，在理论上和政治上，仍然有足够的空间，对他的主张进行争辩，尤其是通过扩大他的关注范围（就像《暴力与民主》中所尝试的），以及有时是最大限度地通过扩展他为了解决战争的破坏性问题所提出的相当模糊的建议。

从民主政治的视角看来，恩岑斯贝格对判断的强调是很重要的。不过，在一个民主国家识别复杂性、困境和难点的确是必不可少的，恩岑斯贝格对分类原则的辩护仅仅是一个开始。他的文章提出了到目前为止该文仍然采用的工作格言：暴力导致的非自愿死亡可耻地侵犯了每一个文明社会，尤其是一个享有最大民主自由和平等团结的社会的基本规则。该格言暗示了，暴力、文明社会和民主政府是不能和平共存的。因为如果暴力开始困扰任何民主政治的主体，它就会失去其文明性，（在极端的情况下）会转而滑向一个野蛮的社会。这——就像那些非暴力原则的拥护者所强调的——是非常明确的。但非暴力和民主的简单道德方程并不总是起作用，认识到这一点很重要。对不使用暴力直截了当的承诺很可能经过了一段与众不同的历史，其中出现了杰出的作家如梭罗和W. H. 奥登，但今天，在三角暴力时代，我们关于暴力与民主的思考需要变得更加复杂。因为在有的时候和情况下——值得注意这是非常关键的——暴力,高度反常的是,作为追求或保存民主社会的前提而发挥着作用。让我们将其称之为文明暴力的悖论,并且——为了更清晰地阐明民主的道德观——去探索它的某些轮廓特征,首先在个体的层面,然后在集体的层面。思考一下在胁迫下自我侵害这一有争议的问题,尽管生存的意志通常会激起勇敢的反抗行动,以反对某些人的暴力行为,这些人最喜欢其俘虏自杀,就像斯大林主义时期集中营所发生的一样,然而有时,在一些情况下,并不缺乏自杀的好理由,因此在这些情况下自杀也并非是不合理的。一个戏剧性的例子是:1969年1月,在俄罗斯入侵捷克斯洛伐克后不久,帕拉齐(Jan Palach)就在布拉格温塞斯拉斯广场勇敢地自焚了。① 随后,在弥留之际,他从医院病床发表了一份呼吁,号召他人以各种方式抵御入侵者,帕拉齐认为,被侵害者能够因环境所迫,选择从精神上来说失去一切,或者相反,以他们的生命,不仅抗议目前的暴行,而且表达他们的愿望,在未来的世界摆脱暴力的祸害。在这些情况下,自由意志和决定论的力量混在一起。帕拉齐确信,一切都颠覆了,他的国家被淹没在虚无之中。他在公开场合自杀的行为不过是他的选择,但他的选择行为让人们对传统的偏见产生了怀疑,正是那种偏见认为杀死自己的人,即使他们这样做很壮观,也会离开可见之域,而进入一个"恶性不透明度"的区域(波德莱尔),其中与他人的关系永远地被破坏。自杀并不总是秘密活动的同义词,它可以是对文明性的公开肯定,其中,矛盾的是,自杀者的勇气和原则保证他或她摆脱了时间的限制——通过被人们记住——而从他人那里获得某种形式的不朽荣耀。

关于暴力、民主和公民社会之间关系的疑问无疑被以下问题复杂化了,即个人选择自杀严格来说是否只是一种自我选择的行为,或者它能否被更好地理解为主体在绝望情况下的最后手段,因为在所有其他选项都已不可得时,自我

---

① 参见 Michael Randle, *People Power: The Building of a New European Home* (Stroud 1991), p. 153 对扬·卡万(Jan Kavan)的采访。其政治背景详见拙著:*Václav Havel: A Political Tragedy in Six Acts* (London and New York 2000), pp. 200 – 233。

侵害是结束个人生命的最"文明"方式。我们熟悉文明进程中积淀的习俗，受到宗教禁令的约束和现代医学进步的鼓励，往往对谈论自杀避之不及。这样的沉默仍然存在，尽管具有讽刺意味？事实是，基督教义不容忍自杀，但其教义建立在自我牺牲的行为之上（约翰·多恩甚至争辩说耶稣是自杀的）；尽管（作为一些诚实的自由主义者被迫吞下的一剂苦药）公民自决的原则意味着，在极端的胁迫下，可能需要采取自我毁灭的行为。我们中的许多人还是更喜欢把死亡视为身体可以避免的熵。我们认为死亡是追求永恒的最后一个巨大障碍。瘟疫和饥荒的年代似乎已经过去；只要我们幸运地避过致命事故或严重失礼行为的冲击，死亡对于发达世界大约80%的公民来说已经变成了一个多少有些遥远的目的地，沿着一条漫长而曲折和可预见的称为延迟的退化性疾病的下坡道路直到终点。① 死亡失去了它的恐怖，夏洛特·珀金斯·吉尔曼措辞（Charlotte Perkins Gilman）优美的自杀遗书也是如此，其中他写道，"与癌症相比，我宁愿用氯仿自杀。"

自杀看来是非理性的，受到人们的轻视。诚然，那些自杀者的尸体避免了被暴徒沿着街道拖行、殴打，甚至残害的恐怖，只是被聚集于公路偏僻路段的喧嚣人群观看并被他们讥讽其耻辱葬礼。然而那些自杀者仍然招致了临床医生的偏见，认为他们患了狂躁症或抑郁症；招致了布道牧师的轻蔑，他们认为自杀者有罪；也招致了人寿保险代理商唯利是图的处理，他们损害自杀者继承人的利益，有时甚至否定其继承的权利。似乎很少有人理解，在并非由自己选择的环境下，死亡却可以被理性地选择；也很少有人理解，个人的生命能够用来肯定其躯体退化前所过的优良生活，而身体的退化则带来了对主体来说甚至生不如死的身体和精神伤害；至少，在患绝症时争取医生协助的死亡或自愿安乐死，就属于这样的例子。而更少有人理解帕拉齐（Jan Palach）的个人信念，

---

① Margaret Pabst Battin 提供了一个很好的对自杀死亡的历史及态度变迁的调查，请参见 *Ethical Issues in Suicide*(Englewood Cliffs, NJ 1995)。

即高贵的死亡始终比卑贱的生活更可取。在专制背景下，自杀当然是一种体现了自觉意志但并非自由选择的决定。那些选择结束自己生命的人，在没有面对一个无坚不摧的力量时，可能不会这样做。然而，在这样的背景下，自杀可以说区分了公民与臣民，正如莎士比亚笔下的安东尼所指出的，自杀向朋友和敌人都发出了一个明确的信息，"我征服了自己。"

任何对暴力伦理的民主考察也必须直面这样一种可能性，即在某些时间和地点，整个群体对其对手的暴力行为可能是一个以宽容、多元主义和民主问责程序为标志的文明社会得以建立或发展的基本条件。暴力和公民社会及民主之间的联系比大多数观察家所想象的要复杂得多。有语云，"拿起剑，则死于剑下。"亦有语云，"赐福于温顺的人们，因为他们将承受地土……赐福于为了正义而被迫害的人们，因为天国是他们的天堂"。很好，但是，正如西蒙娜·韦伊（Simone Weil）指出的，有些时候，温顺的民主捍卫者，拒绝拿起剑，或者放弃了这样做，他们仅仅在遭受了难以形容的人间地狱后就死在十字架上。

这就是为什么部署对付他人的集体暴力，拿起武器应对一大堆麻烦，尽管困难重重，但有时作为一种反对极端邪恶的象征性道德抗议形式可能是有用的，并因此能够给后代发出一个信号：极其无礼是不会被容忍的。这方面的例子包括华沙犹太区反对纳粹占领的起义；或负责清洗和熨烫党卫军制服的奥斯维辛集中营囚犯采取的有效策略，他们搜寻已死于伤寒的同志，捉住他们尸体上不带种族偏见的虱子，然后为其穿上他们精心熨烫过的党卫军军装夹克。集体暴力也可有效地将暴力犯罪者阻止在原地，比如在第二次世界大战英国对纳粹主义的抵抗中以及在一些成功实施的"解放"战争中，像在厄立特里亚，对海尔·塞拉西（Hailie Selassie）和门格斯图（Mengistu）上校的埃塞俄比亚政权发动了战争。集体暴力——实际或威胁发动的——可能会使得暴力失去平衡，导致他们采取愚蠢的行动，甚至放下武器，将终止冲突（正如冯·克劳塞维茨［Von Clausewitz］指出的）或避免将使用暴力放在首位。

集体暴力也可能对个人的改变产生深刻的影响，有时它可以使他们摆脱恐惧和奴役的状态，作为公民过上自由和平等的生活。一个例子是：不应该忘记，20 世纪初向代议民主和普选权的转变，就是由暴力（威胁）促成的，而且不仅仅是来自国内方面。战争及战争谣言考验着统治精英的能力，显然暴露了之前被掩盖的不平等，也创造了新的团结并将傲慢的君主政体一扫而空。今天的暴力三角能否产生相似的效应是值得怀疑的，甚至 20 世纪初向代议民主的暴力转型也付出了巨大的代价——国内外的暴力在新生民主国家的身体上留下了深深的伤痕。这里可以得到的一点启示是不存在战争支持民主的普遍规律。声称暴力始终对犯罪者有一种解放和催化效应的观点，如法农（Fanon）在号召殖民地人民用革命暴力反抗殖民统治者时所提出的著名推论，是值得商榷的。法农在《黑皮肤，白面具》（*Peau noire, masques blancs*，1952 年）和《全世界受苦的人》（*Les Pamnés de la terre*，1961 年）中描述了失去个性的殖民地人民如何能够通过暴力战胜那种打乱他们和使他们失去能力的暴力系统，这种描述确实给枪炮增添了一些浪漫的色彩。它使用一种假设的大杂烩掩饰了暴力的丑陋——在法农的例子中，是对存在主义的人道主义的信念，对历史进步不断趋向"完美"的粗糙现代主义信念，以及一种在他自己的临床报告中压制证据碎片的精神病学，展示了一些个人如何因其自身暴力解放行为造成的扰人幻觉和可怕幻影而深感不安。① 这些假设没有一个属于民主的暴力伦理。

特伦顿

　　然而——其资格是令人费解的——还是有大量的反面证据表明，在某些时

---

① Jock McCulloch, *Black Soul, White Artifact. Fanon's Clinical Psychology and Social Theory* (Cambridge and New York 1983), especially pp. 93 – 95.

间和地点，集体暴力行为发挥了重要的作用，鼓舞了受到不自由和不公正对待者的精神，给予了他们勇气去反抗那些侵犯者，甚至不需要屠杀被征服的对手就取得胜利。考虑下面这个性质由国内暴力明确改变的例子：北美殖民地在18世纪70年代发动的反英革命斗争。在北美殖民地发生的冲突是一个近代以集体形式抵制专制的原型，受到了武力的支持。

诚然，这既不是民族解放战争，也不是为"民主"而斗争，只是因为革命党人认为自己是关注废止天主教专制主义的共和主义者。与紧随法国大革命而爆发的全面战争不同，美国争取独立的斗争是一场非全面战争，这也是事实，其中争夺领土和军事优势的斗争从属于争取人心的战斗。这就是为什么，即使当北美殖民地军队不确定能否生存更遑论胜利时，其部队仍然有时间得以恢复，而不用担心会被英国敌人拖垮。

与大多数现代革命相比，北美殖民地的动荡是自我克制的，这也是一个事实。它见证了较小规模的身体暴力，甚至是以恐吓的形式。一般策略是通过净化仪式将反对独立者从公民社会的每个角度里赶出，如获取和公布姓名、盟誓和威胁财产充公的措施在地方社区层面被广泛实行，并获得了相当大的成功。① 为了避免暴力和反暴力，它设计了将有嫌疑的反对独立者从社会中驱逐出去的策略。这实际上使反对独立者面临两大选择：要么顺从，要么离开。仅仅八分之一的反对独立者从北美殖民地离开，而更多的人则选择改变立场，他们中的大多数没有受到暴力的伤害。

然而，北美殖民地人民反抗英帝国的斗争依赖于使用公民暴力压碎了其敌人的权力意志，并且建立了一个联邦共和国。容许公民暴力的观点——其可被

---

① John W. Shy, 'Force, order, and democracy in the American Revolution', in *The American Revolution: Its Character and Limits*, ed. Jack p. Greene (New York and London 1987), pp. 78 – 79.

用于自卫以实现某些可见的、严格界定的目标①——显然为北美殖民地军队所理解,他们衣衫褴褛,士气低落,正在准备于 1776 年底在新泽西的特伦顿(Trenton, New Jersey)与英国优势军力及德国黑森雇佣军(Hessian army)进行战斗。② 该战斗已经成为美国官方革命记忆的一部分,在很大程度上是因为战斗的每一方都非常严肃地认识到,英国的胜利很可能导致北美殖民地人民的斗争走向崩溃。对北美殖民地人民来说,他们急需一场胜利来转移英国对费城的威胁,并将新的活力注入他们处于低落的争取独立的斗争中。乔治·华盛顿(George Washington)通过集合来自费城的志愿者组成军队以应对挑战,军队加在一起共有 6000 人,其中一个团由德国移民组成并服从查尔斯·李(Charles Lee)的命令,另有 500 人由霍雷肖·盖茨(Horatio Gates)指挥。

在 1776 年圣诞节的午后,军官们将北美殖民地军队排列成小组,向他们宣读托马斯·潘恩(Thomas Paine)写成的《北美的危机》(*The American Crisis*)。在战斗的前夕,其公开宣言在那些想着战斗伤亡的人听起来有一种原始的奇妙感。这些话语很快就广为人知且一直如此,直到阻碍公民自由的原因不复存在。"这是考验人们灵魂的时刻",潘恩写道,"在当前的危机中,精壮的战士和乐天的爱国者会在为国家服务的责任面前畏缩不前,但今天能坚持战斗的人应当得到全体男女的爱戴和感激。专制制度就像地狱一样,是不容易被打破的,但是我们可以堪慰的是:斗争越是艰巨,胜利就越光荣。"③ 夜幕降临后,北美殖民地军队乘坐平底船迎着暴风雪横渡了特拉华河。当士兵们停下来时,军官就激励着他们,以防止他们在寒冷中骤然睡着,永远不再醒来。到了拂晓时分,部队已经抵达了特伦顿的郊外。那一天是 12 月 26 日,据华盛顿的

---

① 个体是否有积极的自卫权,以及,如果有的话,对这种权利的实施是否应该及以何种方式对其加以限制,对于该伦理和法律问题的探讨,请参见 Suzanne Uniacke, *Permissible Killing. The Self-Defence Justification of Homicide*(Cambridge and New York 1994)。

② 对于特伦顿战斗的背景知识、各种细节和象征意义的更详细分析,请参见拙著 *Tom Paine: A Political Life*(New York and London 1995), ch. 5。

③ 参见[美]托马斯·潘恩:《常识》,何实译,华夏出版社 2003 年版,第 117 页。——译者注

一位助手说，选中当天是因为知道占领特伦顿镇的黑森雇佣军"在德国习惯于欢庆圣诞节"，很可能会因为纵情舞蹈和开怀畅饮而受影响。北美殖民地军队的冒险赢得了丰厚的回报，他们俘获了身着睡衣的约翰·戈特利布·拉尔（Johann Gottlieb Rahl）上校，他是在特伦顿的德国指挥官，在随后爆发的一场巷战中身负重伤。到傍晚时分，黑森雇佣军已经被包围，超过1000人被俘；令殖民地军队高兴的是，几乎所有的敌军装备，包括制作精良的德国宝剑和40桶朗姆酒，全部被缴获。北美殖民地军队取得了特伦顿一战的大捷。多亏有了滑膛枪，从此大英帝国对北美殖民地的控制放松了，其带来的政治和社会影响直到今天仍然被全球各个角落的人们所感觉到。

像特伦顿战斗这样的暴力插曲促使人们重新考虑汉娜·阿伦特（Hannah Arendt）为之辩护的观点，即权力和暴力没有任何共同之处。"暴力能够摧毁权力，却决不能创造出权力。"她写道，并补充说权力应保留给言辞审慎和行动一致的公民所组成的和平联盟。① 阿伦特接着指出，暴力在本质上只是一种手段。与其他所有的手段一样，暴力在任何时间和地点都需要引导和论证，它相应地假设人们在思考和行事时考虑到了手段和目的之间的区别。阿伦特承认实际上暴力和权力通常缠绕在一起，但她对理论区分和后者优先于前者的纯化论主义的坚持很容易导向一种和平主义的误解；忽略了那些暴力和权力正相关的例子（如北美殖民地军队争夺特伦顿的战斗）；也低估了各种方法，其中武装力量团体一致行动带来的暴力对抗结果往往不仅取决于扩大权力的"信念"，而且取决于相互部署武力的时机、运气、胆略和能力。暴力的确可以摧毁权力关系（如孟德斯鸠指出的那些发生在专制政权中的情况），就像权力关系有时能够将暴力行为阻止在原地一样。但是阿伦特认为，枪杆子中出来的暴力也可以建立之前从来没有存在过的团结的纽带。

---

① Hannah Arendt, *On Violence* (New York and London 1969), pp. 44 – 56.

革命暴力

在某些情况下，暴力能够重燃希望、激发改变现状的意识和激起参与者的凝聚力，从而引起了一些现代思想家对暴力的美化。乔治·索雷尔（George Sorel）的《论暴力》（*Réflexions sur la violence*，1908），支持革命工团主义者通过大规模剧烈的社会运动自下而上地推翻国家，就是一个引人注目的迷信暴力的现代例子。

回顾一下，《论暴力》如此陶醉于暴力的灵丹妙药，不禁让人怀疑它故意对暴力（潜在地毁灭别人）和民主（开放地宽容差异）两者各自不同的组织原则之间存在的根本不相容视而不见。① 该书写作时所处的政治背景与我们今天显然不同。随着社会主义运动日益卷入政党政治，以及受到1902年比利时总罢工②之后席卷西欧的反议会运动的鼓舞，索雷尔对工团主义的辩护受到期待社会主义议会政治和资本主义系统都发生深重危机的愿望的驱动。沉醉于反对私有财产、公民社会与国家的"工人运动彻底革命"观念，索雷尔对社会主义政党政治的"民主愚行"大加诅咒。在他看来，通向社会主义的议会道路盲目地增强了现代国家的权力与合法性（索雷尔特别提到了托克维尔的"民主专制"论）。通过如此地强化国家机器并使其合法化，议会社会主义显然与其宣称的最终废除国家的目标相抵触。此外，他争辩道，议会政治掩盖了

---

① Georges Sorel, *Réflexions sur la violence*(Paris 1908)。以下引文出自本人对该书第三版的翻译（Paris 1912），包括'Apologie de la violence'，该文首次发表于《晨报》（*Matin*）（1908年5月18日）。索雷尔最早对工团主义理论的简述请参见 *Insegnamenti sociali della economia contemporanea*, pp. 53 – 55。该书写于1903，但直到1906年才出版。

② 参见 Henriette Roland-Holst, *Generalstreik und Sozialdemokratie*(Dresden 1902), especially pp. 53 – 69; and Phil H. Goodstein, *The Theory of the General Strike from the French Revolution to Poland* (Boulder 1984)。

劳工与资本之间的利益冲突。被选举政治的花招尤其是国家福利立法的承诺所引诱和欺瞒，议会社会主义将资产阶级和无产阶级远远地拽离了马克思主义理论为其所设定的路径。索雷尔警告，弱势阶级总是愚蠢地信任政府的保护权。

索雷尔也攻击议会政治纵容了罗伯斯庇尔式的政治精神。1789年以来的每一场（试图发动的）革命，他争辩道，都强化了政府的压制权。尽管议会社会主义政府有良好的意愿，但也会做相同的事情。没有比革命胜利者更伟大的秩序领导者了。议会社会主义执政——此处索雷尔预先考虑到了罗伯特·米歇尔后来的辩护——时将建立一种政治家对其追随者的独裁统治。例如饶勒斯（Jaures，温和法国社会党的建立者）那样的权力掮客的实际行为与其他政治革命者并没有什么不同，其一旦掌权就始终会以"国家利益"为由——并运用压制性的法律制裁和政治手段——反对其敌人。

索雷尔论证指出，只有当社会主义运动依赖于无产阶级坚定的阶级分离主义，才能阻止独裁的出现。其对集中政治领导权的断然拒绝，对暴力行为的天真同情和对罢工斗争的信心日增——所有这一切都暴露了统治阶级试图通过议会政治调和国家与公民社会的欺骗性。无产阶级的暴力行为，其通过强力自己去解决问题的意愿，在公民社会中造成了尖锐的对立，犹如对立双方军队之间的战场。请注意索雷尔的法西斯主义式信念，他认为暴力有它的魅力和深刻的审美维度，因此，它需要从手段—目的链的计算中被解放出来。"罢工是一种战争现象"，他写道，无产阶级暴力，"美丽而又很勇敢"，具有解放性的力量。这是对资产阶级虚伪和野蛮的一种拯救，新的中产阶级工薪官僚层崩溃了，资本主义的雇佣者（注意索雷尔对历史的信念）将被迫扮演历史赋予他们的角色。只有当他们身处议会政治的沼泽并有腐烂的危险时，阶级区隔才会加深和简化。工人阶级的直接行动，产生于工会小规模的、面对面的"社会抵抗"，将运用沸腾的暴力去摧毁资产阶级的私有财产和国家机器。直接行动也将打破市侩习性和懦弱之链的钳制，并在公民社会中产生一种新的团结文化。无产阶级不再被党派政治所蒙蔽，而是越发地受到建构信念的指引和激励。索雷尔此处借鉴了亨利－路易·柏格森（Henri-Louis Bergson）的观点；

他们认为，集群共享的，充满感情的精神图像，如渗入了暴力的总罢工神话，将坚定工人阶级向着社会主义社会的未来而努力的决心。最初处于公民社会之中但又不属于公民社会的无产阶级，现在已经不再是被动行事的。它已经变成了一种自主的、积极的社会运动。它已经能够无需政党形式或政党制度的斡旋而能动地反对资本的权力及其国家机器。索雷尔将总罢工与拿破仑一世完全击垮对手的战斗进行了一个生动的比较，而上述过程在总罢工这一剧本的实际演出过程中被具体化。工人总罢工清楚地说明，索雷尔得出结论，社会主义运动的历史选择只有两个：要么是资产阶级的堕落，要么是无产阶级通过暴力斗争夺取生产资料（注意索雷尔的简化论）和废除国家。

反政党政治

有时候人们会将索雷尔的革命工团主义与"布拉格之春"和 1989 年所谓的"天鹅绒革命"期间在中东欧发展起来的反政党政治战略相提并论。尽管它们具有完全不同的政治词汇，然而反政党政治的主角确实与索雷尔战略都对政党政治和国家权力有一种深深的反感。但两者的相似也到此为止了，两者的不同之处不只是历史的利害关系。它们之所以值得研究，是因为它们告诉我们很多关于在困难的政治环境和可以设想一种既不依赖于将暴力作为一种终极政治武器也不认为（用索雷尔的话来说）暴力"美丽而很勇敢"的政体意义上，民主生活方式如何能够成功地对暴力进行问题化。

首先，反政党政治战略的公开辩护者（如团结工会和宪章 77 这样的代表团体）大多数都对意识形态的神话深表怀疑。他们拒绝了索雷尔式认为从公民社会中产生的单一革命阶级能够体现公意的假设。反政党政治——此处是在理想型的意义上提出的——是一个多元论的而非一元论的反对形式。这就是为什么——再次不同于索雷尔——它拒绝废除国家或国家消亡的神话。一个民主的社会，包含着公开地尊重很多不同且经常紧密联系的利益，需要一种治理机制框架,以防止严重国内冲突的爆发,以及与世界其他地方的政府进行谈判。因此,反政党政治的目的不是取消政治权力,而是"社会化"它的某些部分,以创建一个公民社会,防止政府侵犯其职权之外的事务。

　　反对苏联式一党制的民主派也拒绝接受索雷尔关于暴力的英雄神话。索雷尔有些时候调和了他对暴力魅力的喜爱。在不太乐观的时刻,他认为暴力的本质是作为一种冷血的手段,以实现世界历史的目的。"无产阶级暴力行为……不过是一种纯粹的战争"行为,他写道,"战争中的一切都在继续,不受仇恨和复仇精神的影响:战争中被击败的,不至于被杀死;非战斗人员也不至于承担军队在战场上可能遇到的不如意后果。"① 苏联式极权主义的对手将这种"正义战争"的论点作为危险而加以拒绝。"历史告诉我们",亚当·米奇尼克(Adam Michnik)写道,"通过武力攻占旧的巴士底狱,我们又将在不知不觉中建立新的巴士底狱",他继续说道,"被恐怖腐蚀的经验必须植入每一个自由行动者的意识中。否则,就将如西蒙娜·韦伊(Simone Weil)所指出的,自由将再次成为胜利者的难民。"② 暴力消耗着其运用者的精力并使得其运用者的意志消沉。米奇尼克(Michnik)观察到:在团结工会陷入困境的关键时刻,"卡斯特罗渴望一个自由的古巴":

　　　　但在反对巴蒂斯塔的革命斗争中,他被权力腐蚀了。不管是谁使用暴力来获得权力,都将使用暴力来维护权力。任何人,一旦被教会使用暴力,都不会放弃它。在我们的世纪,争取自由的斗争中一直与权力而不是公民社会的建立联系在一起。它因此总是终结于集中营之中。③

---

① Sorel, *Réflexions sur la violence*, p. 161.

② Adam Michnik, 'Letter from the Gdansk Prison', *The New York Review of Books*, 18 July 1985, p. 44.

③ Adam Michnik, 'Towards a Civil Society: Hopes for Polish democracy', an interview with Erica Blair (John Keane), *Times Literary Supplement*, 19–25 February 1988, reprinted in *Letters from Freedom. Post-Cold War Realities and Perspectives* (Berkeley and London 1998), pp. 96–113 (at p. 107).

中东欧的全部人口每天都生活在一个全副武装的政权所带来的监控、军管、监狱和对暴力的恐惧之下，可以理解，其民主反对派对暴力有着深深的反感。① 因此，他们不仅通过勇敢的暴力行为（如恐怖主义、暗杀或绑架）来反抗他们所认为的敌人，而且保持着一种文明公民的耐心，在不良政体中努力追求一种体面的生活，并且因而在针对他们的暴力行为面前镇定自如。包括米奇尼克在内的作家在暴力和政治之间看到了一种内在的联系。他们因而拒绝了（马克思指出的）暴力是每一个孕育着新社会的旧社会的助产士的观点，相反，将暴力视同革命手术钳导致的出血和流产，甚至可能导致国家的灭亡。暴力是每一个社会的敌人，不管是新社会还是旧社会。而索雷尔则再次认为，民主反对派提出了一种根本不同的时间观念。他们拒绝幻想世界末日的革命，因为他们意识到，建立一个民主政府和开放公民社会的先决条件是公民具有一定的耐心。他们设想一党制随着国家权力监护下公民社会的逐渐发展成熟而进行和平的转型。

在1989年革命之前，反对政党政治的主要参与者最终回避了暴力，因为他们意识到这种公民社会和政治民主的可能性取决于通过改变"最接近"每个个体的权力关系来摆脱一党制在他们中的存在。那些一生反对政党政治的人拒绝接受那种认为一党制的政治权力只是一个夺取或废除的问题的天真构想。权力并不被认为是集中在单一位置（例如，党的领导阶层，或者在索雷尔看来，执政的资产阶级）。政权并不是在有权者和无权者之间分配。相反地，一党制被视为是无处不在和管理一切的，像由无数地道和洞穴构成的一个迷宫，

---

① 无所不在的暴力通过在此期间一则著名的波兰轶事可以得到充分的体现，该则轶事可追溯到20世纪50年代初，当时波兰的工业部门为了生产武器进行了重组。有一位父亲刚生了小孩，急需要一辆婴儿车。然而，他找遍了华沙的商店也无法找到一辆，无奈之下，他找到碰巧在一家生产婴儿车（或者说他认为如此）的工厂里工作的一位朋友。朋友答应给他带来部件组装一辆婴儿车。每天，这位工人都为他的朋友带来婴儿车的部件，将其塞在他厚重的冬大衣里小心地带出工厂。两周后，他们认为已经凑齐了一辆完整婴儿车所需的部件。但是，轶事的结尾是，当他们组装完部件后，他们发现组装出来的实际上是一挺机关枪。

其中控制、暴力镇压、恐惧和自我审查吞噬了每一个人，至少使他们保持沉默和失去道德原则，并且不得不接受强者所强加的偏见。因为一党制的权力是面向它的所有对象的，从理论上讲，平民只有在最激进的意义上保持不同——通过将制度及其暴力赶出他们自己的个人生活——才能够抵御它。出于这个理由，民主反对派被认为是最有效的，他们与一党专政制度保持距离。民主化被认为不仅仅是一个比方说用每隔几年当选的政府或国家元首取代政党任命的官员的问题。相反，民主化取决于通过成功地培养一党统治国家"之下"生活领域中自我保护、个性化和社会合作的非暴力机制而"回归欧洲"，这些生活领域存在于家庭内部，朋友之间，出版行业内，工作场所中，平行经济和非官方的文化领域内。

审视暴力

如果对暴力的这种思考方式与民主政治之间存在着相关性，那么这种相关性是什么？中东欧的民主反对派对非暴力策略有原则的承诺，明显强调和平主义策略的优势，至少在某些条件下是如此。首先，有原则的和平主义，因为它对民主的多元身份形成了补充，增加了民主国家的内涵，对于那些处于政府保护的公民社会中的主体而言当然是一种合法的生活方式。困扰于充满暴力的世界，有原则的和平主义增强了公民认为他们可以选择或世界充满选择的意识——即世界是危险的，因此，原则上，需要对过剩暴力进行民主化并减少过剩的暴力，甚至消除所有的暴力。在一定程度上，非暴力的选择通过发出警告来达成这种目的。和平主义提醒防备依赖暴力手段的策略可能带来不可预测的影响和预料之外的后果。并且，由于陷入了三角暴力的困境，和平主义很怀疑"终极冲突"论或"战胜恐怖主义"论的每一个版本，不管是新的还是旧的。和平主义将"最终解决方案"、以"战争终结所有战争"、"以暴力终结暴力"

的言论视为危险而荒谬的念头加以拒绝,也拒绝相信那些主张"通过最终的革命斗争"团结全人类的喋喋不休的言论,或当代一些认为特定破坏手段是如此令人恐惧以至于它们从不会被使用或它们是如此完美以至于可以安全使用的言论。对非暴力有原则的承诺强调暴力与民主是不相容的,暴力是反社会的。因此,就像小马丁·路德·金(Martin Luther King Jr)经常指出的那样,如果将和平主义作为一种制造紧张的策略而加以辩护,那么非暴力抵抗也将像乌托邦那样给任何民主国家现在或将来的公民发出信号,一个很少暴力或没有暴力的世界是可信的,甚至是能够实现的。①

当和平而勇敢的行为在看似反对和平选择的环境下胜出的时候,这种乌托邦的吸引力总是不断被强化。非暴力的集体行动往往不仅培养个人的能力来克服他们的恐惧和增强他们的勇气,创造性地采取行动和合作。②还有一些时候,非暴力的抗议实际上缓和了权力的狂暴。绿色和平组织 1995 年夏天在北海戏剧性地取得对世界最大跨国石油公司荷兰皇家壳牌(Royal Dutch Shell)的胜利——当时活跃分子占领了老化的布兰特·史帕尔(Brent Spar)平台,以防止其下沉——就是一个非暴力指导下进行有原则的集体行动的显著案例。像 M. K. 甘地和马丁·路德·金等公众人物示范性的英勇行为或像昂山素季(Aung San Suu Kyi)那样的公民社会行动者所采取的勇敢行动也是如此。当时,昂山素季缓步走向全副武装的缅甸士兵,不顾他们部署的警戒线,她的安静给了士兵们勇气,使他们违抗了——连喊三次——向她开火的命令,迫使士兵们尴尬地把目光移开,放低他们的步枪,并让她优雅地通过警戒线,两侧是

---

① 例如,参见 King, 'Letter from Birmingham City Jail(April 16,1963) ', in James Melvin Washington(ed.), *A Testament of Hope. The Essential Writings of Martin Luther King Jr.* (San Francisco 1986),第 291 页:"我们也必须了解,需要非暴力的牛虻,在社会制造出一种紧张,以帮助人们摆脱偏见与种族主义的黑暗深渊,达到理解和兄弟友爱的壮丽山巅。"

② 关于非暴力集体行动这些效果的大量证据的引用,请参见 Gene Sharp, *The Politics of Nonviolent Action*(Boston 1973) ;and Frederic Solomon and Jacob R. Fishman, 'The psychosocial meaning of nonviolence in student civil rights activities', *Psychiatry*,25(1964), pp. 227 – 236。

她目瞪口呆的支持者。① 这样的勇敢情节首先提醒我们两点：其一，暴力是民主的祸害，仅仅因为暴力故意或半故意地否认平民个体或（潜在的）群体在世界上的生理和心理存在；其二，暴力能够而且确实经常招致暴力。暴力是一匹脱缰的野马，那些骑着它的人最终将被摔倒在地，身受重伤，并且将其他人拽上他们的贼船，拖向死亡。

那些暴力的使用者通常就是暴力的受害者，因此暴力不仅消灭了可能成为民主派的暴力使用者，也消灭了可能成为民主派的暴力受害者，然而这样的事实却被和平主义的知识分子批评者所轻视。相反，他们更倾向于认为对最终目标的教条式承诺是应该立足的第一原则，其中宗教或道德（不同于战术）的和平主义就是一个例子，通常会产生与民主政治不相适应的哲学和政治上的得过且过。教条式和平主义的批评者抓住了一点，在奥威尔的嘲弄中体现出来，他在反对纳粹的战争之后提出一个问题，"每一个和平主义者都有明确的义务回答……'关于犹太人呢？你愿意看到他们灭绝吗？如果不愿意，你打算如何不诉诸战争而拯救他们？'"② 奥威尔正确地提出了这个问题，他也正确地指出了甘地式和平主义的一个荒谬后果，由于它建立在相信上帝存在和固体物的世界是一个需要摆脱的幻觉的学说之上，因而得出了如下的荒谬建议：德国犹太人应该集体自杀，以吸引世界对他们困难处境的注意。

与他后来的支持者和批评者通常认识到的相比，甘地更多地意识到自己陷入了道德困境。对他来说，在一个永恒之神庇护的世界上，非暴力（不杀生）是必须的。在人世间，每个人都被赋予了独一无二的自我和她或他自己独一无

---

① M. K. Gandhi, *Non-Violent Resistance* (*Satyagraha*) (New York 1951), pp. 77–90; Martin Luther King, Jr., 'Letter from Birmingham City Jail'; and Aung San Suu Kyi, *The Voice of Hope* (London 1997).

② George Orwell, 'Reflections on Gandhi', *Selections from Essays and Journalism*: 1931–1949 (London 1981), p. 838. 注意奥威尔的补充，"如果你不打算剥夺生命，你就必须经常做好因其他原因而失去生命的准备。1942年，……甘地敦促反对日本的入侵发动非暴力抵抗。他毫不犹豫地承认可能会造成数百万人的死亡（同上）。"对甘地长于建议而协调不足的非暴力理论的最好阐述请参见 Bhikhu Parekh, *Colonialism, Tradition and Reform*, revised edition (New Delhi 1999), chs. 4–3。

二的真实，这意味着所有的人都必须尊重他人真实的自我。因此，非暴力的原则意味着积极地"爱"别人：保护他们使之避免受到伤害和毁灭，增进他们的福祉。非暴力成为一个绝对的和不可分割的规范。它提醒人们将世界从暴力中解放出来是可能和可欲的。有原则的非暴力使那些暴力犯罪者相形见绌，并且孕育了一些创造性的尝试，旨在通过方式的改进，以饱满的爱来消除他们的暴力倾向。非暴力的目的是要将残酷行为的孤岛和荒野淹没在"怜悯之情的海洋中"。当被问到使用暴力阻止精神失常者的大肆屠杀是否合理时，甘地强调，"在你的内心里一定要对犯错者充满爱和怜悯之情。如果有这样的感情，它就会通过一些行为表现出来。也许只是一个手势，一瞥眼神，甚至沉默。但是，它会融化犯错者的内心，并且阻止错误的发生。"①

甘地有时不太确定，是否存在不可分割的纯粹非暴力标准。他也遗憾地承认，人类在地球上的生存不可能不对其他生物造成暴力，因为每种动物、植物和蔬菜都是有生命的，而人体则是一个暴力的"屠宰所"。甚至有些时候蓄意杀人也被认为是事出有因的，因为它将杀人者从难以忍受的疼痛中解脱出来。避免暴力有时需要防御性暴力，例如（甘地指出的），波兰在面临纳粹侵略时，以暴力抵抗纳粹的侵略，再如，囚犯在经受拷打时对拷打者进行暴力反抗，或者，当妇女们在面对男人的强奸企图时用自己的"指甲和牙齿"和其他形式的体力击退他们。甘地得出结论，有原则的非暴力是诸多价值（如真理、自尊和国家独立）中的一种。这就是为什么暴力"可以理解"以及比"怯懦"或"被动、柔弱和无助的屈服"好得多的原因。② 甘地的困境表明，和平主义为争取建立一个和平的世界而进行的斗争，依赖于禁止使用暴力的策略原则，可能是自相矛盾的。特别是在放弃暴力或者使用暴力的犹豫不决可能

---

① Raghavan Iyer, *The Moral and Political Writings of Mahatma Gandhi* (Oxford 1987), vol. 2, p. 432.

② 甘地的评论引自 Bhikhu Parekh, *Colonialism, Tradition and Reform*, revised edition (New Delhi 1999), pp. 147－151。

给受害者带来毁灭结果的情况下——这在当前可能导致了"蓝盔部队"(联合国驻波斯尼亚-黑塞哥维那的维和部队)综合征—— 非暴力实际上帮了暴力者的忙。它可能被指责认为忽视了实际使用或威胁使用反暴力确实具有一种安抚效果,能够说服挑衅者放下扣动扳机的手指甚至放下武器,自己活也让别人活着。在此,我们可以回顾一下马克斯·韦伯(Max Weber)作出的精确评论:"世界上没有任何道德可以回避一个事实,即在许多情况下,为了实现'好'的目标,个人必须愿意付出使用在道德上可疑或者至少是危险的手段的代价——和面对带来邪恶后果的可能。"①

鉴于为实现特定目标而决定使用或不使用暴力可能带来的潜在不可预知的("好"与"坏")后果,民主政治既应拒绝教条式的和平主义也应摒弃对暴力的迷信。两者都沉迷于对某种绝对规范性原则及其隐含手段的承诺。因此,两种方法都模糊和混淆了本已复杂的规范和策略问题。他们甚至给予暴力者以支持并增加暴力在人类事务中的概率。对于建立在正式伦理原则和抽象普遍推理基础之上的一般暴力理论,民主的思想和政治应该拒绝进行讨论。确实,拒绝这种道德代数不解决任何问题,除了在政治上意识到什么可以和什么必须避免的需要之外——有如通过肆无忌惮的暴力侵害他人的例子。很明显,拒绝这种绝对规则,不可能给那些人留下深刻的印象或使其保持沉默,对这些人而言,暴力或者只是一种诅咒,或者他们是那么迷恋暴力,以至于在某些情况下,例如在革命或正在崩溃的公民社会中,很容易将暴力作为一个不可缺少的手段,或令人兴奋的目的本身。因此,确实有一些人——如心思简单的(crude-minded)无政府主义者,四处投放炸弹的恐怖分子,相信古兰经不会惩罚圣战的狂热分子,疯狂的千禧年异教团体成员,凶残的街头暴徒,等等——会对暴力能够而且应该服从理性对话或经过民主程序考虑的建议冷嘲热讽。他们相信他们

---

① Max Weber, 'Politik als Beruf', in *Gesammelte Politische Schriften*, ed. Johannes Winckelmann (Tu-bingen 1958), p. 540.

有权或必须站在自己一边。如果他们考虑一下问题，就会很快得出这样的结论：暴力是绝对正当的，适用于每一种可以想象的情境，在这个意义上，他们对暴力的崇拜是普遍性的。多元主义、文明社会和民主的说法并不能说服他们，他们只是想扣动扳机，杀死或残害他人。

当遇到上述情况时，民主国家只有一种选择：逮捕暴力者，或者，如果他们暴力拒捕的话，就使用暴力手段来对付他们。对公众负责并且原则上受到严格限制的暴力成为一种有效的手段，来补救那些深陷致命践言冲突的暴力盲目崇拜者。暴力的盲目崇拜者在践行绝对论暴力原则时，认为暴力能够或不应该受到任何道德或地域的限制——即使暴力是针对他们自己。托马斯·霍布斯（Thomas Hobbes）论证了其原因：即使世界上只有少数几个人接受或根据绝对论者不受限制的暴力原则生活，那么也没有人会是安全的。严格地说，生活在核武器、脏弹和其他形式的三角暴力时代，暴力盲目崇拜者将不得不接受并忍受绝对暴力原则的后果。当然，其结果是在几分钟或几小时内就终结自己的和他人的生命。毫无疑问，暴力的狂热分子，比如蒂莫西·麦克维（Timothy McVeigh，1995年俄克拉荷马城爆炸事件的总策划者），或者像17岁的比拉勒·法斯（Bilal Fahs），一名自杀式袭击者，也是第一批黎巴嫩殉教者之一，① 他们可能会接受这样的结果。他们这样做，借助了某种尘世绝对的或先验宗教标准的名义，实际上将暴力美化为既是一种手段，又是一种目的。他们会大量屠杀无辜者以保卫所谓"自由"或者身携炸药，与敌人同归于尽，并且把这种结果当成是为了遵循一些神学原则或更高的神圣命令而作出的牺牲行为或者履行的神圣职责。但是，哪怕稍怀谦卑之心，暴力的狂热分子就需要正视这种可能性，他们对暴力坚定不移的承诺，如果推而广之的话，会破坏世界上的一切，单单是这一务实的理由也将迫使他们认识到其对暴力的迷信是别人所不能

---

① 参见 Martin Kramer,'Sacrifice and "self-martyrdom" in Shi'ite Lebanon', *Terrorism and Political Violence*, 3, 3 (Autumn 1991), pp. 30 – 47。

接受的。仅仅是为了保护自己，他们就不得不妥协，接受有限暴力的原则——即必须限制使用暴力，将它作为一种实现某些特定目标的手段，需要服从于一种理性的计算，突出想要达成的目标和为了实现目标而选择的手段两者之间的潜在矛盾。

不用说，每个社会和时代都已经认识到驯服和约束暴力手段的需要。确实，对暴力的象征性和制度性约束有着广泛的内容，然而，有关民主思维和行为方式的独特之处在于对民主理想和暴力使用之间的烦恼关系的充分而大方的认可。从民主政治的角度而言，系统而无节制地使用暴力——如现代欧洲式社会所特有的全面暴力——是极其令人讨厌的。民主涉及暴力的民主化。它要求暴力一词是可以公开争论的，而且是有弹性的，足以包括曾经不被认同的暴力行为。民主拒绝接受暴力是"自然的"，或上帝赋予的，或某种程度上根植于事物本质的假设。它认为那些使用暴力或控制暴力手段的人应该向公众负责。它取决于建立一种机制，以确保暴力是有条件的和可移除（removable）的。而在暴力问题——以及其他一切问题——上，民主拒绝接受伪普世第一原则。民主国家的机构，包括公开负责的政府和开放平等的公民社会，提供了一种可行的和有力的伦理体系，将这些机构既作为道德多元主义的必要前提，又作为其带来的结果。① 对生命复数形式的道德承诺意味着在非暴力和民主之间存在一种选择性的亲和力，但不是绝对的法律式联系。从民主的角度看，暴力是"坏"的，但并不总是这样。暴力也可以是"好的"，但只有当它作为一种有效的手段，建立或加强了一个和平的公民社会，通过向公众负责的政治法律机构予以保障时，暴力才可以被视为是"好"的。民主要求遵守如下规则，即暴力只有当它减少或消除了暴力的时候才是唯一正当的。相反的规则也是适应的：暴力被视为达成特定目标的一种手段，如果它违背初衷，脱离控制或导致

---

① 参见 the longer discussion of ethics and morals in the final section of my *Global Civil Society?* (London 2003)。

其所运用的特定社会背景下或更广泛政治体中日益增加的盈余暴力,那么就会被认为是"坏"的。这条规则的一个含义是明确的:发展、储存或使用核武器总是不好的。对于"脏弹"和生化武器而言也是如此,像蝗虫一样泛滥于社区的手持枪械亦然。

对暴力的这种民主推理并不拘泥于教条的和平主义策略,尽管民主国家的非暴力蓬勃发展和最终指向没有暴力的世界。当然,这引出了一个问题,在民主背景下,什么时候和什么地方发生的暴力是合法的?以及,如何确定在这些时候,为特定目的而对个人的指定对手使用某些形式的暴力是正当的?这个问题不能一概而论,只能根据具体时空背景下的特殊情况来构想和作出判断,并通过这些判断进行尝试性的回答。

这种方法——实际上,对一切形式的暴力进行民主化的政治承诺——肯定不意味着任何事情都会发生,或实际使用暴力和对暴力的伦理思考会陷入无知和恣意法则之中。仅仅是基于实用主义的理由,谨慎使用暴力的民主伦理也会无条件反对具有"过度杀伤力"的武器。此外,使用或不使用暴力的决定受制于规范的约束。在哲学意义上,它是一个判断问题。判断作为在复杂情境下选择行动路线的学习能力,是一种主要的民主艺术。它既不依赖于演绎或归纳法则,也不依赖于不明推理式的推测思考(the conjectural thinking of abduction)。判断避开了康德哲学意义上的实践理性,也避开了不切实际的幻想。实践理性清楚地告诉主体要做什么和不该做什么,用"不可杀人"或"以眼还眼"之类的命令式语言立法。

绝对命令要求人们总是采取一种行为方式以至于其行为标准成为普遍法则,而判断则避开了这样的绝对命令。判断处于特殊和一般之间。它既不是"反思的"也不是"决定的"(借用康德对从特殊到一般和从一般到特殊两种判断作出的备受质疑的区分)。① 相反，判断涉及一种认知，即特定情境下的现实选择必须遵循对该情境特殊性评估的引导。另一种处理认知的方式指出，判断会产生如下认知，即该情境是独一无二的，或与我们所习惯的情境不同，因此我们需要将该情境和之前或同一时期多少近似的情境进行比较。

乔治·艾尔塞

需要认识到，我们知道我们不清楚要做什么，我们知道决定的作出需要判断，而且我们知道判断处于特殊和一般之间的力场范围内，这是判断艺术的典型特征，矛盾的是，正是上述特征使其脱离了纯粹的随意性。对于暴力问题，从民主的角度来看，我们最为合理的工作座右铭是：决定使用或不使用暴力以实现政治或社会目的，无论是在家庭内部还是在战场上，总是有风险的，且可能受到持续混乱和意想不到后果的困扰，其中一些决定可能相当难以预测地违背了将暴力作为适当或有效手段的预定目标。因此，对暴力效用和影响的道德判断是必要的。对于暴力问题，可以肯定的是，公民社会的捍卫者和向公众负责的政府必须认识到，暴力通常——但不总是——否定和侵蚀文明。但是在把这一理念奉为基石之前，他们也必须认识到公民面临的最大危险，不是他们将侵犯别人或者被别人侵犯，杀害别人或者被别人杀害。更糟糕的是在对暴力和现存或潜在武装力量的盲目或怯弱的服从中，他们放弃了对暴力的判断。对于暴力问题，民主的朋友不应该忘记乔治·艾尔塞（Georg Elser）：这名不起眼的采石工设置了定时炸弹，准备在10分钟内将在慕尼黑贝格勃劳凯勒啤酒馆的阿道夫·希特勒炸成碎片，他清楚地认识到那些随波逐流者面临的风险，他

---

① 反思判断与决定判断之间的区分参见 Immanuel Kant's introduction to *Kritik der Urteilskraft*, in *Werkausgabe*, ed. Wilhelm Weischedel (Frankfurt am Main 1974), vol. X, sect. 5。

们最终可能遇到魔鬼岛的岩石而触礁。

　　精致而又常带危险的情境判断过程，比如乔治·艾尔塞的勇敢行为所证明的，不仅吸引了政治哲学家的兴趣。有证据表明，实际上现有民主国家内经常进行判断的公民也很关注，这已经为贾尼·沃德（Janie Ward）对混合种族背景下美国青少年的日常暴力概念所作的早期研究所证明。① 该案例中的大多数调查对象遭受过或目睹了家庭或社区中的暴力。毫不奇怪，多数人在对该主题进行道德推论时显示了复杂的能力，少数将"关怀"作为解决人际冲突所需的一种基本原则而进行反思型理解的受访者，通常发现暴力本质上是错的。他们推断，暴力对人造成伤害，"是不必要的，因为它本来是可以通过对话而避免的"。当被要求评价那些自认为只得选择暴力来保护自己和他人免遭危险的人的行为道德时，同样的受访者认为暴力是可以理解的，但在道德上是错误的。

　　相比之下，大多数受访者则认为对暴力作出判断是必要的，暴力只有在某些情况下才是正当的。因此，沃德区分了她的受访者通常作出的三种不同但相关的道德判断。那些坚持"规则和权利支配的正义"原则的人判断，使用暴力去纠正或为不当的惩罚或不公平待遇报仇是合适的。相反，那些将"正义"与"关怀"结合起来作为标准的人则判断，在某些情况下，当个人被逼到了极限，没有其他选择的时候，例如一名妇女使用报复性暴力来结束一个男子带给她的痛苦，其诉诸暴力是正当的。这通常被视为一种应允许的行为。第三组的受访者认为"正义"和"关怀"并不是简单结合起来的，但实际上又密不可分，他们判断，暴力——在清晰界定的边界内——是"公平"、"可容忍"和"可接受的"手段，保护自己和他人避免受到不可挽回的伤害。

---

　　① Janie Victoria Ward, 'Urban adolescents' conceptions of violence', in Carol Gilligan et al. (eds.), *Mapping the Moral Domain* (Cambridge, MA 1988), pp. 175 – 200.

8

暴力民主化的十条规则

没有什么比善良的人们为了正义的目的而使用暴力更危险的了。

阿历克西·德·托克维尔（Alexis de Tocqueville, 1856）

想想补救措施

进一步搞清楚暴力的伦理对民主政治非常重要。同时，对合法地减少或者阻止暴力泛滥的手段的思考也是至关重要的。对减少或者摆脱暴力所进行的种种努力，必须全力防止对暴力的迷恋或者暴力的美学化（aestheticisation）。我们要关注所选择的手段与要解决的问题之间的协调问题。同时，我们也要关注每个（为减少暴力而采取的）行动背后可能的未预料到的后果。在这方面，尼采的建议值得注意："不管谁与怪物搏斗，我们务必保证在这个过程中，他们没有变成一个怪物。当你俯瞰一个深渊的时候，深渊也在直视着你。"[①] 此外，暴力的民主化要求我们对诸多可行方案的全部内容更加敏感。这些方案将用来减少这个世界中的暴力。他们的种类和数量多得令人困惑。在谱系（spectrum）没有暴力的一端是减少暴力的各种"软"措施，包括公民不服从，真相与和解法庭，心理疗法以及用惩罚措施来保障的正当的法律程序。"硬"措施包括警察使用胡椒喷剂和橡皮子弹，秘密监视和因上缴武器而获得的政府特赦。最严酷的手段——有计划地使用暴力，有时是不加限制地使用，通过战争

---

① Friedrich Nietzache, *Beyond Good and Evil*, trans. Walter Kaufmann(New York 1966), p. 89. （译文有删改）

165 的方式来驱除暴力——是最威胁人们的生命和民主制度的。对于这些平息手段是否以及什么时候与民主是一致的种种判断是存在争议的。毫无疑问，对于那些利用科技能力，以一种非常骇人的方式大规模地杀伤人类和毁灭环境的种种武器——比如，原子弹——他们的生产和使用应该被暂停。不过，在使世界摆脱暴力泛滥的种种努力中，相关的判断问题总是存在的。鉴于人类渴望使世界摆脱原子弹的威胁，那么如何做才是最好的方式呢？如果存在的话，什么样的武器会取代炸弹呢？如何使核电站和核武器退出历史舞台？又如何使用法律补偿和像真相与和解那样的一些程序，来帮助这个世界处理和接受因为原子弹的发明而造成的苦痛的历史和长久的伤害？鉴于危害极大的恐怖主义就像是一个致命的蠕虫，在民主国家以及他们所依赖的（全球）公民社会制度内部活动，哪些类型的监视、管辖和军事行动是必须的，从而在军事上击败恐怖主义和减少民众对它的恐惧？在什么程度上，这些手段与保存民主制度和精神的目标是一致的？因为（从一些历史事件中可以看出）民主制度会遭受内在的破坏——或在极端情况下——当受到恐惧和暴力的威胁的时候会产生政府的屠杀行为。公民社会的主观能动性能够与警察和武装力量的反情报和反暴力活动相辅相成吗？

在不同的时间和地方，考虑到上面这些问题，软措施或者硬措施均可能被认为是保卫或者增强民主的生活方式的合法有效的手段。根据定义，这些手段的适当性取决于具体的情况。所以不需要预先对通过立法确定正确的或者合适的方法来民主地使世界摆脱暴力，这也不是政治思考应承担的任务。在暴力问题上，那些简化问题的道德情景剧是应该竭力避免的。（打个文学比方）我们能够从格雷姆·格林（Graham Greene）的间谍小说中学到很多。特别是，我们应该学习他们探索复杂情况的方式。复杂情况是指事情的表面具有欺骗性，

166 过去的经验规则不起作用，我们必须作出判断，但是这些判断却可能带有不利的后果。尽管详细的政策建议和政治策略不可避免是依赖情境的，但是对民主和暴力严肃认真的思考有助于阐明和突出他们可能的优势和劣势。作为卑劣的

勾当，暴力对民主构成了很大的威胁。鉴于此，政治思考应该特别关注什么是暴力泛滥，什么不应该做，以及制定相应的思考和行动的方式，来确保不犯这些错误。为了这个目的，使暴力民主化的种种努力需要借鉴下面十条规则。这些规则能够在特定的情境下为行动提供指导。从定义来看，虽然这些民主规则不是十全十美的，但是他们还是能够产生积极的民主效果。这十条规则对公民和决策者尤其具有参考意义。

第一条规则：永远要设法理解施暴者的诸多动机和他们的环境。对程度较轻的和程度较重的暴力行径而言，有效应对的方法不仅要根据时间和地点的不同而有所变化，更要根据这些要被遏制或豁免的暴力的形式和动机来作出调整。有时，我们很难对暴力的形式和动机进行区分，这里面的原因包括动机会随着暴力的组织化而消散。有些暴力活动是如此的卑劣，以至于动机在最初会显得毫不相干。任何具有民主情怀的人都能很容易地和豪尔赫·森普伦（Jorge Semprun）的《漫长的旅行》（*The Long Voyage*）中的叙述者产生一些共鸣："根本没有必要设法理解那些党卫军（S.S.）；只要消灭他们就足够了。"① 嗜血的复仇冲动在激荡——鞭笞他们，绞死他们——据说这种情绪时常浮现在被黄金时段暴力报道所震惊的观众心中。这些报道所引起的人类本能倾向于增强一种千篇一律的印象——这是一种相同的暴力，而那些对此负责的病态施暴者需要被牢狱或数秒电刑所惩罚。我们不能以无差别的和忽略动机的方式来思考暴力，这会造成不幸的政策后果，因为正如汉斯·托克（Hans Toch）② 和其他人所主张的那样，在刑事暴力领域，除非暴力犯罪分子这个无差别的整体被归类到更有意义的不同组别，否则就不可能发展出有效的判决习惯和有针对性的处理方案。只有这样，对原因和结果更有针对性的辨别和对控制暴力更有效的方法才有可能出现。经验丰富的抢劫犯不是下流的性犯罪

---

① Jorge Semprun, *The Long Voyage* (Toronto 1964), p.71.
② 美国著名犯罪学家。——译者注

者；冲动的窃贼既不是专业的窃贼，也不是处心积虑的恐怖主义分子，更不是长期令人不安的爆炸制造分子。①

对这些不同（暴力）组别的分析和认可是理解暴力分子各种动机的前提条件。这些人通常在过去或者现在遭受了侮辱。詹姆斯·吉利根（James Gilligan）很好地总结了问题的复杂性：即使是那些表面上很荒唐的暴力，对于那些实施该暴力的人来说都具有清楚的含义。精神分析法对民主研究的一个贡献就是它乐于探索和解释那些暴力分子的动机。暴力从来就不是如法官习惯上所说的，是犯罪意图或者邪恶想法的产物。我们也不能把暴力划归到"失去理智"这个法律概念之下，因为这个概念把一个暴力分子降格为一种动物的状态，或者降格为一个无法作出判断或者为自己行为负责的物体的状态。

吉利根认为，从精神分析的角度来看，所有的行为，包括暴力行为，不管它是否被贴上了"坏的"、"发疯的"标签，都具有心理上的意义。但是只有这种情况被我们所理解了，我们才能防止它的发生，并将其置于个人和社会的控制之下。② 面对面的暴力活动的根源永远像谜一般，但是通常，我们首先能从这些人在家庭中所习得的性格特质方面，寻到一些蛛丝马迹，然后在他们的成人生活中去确认。随便选取一个案例：比拉勒·法斯（Bilal Fahs），他对1984年造成多人伤亡的黎巴嫩某武装组织第一次自杀性袭击负责，其本人也曾在早年遭受过虐待。他自幼家贫，早年生活在贫民窟一样的环境中，只能住在仅有一个房间的煤渣砖瓦房里。他一贫如洗的父亲以拉着手推车卖菜为生。在比拉勒·法斯刚出生不久，他的母亲就离开了，之后又重新组织了家庭并生下了很多孩子。这间煤渣砖瓦房是如此的拥挤不堪，比拉勒得不到任何人的关心。之后，他离开家门开始与祖父共同住在一个单一房间里。

---

① Hans Toch and Kenneth Adams, *The Disturbed and Violent Offerder* (New Haven and London 1989).

② James Gilligan, *Violence: Reflections on Our Deadliest Epidemic* (London 2000), p. 9.

比拉勒的故事说明了这样一个道理,实施暴力的人通常是儿童时期的身体虐待、性虐待、嘲笑和各种排斥的受害者。这些经历让他们受到了很深的侮辱,以至于他们开始觉得自己像腐烂的垃圾一样。他们变成了行尸走肉,把诉诸暴力作为自己报复之前遭受的种种不正义的唯一手段。从这个角度来看,暴力的作用就是他们从这个世界中,自我选取和认同的一种正义。因为对他们而言,暴力能够阻止那些欺凌他们的人,能够把别人对自己的嘲笑变成痛苦的眼泪。这个世界上最暴力的面对面的犯罪行径往往是那些异常绝望的,遭受了很多的羞辱的人干的。这并不是一个偶然的现象,因为通过侵犯别人的身体这种最极端的方式,他们是在保护自己,是在支撑着他们的"男子气概"。

暴力总是与它的实施者的背景和动机联系在一起的。这个规则给我们一个重要的启示:无论暴力在哪里以何种形式表现出来,我们都要拒绝把暴力描述成一种永恒的人类世界的根基。从认为人性本质上或者自然的有暴力倾向的俗套到像雅克·德里达(Jacques Derrida)对正义的思考①等一些复杂的哲学论调,暴力存在论有多种表现形式。对解构主义一些流派认可暴力的、不正义的和专制的力量的学术倾向,德里达提出了警告。他引用了帕斯卡(Pascal)的这段话:

> 缺乏正义的力量是残暴的。没有力量的正义是矛盾的,因为邪恶的人总是存在。缺乏正义的力量应该被谴责为是错误的。因此我们很有必要把正义和力量放在一起。这样就能保证正义的东西是有力量的,有力量的东西是正义的。

> [法文原文] 'la force sans la justice est tyrannique. La justice sans force est contredite, parce qu'il y a toujours des ? méchants; la force sans la justice est accusée, Il faut donc mettre ensemble la justice et la force; et pour cela

---

① Jacques Derrida, 'Force of law: the "Mystical Foundations of Authority"', *Cardozo Law Review*, 11,919(1990), pp. 927-945.

faire que ce qui est juste soit fort, ou que ce qui est fort soit juste.

德里达从帕斯卡的观察中得到结论，法律和暴力是一对双胞胎。他把这一论点发展成了更具一般性的观点。在任何情况下，法律和正义体系的出现都伴随着暴力手段的使用。没有暴力，就没有法律的审判，就没有正义。德里达的解构主义暗示说社会和政治生活无法摆脱暴力，不认同这个观点即是傻瓜。他的解构主义忽视了他之前对暴力存在论的警告。德里达推断说，"正义和法律的出现以及创立法律时的进展和证明过程隐含着一种使动力量，同时也始终是一种说明性力量。创制或建制之时，是发出力量的一击，既不是正义的也不是非正义的。"

把人性习惯性地描述为自然地或者本质上是暴力的同样是有问题的。鉴于民主的生活方式致力于扩展和探索这样一种意识，即人性是多样化的意识，将所谓的人性诉诸于悲观的论调之中是不民主的。这些悲观的本体论来自于一种短暂的和错误的记忆。① 这些有误的记忆导致他们把一些事实上偶然的东西永久化了。这些本体论最好是被描述成原罪信条的一种，能够摆脱恐惧或者提到上帝，但是在实践中，他们对解决或者减少政府或者公民社会体系内的不文明没有任何帮助。有时，他们会为可怕的暴力提供辩护。想想原始主义（primitivism）的观点吧。举例来说，他们会认为在20世纪90年代发生在波斯尼亚和黑塞哥维那或者卢旺达的大规模屠杀是理所当然的。对于这样的意识形态，"巴尔干"与"非洲"这类字眼本身就散发出暴力的气息；在那里，野蛮的人性总是掐住命运的咽喉，在其他地方，开化的人们制定出来的文明规则在这里并不适用。信奉原始主义的人总是用归纳法来推理。恐怖的暴力活动就像磨粉机磨粉用的谷物。他们推断以下事实说明人性必定是邪恶的：向拥挤的市场发射120毫米口径的迫击炸弹，这样就能产生巨大的爆炸。爆炸之后会出现像下

---

① Ashey Montagu, *The Human Revolution* (Cleveland and New York 1965), p.24, "事实上，把暴力的原因主要归于人类的天性，是在最近一段时间从人类的文化进化领域得出来的。"

雨或者溪涧一样轻柔的声音，片刻沉寂之后就是一片惨景，市场的顾客被他们从来没有经历过的巨大力量炸飞了双腿，四处散落着被炸断的躯体和身体残骸，空气中充满了伤者和垂死者的哀鸣，剩下的就是亲友、朋友和目击者们无尽的哀痛和哭泣。

暴力存在论者经常对他们的陈词滥调信心满满。他们言之凿凿地谈论着人类天生是多么的邪恶，多么的缺乏道德，或者是带有原罪的。但是这类论调都是有问题的。无视它自己的历史基础，这些论调采用归纳法，不加区分地采用一些"事实"来证明它们的正确，这是没有根据的。它不关心那些杀戮者和被杀害的人的动机。它不问任何问题，却只想要解决方案。这也解释了为什么悲观的存在论者经常为用专制手段对抗野蛮的行为提供说辞。这些存在论的作用，不管是否是故意的，主要是让人们消除自己的是非之心，劝服别人对于暴力我们是无能为力的，除非采用"战争"的手段来打击敌人，或者是施行严刑峻法，或者是采用私人的手段解决问题（这包括，要想在莫斯科防止轿车被偷，就要买一个可以上锁的，有波纹状铁门的车库；在伦敦、东京或者阿比让，你要请安保人员；在里约热内卢，你要给当地的恶势力交保护费），你还要对此一直乐观，但是实际上这是在纵容暴力，把暴力引向别人。

所以我们需要第二条规则：无论在哪里，只要可能，当那些人大谈其"必要性"，号召采取最严厉的措施——镇压、零容忍和战争——来对付那些被认为是实施了邪恶的或者病态的（pathological）暴力的人，我们都要对他们的计划和方案持谨慎的怀疑态度。 当红军旅（Red Army Faction）在联邦德国袭击企业和政府，造成很大的混乱的时候，德国总理赫尔穆特·施密特（Helmut Schmidt）评论说："那些捍卫法治的人必须准备好接受民主能够制裁和允许的界限"。① 这个声明掩盖着一些模糊的含义，它能提醒我们，无论什么时

---

① 来自纪录片，巴德尔·迈因霍夫（Baader-Meinhof）执导的《爱上恐怖》（*In Love with Terror*）（London 2002）。

候,当民主国家处理暴力时,产生傲慢和助长集权主义的危险都不应该被低估。受到外部暴力的压力,民主政府有时候会倾向于与施暴者达成秘密协议,通过为他们提供保护伞,民主政府换来的是在国土内部中消失的暴力袭击。①当处置暴力的人员讨论"必要性",或者"紧急情况",或者"国家机密",或者"保卫主权",或者"碰到界限"的时候,我们都应该准备对此持怀疑的立场。特别是当主体利益受到损害的时候,老的民主国家就倾向于兴起这样的言论。21世纪早期,恐怖主义像世界末日般地占据了我们的思想。这个例子很好地说明并充分阐释了,暴力和反暴力如何孕育了损害民主的种种政府制裁手段:不经控告或者审判即被逮捕;违反信息保护法;公共领域存在荷枪实弹的士兵;高规格的军事演习;喋喋不休地要求增强安保;对拷问和强硬的窃窃私语;保卫领土新的立法;永久战争思维的扩散。

  同时,在刑法领域,很多迹象表明一个共识正在增强,那就是认为刑事暴力是一种"病态",它模糊的起因导致在现实中很难补救。美国上诉法院的前首席大法官这样写道:"青年黑人男子的高犯罪率就是黑人底层社会病态情形的一个方面,但是对于这些情况,好像并没有任何补救措施在政治上和现实中是可行的。"他继续写道:"没有可行的办法阻止父母打自己的孩子,而且,目前还不清楚是否是这种殴打导致了后来的暴力,或者说,这种殴打和暴力是这些父母和他们孩子与生俱来的基因的结果。"这些前提能够很容易地推导出如下结论:包括自由裁量权、监督型假释、治疗毒瘾、心理治疗和职业培训在内的这些老的措施统统应该被废除。他最后说道:"几十年来,这些不同类型的犯罪矫正项目不成功的实践,证明了这种纠正路径在实践中是无效的,而且,在这一过程中还损害了犯罪学这门学科的名声。"据说,社会科学家们实施的多变量数据分析证明,惩罚能够通过威慑和使之丧失资格来减少犯罪,根

---

① Michel Wieviorka,' French politics and strategy on terrorismo', in Barry Rubin(ed.), *The Politics of Counterterrorism: The Ordeal of Democratic States*(Washington, DC 1990) , pp. 61 - 90.

据这个逻辑，提高惩罚程度才是应该采取的措施。我们应该以暴制暴。犯罪管理应当尽量专注于防止公民社会被内部暴力所侵害。我们需要更多的监狱，其中一些是靠追求利润的安保公司来运作的。与更严酷的警察执法和更多的逮捕相对应的应该是法庭审判程序的简化。当犯罪嫌疑人拒绝声明他们有所隐瞒时，陪审团可以由此推断他们有所隐瞒。当局用违法的手段所取得的证明应该被认为是可信的。严酷的刑罚和延长的监禁应该变成家常便饭。我们应该考虑将死刑的使用范围扩展到异常凶残的或者肆无忌惮的谋杀之外的领域。刑事诉讼程序的延长代价高昂（在美国，过去三十年入狱人数已经增加了四倍，达到了二百万人。），尤其是在死刑案件中，往往从判刑到执行中间要经历10年的间隔，有时候20年的间隔也是正常的，这种情况必须停止。①

从民主制度和理念出发，上文所谈的这些"应得的报应"（just desserts）的推断是建立在有问题的假设之上的。这些假设会引导我们走向集权的处境。谈论说阻止暴力发展下去，让暴力远离街区，让暴力分子去坐牢，这些论调好倒是好，但是以暴制暴这种方式，总是非常危险的。因为它培养了一种幻觉，认为用监狱和罚金处罚的方式就能降低暴力犯罪。② 忽视那些对处理野蛮行为更有效的非暴力措施的后果就是，合法化的暴力（legalised violence）会比一般程度和偶然发生的犯罪暴力对公民社会产生更大的危害。这里面关键的问题是，当暴力作用于其他暴力的时候会产生连锁反应。以暴力手段相威胁，强迫别人做他们不愿意做的事情，非常容易滋生傲慢。同时也会助长一种观念，即有权力的人是不必对那些正在被迫遭受痛苦和羞辱的人负有责任的。关于控制的文化在四处蔓延。而一旦傲慢与暴力和权力掺杂在一起，对那些抵抗者的身

---

① Richard Posner, 'The most punitive nation. A few modest proposals for lowering the US crime rate', *Times Literary Supplement*, number 4822(1 Septermber 1995), pp. 3-4.

② 参见 Frank E. Zimring and Gordon Hawkins, *Incapacitation: Penal Confinement and the Restraint of Crime*(Oxford and New York 1995)，这个有名的研究的结论是，在美国加州，当20世纪80年代监狱的犯人数量增加了3倍以后,并没有对刑事犯罪率产生显著性的影响。当时,平均一个犯人一年导致了0.007起杀人事件和0.055起强奸案的发生。

体施暴的诱惑就会陡然而生。对自己的人民或者其他人民施加暴力的民主国家也处于这个连锁反应之内。这种连锁反应会产生一种新的政治分化。这种政治分化比贫富分化，或者说受苦阶级和非受苦阶级间的分化要更严重。在法国对阿尔及利亚人的独立运动实施军事打击时，皮埃尔·维达尔·纳凯（Pierre Vidal-Naquet）指出：任何一个被异见所威胁的社会，都很容易在今天或者明天，容忍断断续续地或者系统地使用酷刑……无论其本质如何，所有的异见都将推动现代国家使用酷刑，不管这些国家是多么的自由。①

第三条规则：要坚定地提醒政治家们、法官们、警察和军队：只有文明与自由成功地在公民社会得到培养，政府减少暴力的努力才会成功。只有这样不断提醒，才能避免采用极权主义的法律与秩序这一策略。很多民主的支持者都会对公民自由被侵蚀感到担心。与这一过程相伴的是军事和警察的行动和新的安全部门的建立，比如说美国的国土安全部。同时，他们也担心通过军事行动来打击恐怖主义袭击的努力会带来专横的、咄咄逼人的和种族主义的后果。比如说 2002 年以色列军队的防御盾牌行动（Operation Defensive Shield），就是一个很好的名词，来形容对巴勒斯坦多个城市所进行的像犯罪一样的侵略、占领和摧毁。② 武力以及对武力的追求会孕育傲慢。公民生活不会乐意接受一系列原因造成的寝食难安和神经紧张：光身检查带来的神经紧张，武装直升机在受到惊吓的城市居民头上盘旋所带来的紧张，或者是不断严格的签证管制和机场安全所带来的紧张，或者是不断高涨的要求用永久战争来对抗邪恶的情绪和论调所带来的紧张。枪杆子里出政权，但是公民制度脆弱的力量，要靠永久性的解除武装、负责任地使用权力和采取社会和解的策略才能得到培养和生长。

我们这个世界已经被一个暴力三角所围绕。这个三角包括可怕的恐怖主义、残酷的战争和核武器的阴霾。比如说想要打破这个暴力三角，仅仅有富于

---

① Pierre Vidal-Nacquet, *La tortur de la République : essai d'histoire et de politique contemporaine* (1954 – 1962)（Paris 1972）, pp. 175 and 14.

② David Grossman, *Death as a Way of Life. Israel Ten Years After Oslo*（New York 2003）.

想法的政治领导、精心设计的行动、谨慎的军事干预和严格的法庭审判是不够的。如果要最大限度地减少独裁的可能，就必须从公民社会自身采取反对暴力的举措。外科医生用摘除这个词来形容将肿瘤从躯体中移除的过程。这个词也可以用来描述民主的支持者的一个基本的政治偏好：从世界政府的和非政府的结构中，系统性地去除核武器和武器生产的系统和原料。这个偏好很难实现，我们需要新的和平运动和裁军运动。但是不仅早就应该兴起针对核武器和过期军事设施的公共运动，而且针对传统的和新式的恐怖主义的全球公民行动也是急需的。他们必须咬紧牙关，全力解决这样一个问题：什么时候在战争区域，武装力量能合法地被用来结束暴力？针对残酷战争和政治压迫的公民运动也是非常需要的（就像大赦国际，它在162个国家有超过一百万的会员；或者天主教救助机构和佛教徒国际联合会）。公民、企业和政府也要大力向公民社会团体提供帮助。比如说"更安全的世界"（Saferworld），它是一个位于伦敦的研究和游说机构。它经常宣传全球武器泛滥的致命危害，从而来对像欧盟这样的组织施加压力，限制他们把武器出售给那些侵犯公民权利的国家和军队。

第四条规则：无论在哪，无论什么时候，都要努力废除或者阻止暴力手段的私有化（privatisation）。在世界的有些地区和很多地方社区，我们看到一些迹象，暴力手段正在变得碎片化和私有化，这些暴力手段或者通过"外包"给商业组织了，或者是传递到公民的手中了，把他们变成了准军事性的或者是黑帮一样的人物。暴力三角的出现目前就是在推动这种趋势。在黑市，武器的低价销售也在使问题变得严重。一些跨国公司如"执行结果"（Executive Outcomes）和"布朗与鲁特服务"（Brown and Root Services）同时也非常擅长按照一定的价格提供一些军事服务，比如间谍、风险评估、战略规划、培训、后勤保障和作战准备。这种情形的后果就是，公民对想象的或者是真实的暴力威胁的日常抵御，正在变成一个蓬勃发展的安保和作战生意。这种趋势如此强烈以至于我们可以大胆想象，非常有可能在什么时间或者地方，一些国家对暴力手段的垄断将会遭受永久的侵蚀或者是彻底的毁坏，取而代之的就是雇佣兵

(condottieri)。①

在这个观点上我们应该关注安伯托·艾柯（Umberto Eco）、田中明彦（Tanaka Akihiko）和其他人的论点，他们说现代国家这些大船正在四处闲荡并且逐渐驶进了"中世纪"的海洋。这个论点是建立在历史的幻想中的，我们应该对此认真处理。（历史上）在一个固定区域内，现代国家的缔造者们经过了长期的浴血斗争，才终于实现了国家对暴力手段的垄断。但是这种垄断，一直以来，都遇到城市民兵、私人武装、武装的商业组织、私有武装船、财务代理人、地主和竞争皇室权力的武装所反对。② 我们能够查到很多被记录下来的资料，包括有关残酷战争的资料，证明现代政府的结构和公民社会的社会关系，正在被这些挥舞着枪支的黑帮和卡特尔组织变得扭曲和畸形不堪。由于媒体、全球网络和暴力手段小型化的推动，暴力的非政府形式似乎正在全球范围内兴起。

就让我们来思考这种反民主趋势的一个极端例子吧。在哥伦比亚，麦德林（Medellin）和卡利（Cali）帮派和其他一些城市如布卡拉曼加（Bucamaranga）和圣马利亚（Santa Maria）的地区帮派组织，一起控制了20世纪70年代以来世界可卡因产量的百分之八十。③ 因为像艾尔·阿拉卡然（El Alacrán）（也叫亨利·洛艾萨·塞瓦约斯，或者"毒蝎子"）、帕布鲁·埃斯科瓦尔（Pablo Escobar）（也叫罗宾·胡德·派萨）和罗德里格斯·奥雷胡埃拉（Rodríguez Orejuela）兄弟这样的人作威作福，在哥伦比亚已经没有几个地方不被缉毒警察与暴力分子之间的斗争所困扰了。他们社会生活的方方面面都能看到毒品和

---

① 参见 Peter Singer, *Corporate Warriors* (Ithaca and London 2003); Gary T. Marx, *Civil Disorder and the Agents of Social Control* (Irvington 1993), and *Undercover Police Surveillance in America* (New York 1988)。

② Janice E. Thomson, *Mercenaries, Pirates, and Sovereigns, State-Building and Extraterritorial Violence in Early Modern Europe* (Princeton 1994)。

③ 参见 Winifred Tate, 'Paramilitaries in Colombia', *The Brown Journal of World Affairs*, 8, 1 (Winter/Spring 2001)。

枪支的泛滥，在暴力的影响下，建筑业、足球俱乐部、出租车行业、酒店和一些报纸都被扭曲了。当这些毒贩子成了主要的地方大亨，他们就开始建立私人武装。"死亡绑匪"（Muerte a Secuestradórs, or 'Death to Kidnappers'）是其中最臭名昭著的，它主要是用来保护他们的权力和投资。私人武装很快就侵入到军队、警察和司法中。仅仅在20世纪90年代的前5年，就有超过1500位政治家和贸易协会领袖、1000位警察、70位记者、6位总统候选人中的四人、一位总检察长和一位省长，被私人武装和受到像艾尔·阿拉卡然这样的人控制的毒品贸易准军事联盟杀害。"毒蝎子"这个人就象征了整个世界走向暴力手段私有化的趋势。他一开始只是一个冷酷无情的杀手，后来他的地位不断在卡利帮派的毒品网络中上升，直到控制了卡利的武装。他的发迹伴随着一些最为黑暗的行径，如1991年屠杀并用电锯肢解100位农民的尸体。① 面对这些暴行，有些正直的人物站了出来，公开对抗这些枪支交易、毒品贸易和杀戮。但是通常，他们都会遭到残酷的报复，或者是被谋杀。1983年，在哥伦比亚议会中，时任司法部长罗德里戈·拉腊·博尼拉（Rodrigo Lara Bonilla）被控接受了毒品贸易的贿赂，他对此强烈否认。之后，他对那些黑帮展开了更加猛烈的进攻。几百架运输毒品的飞机被扣下，很多人被逮捕。在旅行的时候，无论何时，他都会不断检查自己的行李。因为他确信这些黑帮会偷偷地塞给他毒品。他的努力最终付诸东流。第二年，他被谋杀了，在波哥大的大街上，他倒在了血泊之中。

　　哥伦比亚的例子是对所谓的威斯特伐利亚国家垄断暴力资源模式进行拆解的一个极端的例子。在实际存在的市民社会和非市民社会中，雇佣军的可能形式很多，从装备着上网手机和对讲机的（甚至是挎着枪的）穿着制服的私人开办的企业型安保机构，到受到那些残酷的军阀指挥的武装黑帮。从各个方面来讲，以私人的方式来处理暴力是自我矛盾的，因为他们把暴力或者是可能的

---

① 这些案例都被大赦国际（Amnesty International）进行了报道，*Political Violence in Colombia: Myth and Reality*（London 1994）。

暴力带到了社会和政治生活的心脏。作为解决暴力问题的解药，私人的方式也是不正义的。这种方式把可能的或者是真实的暴力转嫁给了别人，导致别人被迫要尽他们最大的努力（如果他们能这样做的话）来面对。私人的方式永远是私人的，几乎不会产生任何社会效应。这种方式会造成一些人面临可怕的遭遇和流血死亡。那些剩下的幸运人士则能自由地生活在豪车的簇拥之中，组合墙之内，他们枕着上好膛的枪而睡，四周有武装保镖、戴着头盔的士兵、探测犬、电子警报器和铁丝网的护卫。

第五条规则：在公民和他们的政府寻找"和平"的过程中，一直要根据**手段—目的的差异，当心那些不切实际的建议和没有效果的方案**。在暴力这个问题上，谨慎是靠行动者能否具有冷静思考的能力来衡量的。要靠他们是否能够在手段和目的这两个范畴，作出一些判断来探讨一个行动的手段和目的是否协调。民主国家需要谨慎的规则是显而易见的。用一个反面的解释就足以说明问题：自古就有一个想法，它想象了一个政治共同体，用来说明男人女人能够和谐相处。

在每一个政治思想的本科生课堂上，打破暴力的旧世界、建立文明的新秩序的乌托邦幻想都会被谈到。但是基本上和平地从旧世界中摆脱出来的策略已经被国家和帝国建设的现代压力、公民社会的形成、武器科技、最近蓬勃发展的全球公民社会和世界范围内整个政府制度的无序和重叠所否定和废弃。① 尽管长期的趋势如此，但是人民追求一个没有暴力的国家的愿望是一以贯之的。它的原型来自于这样一个设想，从柏拉图的《理想国》（Republic）到卢梭的《对波兰政府的思考》（Considération sur le gouvernement de Pologne, et sur sa réformation projetée?）。他们想象存在一个由爱国人士和潜在的掌握武装的公民组成的一个小的政治共同体，他们与其他政治群体相分离。他们没有对外的军事和商业企图。他们对和平世界的关切与他们对外国人的不信任和一定的优越情结有关。这些帮助他们团结在一起，把他们从战争的诅咒中解放出来，变成

---

① 对于这些不同的趋势，参见拙作 Global Civil Society（Cambridge and New York 2003）。

热爱自由的潜在勇士和公民。

从 1772 至 1795 三次瓜分波兰中的第一次,到这个国家从欧洲地图上消失这一时间段,卢梭给威尔豪斯基伯爵(Count Wielhorski)和他在波兰的代表的建议说明了这种设想。卢梭强调说,"要在波兰人的心中牢固地建立起共和国,这样的话,不管共和国的反对者如何做,波兰人民都会坚持这个共和国……不要有那些在宫廷里面常见的无用的、虚华的和奢侈的装饰……从确定你们的界限开始……你们要致力于扩大和完善联邦政府的体制,把它变成一个融合了大国和小国的优点的体制。"他回顾历史,继续说道,"在过去是没有法律阶层和军事阶层的区分的。公民不会按照律师、士兵和牧师这些职业来划分。他们是把这些当做一种义务来执行。"(他们的)政治道德是显而易见的,卢梭这样认为:

> 在你们的人民中要保存和复兴简单的习俗,有益健康的饮食品味和没有扩张野心的战争精神……不要在无聊的协调中浪费你的精力,不要在驻外大使和机构中浪费你的钱财,不要认为盟友和条约会是永恒的。如果你想让自己一直自由和幸福,你所需要的就是头脑、心和武装。这些构成了一个国家的权力和人民的安居乐业……不用关心其他国家,不用留意商业,但是一定要努力增加你们食品的产量和消费……每个公民(包括农民)都应该把应召入伍当做一份责任,而不是一项职业。这就是罗马人施行的军事制度,这就是今天的瑞士,这应该是每个自由国家,尤其是波兰,应该变成的样子。①

---

① 上面的引用来自我对让·雅克·卢梭的翻译,*Considération sur le Gouvernement de Pologne, et sur sa réformation projetée*(Geneva 1782)。有证据说明,卢梭打算在一个著作中谈为欧洲的小国家设计半联邦制。曾经有段时间,他打算在社会契约论中加入这个内容。他把一部分计划交给了他的法国朋友 d'Antraigues,但是这份计划不幸被毁。参见 C. E. Vaughan(ed),*The Political Writings of T. J. J. Rousseau*(Cambridge 1915),vol.II,pp. 135–136。

世界范围内，政治和经济势力不断加深的相互依赖，以及去武装化的公民社会的扩展和他们与多种认同的交织，基本上把具有卢梭风格的幻想的自给自足的共和国变成了不切实际的乌托邦。它所设想的和需要的光荣孤立已经被武器和军事能力的扩展所摧毁了。武器和军事能力的扩展正在威胁到这个世界的所有角落。克劳塞维茨那句"现代战争的胜利属于这样的军队，它一直保持警惕，求胜心强，通过军事手段来使对手臣服"的名言，伴随着这一过程已经消失了。克丽斯塔·沃尔夫（Christa Wolf）的讲话"一个炸弹就让我们没有了未来"①，有点夸张的说法是，甚至连人民思想的安宁都变成了过去的事情。但是毫无疑问，它正确地让我们注意到，靠自给自足来实现和平已经在全球范围内过时了。因为我们生活在一个日渐相互依赖的时代，所以政治孤立已经不是一个适宜的政治目标了。怀疑这个结论的人应该思考一下，上个世纪出现的四个关键的军事变革：美国的 B-29 飞机在 1945 年能携带全面毁灭型的炸弹飞上史无前例的 2 万英尺高空；1949 年苏联人引爆了他们的第一个原子弹；美国在 1956 年部署的 B52 洲际导弹能够覆盖到莫斯科；到 20 世纪 60 年代，洲际弹道导弹已经发展到能在半个小时之内飞到极远的目标。21 世纪的另一种变革也会被记住：暴力三角的出现以及他们之间的紧密联系能够通过"没有限制的战争"的形式来毁灭这个世界。

第六条规则：培养公众对政治困境的理解，尤其是最基本的困境：当民主国家和潜在的民主政府面对暴力的反对者的时候，如果非暴力的策略失败了或不合时宜了，他们必须准备使用一定的暴力来回应，即使暴力的使用与民主的精神和本质是相抵触的。暴力是这些困境的帮凶——这些复杂问题的解决方案本身就是有问题的——而且暴力和这些困境经常在民主制度的周围制造麻烦。举例来说，当面临武装抵抗的威胁的时候，最起码为了保护自身的需要，警察也要考虑他们是否需要携带枪支。另一个困境是战争的爆发。战争使得我们同

---

① 引自 Robert Pfaltzgraff(ed), *The Greens of West Germany* (London 1983), p. 4。

情远方的陌生人，使得我们要求采取军事干预，去杀戮，去拯救生命。当一个人的土地被军事征用并受到致命威胁的时候，可以理解会梦想有民主，但是同时他们会使用武器进行殊死抵抗：赤手空拳上阵，用石头，用AK47冲锋枪、炸弹四射到汽车和人的胸膛，等等。

　　暴力和民主的主题总是与困境联系在一起。伊斯兰政治，这个详细的当代的例子，有助于阐明这些困境和这些困境中所包含的实际规则。对于暴力而言，能够指出和公开地解决困境是民主制度的一项核心要求。这一点在伊斯兰的世界中表现得尤其明显，因为伊斯兰是一种处于主导地位的社会力量，所以伊斯兰政治会面对如何来处理暴力这个战略性问题。这里面的背景我们需要熟悉和了解。近些年来，在欧洲和其他一些地方，那些敌视伊斯兰的人开始用暴力问题妖魔化伊斯兰。尤其是在伊朗革命之后，"伊斯兰原教旨主义"这个称呼和把伊斯兰描述为一个"古怪的邪恶的"宗教（富兰克林·格雷姆语）就被广泛传播，以此来指代那些极端的伊斯兰群体和政党。比如说像基地组织这样拥有全球组织网络的伊斯兰群体，他们激烈地反对西方的干预主义政策，尤其是反对美国的军事权力，主张利用暴力来打击"犹太复国主义者和十字军的联盟"①，从而解放他们自己。"伊斯兰原教旨主义"这个称呼也被用来作为一个全方位的名词来指代所有的伊斯兰。这样做就忽视了一个事实，很多当代的穆斯林是在通过强调穆斯林非暴力权力共享的能力，来对抗作为原教旨主义穆斯林的意识形态。这些人主张穆斯林是能够与现代的民主程序，如定期选举、议会政府和公民自由相协调的。②

---

① 解放耶路撒冷和麦加圣地是奥萨玛·本拉登最热衷的一个主题。"在所有国家杀死美国人和他们的盟友，不管是公民还是军人，是每一个穆斯林义不容辞的责任。只有这样，我们才能解放耶路撒冷阿克萨清真寺和麦加的神圣清真寺。"(Statement: Jihad against Jews and Crusaders [February 23,1998], in Barry Rubin and Judith Colp Rubin [eds], *Anti-American Terrorism and the Middle East* [Oxford and New York 2002], p. 150.)

② 关于这一趋势的早起论述，参见 Edward Said, *Covering Islam: How the Media and the Experts Determine How We see the Rest of the World* (London 1981)。

有些伊斯兰教徒从古兰经中推导出了所有能够想象到的民主权利和义务。在他们中间，言论最大胆的是埃及作家艾哈迈德·沙乌奇·埃尔·范加利（Ahmad Shawqi al-Fanjari）和突尼斯的学者兼反对党领袖拉奇德·埃尔·加努希（Rachid Al-Ghannouchi）。埃尔·范加利追随了埃及文化西化先驱里发阿·拉斐·埃尔·塔哈塔维（Rifa'ah Rafi Al-Tahtawi）的路径，他认为每个时代都采用了不同的术语来传递民主和自由的概念。在伊斯兰世界里的正义、真理、商议和公平与欧洲所宣扬的自由是一样的。在伊斯兰世界里，与自由同义的还有友善或者仁慈，与民主同义的是互相关爱。① 他继续对他的读者说，在古兰经中，先知接受指导来展现仁慈和宽容，与此同时，先知也要按照要求与信徒们协商处理群体事务。据说，先知曾说过"上帝把商议洒下人间来作为他对人类群体的仁慈"。与东方主义者的诋毁不同，按照上面这些阐释，伊斯兰是能够与民主制度相协调和匹配的。原因在于在伊斯兰的世界中，个人或者一个小群体不能够专制地施行统治。伊斯兰政府的各种决定和行动的基础不是个人的心血来潮，而是伊斯兰法，从古兰经和传统中解释出来的管理体系。

埃尔·加努希（Al-Ghannouchi）补充认为伊斯兰通过了民主制度的另一个测验，即任何政府都应该在作决定的时候把人民的意志考虑在内。在列举一

---

① Ahmad Shawqi al-Fanjari, *Al-hurriyat' as-siyasiyyah fi'l Islam*（Kuwait 1973），pp. 31, 34, cited in Hamid Enayat, *Modern Islamic Political Thought*（Austin 1988），p. 131。下面对埃尔·加努希的评论是根据我对他关于暴力问题的专访（London, April 2003）。同时参见'The Islamic movement and violence', *Makalet*（1983/4）; and 'The efficiency of using violence to establish an Islamic state', in *Al-harakah al-Islamiyya wa Manhaj at-Iaghyir*（London 2000）。他的伊斯兰民主理论在下面的著作中获得了进一步的验证 Azzam Tamimi, *Rachid Ghannouchi-A Democract within Islamism*（Oxford and New York 2002）。同时参见 John L. Esposite, *Islam and Democracy*（New York 1996）。关于伊斯兰的传统是如何认识暴力的，更为细致的从历史方面进行的调查参见 Khaled Abou El Fadl, *Rebellion and Violence in Islamic Law*（Cambridge and New York 2001）。

个好的信徒的品质时，古兰经提到了商议和共识，并且是把他们提到与遵守上帝的旨意（主要是祷告和交施舍费）同样重要的高度。从合法权利的原则出发，加努希认为，即使在有些地方伊斯兰法没有施行或者很难施行，穆斯林还是要相互商议。这意味着穆斯林要和世俗的力量联合起来，共同反对任何地方的腐败和残暴的独裁者。要自豪地与专制的力量作斗争，要直面它来传播真理，也要认识到相应的危险，这就是圣战的最高形式。

这种关于伊斯兰具有民主潜能的论断值得引起全球注意。在任何一个穆斯林人数具有规模的地方，民主的穆斯林都是一股追求文明、互相宽容和权力共享的力量。这是因为它挑战了一些教条的观念，比如说伊斯兰的教义本质上都是"原教旨主义的"，和其衍生的一些具有侮辱意味的，认为所有的伊斯兰人都是挥舞着枪炮的好战分子的推断。然而，伊斯兰目前面临着一个战略困境，即如何当民主被其内部和外部的暴力反对时设计民主的制度。[1] 基本上，只有当伊斯兰能够顺利地处理好这个困境，它才能获得广泛的承认，成为一股追求非暴力权力共享的力量。

穆斯林世界将近三分之一的信徒，在他们所生活的国家里，是永远不会占到人口的绝对多数的。比如说在印度，伊斯兰信徒有特定的（交叠的）政治选择。他们能够根据这个世界的情况作出调整（他们像虔信派教徒那样不关心政治，按照赛义德·库特卜的说法，在伊斯兰和这个世界之间有个无底洞。中间不存在一个桥梁能够连通他们，让他们在中间举行会谈，却存在一个桥梁，能够允许无知世界中的无神论主义者走过来，来到伊斯兰真实信徒的世界）。穆斯林通过忽视他们周围的非穆斯林社会，加强与世界其他地方穆斯林的融合的方式，来维持他们的信仰（这就是世界上最大的跨国伊斯兰组织达瓦宣教团体［Jama'at al Tabligh］的战略）。或者，在他们的国家或者地区里，

---

[1] John Keane, 'Power-Sharing Islam?', in Azzam Tamimi (ed), *Power-Sharing Islam?* (London 1993), pp. 15–31.

这些伊斯兰的少数族裔能够维持他们的信仰，支持对所有人的宽容、公民自由和政治自由的事业。如果他们拒绝了这些非暴力的选项，他们自己的社会政治可信度和宗教可信度就非常可能会被削弱。这一点在那些非穆斯林的眼中尤其如此。在非穆斯林占主体的社会，对于"伊斯兰原教旨主义"，他们既受到威胁，也对其进行威胁。

在现实的民主国家内，事情其实已成定局：穆斯林作为少数族裔，他们或者支持增强民主制度，或者反对。但是在那些伊斯兰作为一种潜在的主导性的社会势力的国家和地区，比如说突尼斯、阿尔及利亚或者土耳其，伊斯兰政治正在感到不安，也就是我们所说的向民主转型的困境。任何一次试图把一个非穆斯林体制转变成穆斯林政体的运动（穆斯林政体一般是被模糊地定义为一个建立在伊斯兰法律基础上的政治共同体）都要被迫选择，或者是经历一段危险的过程。这个过程是要处理两个不协调的对立面，一个是伊斯兰的道德原则，一个是现代主权国家权力所包含的潜在的暴力方式和手段。致力于议会民主的伊斯兰政党，比如说土耳其正义和发展党，他们的假设是，他们的敌人是文明的人类，这反过来限制了他们政治策略的维度。他们拥护公共辩论、媒体发布会、投票和议会席位，而不是恐怖主义、街头暴力和梦想着革命叛乱。如果（当）他们当选执政，他们会避免将独裁作为继续执政的一种手段。如果他们通过投票下野了，就像拉奇德·埃尔·加努希所主张的那样，他们会平静地离开，去准备未来的选举。

当然，一个伊斯兰政党或者运动，他们如果这样坚持自己的原则和这些民主程序的话，可能永远也无法获得政府权力。很多支持民主的伊斯兰信徒喜欢援引古兰经中的这段话：信徒们；为真主阿拉而继续坚持吧，因为你们会目睹公平的交易，不要让别人的仇恨改变你，使你转向错误和离开了正义。要正直，这是与虔诚联系在一起的，要敬畏阿拉。因为阿拉对你的所作所为了如指掌。但是在一些特殊的情况下，当他们的对手不遵守民主制度权力共享的规则——残暴的独裁仍然在穆斯林世界的中心盛行——伊斯兰人发现他们被欺骗、被监视、被殴打、被逮捕、被处决或者被驱逐出境了。这就是今天从摩洛哥到马来西亚这些地区里,大多数伊斯兰信徒的真实遭遇。在这些情况下,是否意味着与伊斯兰的原则融合在一起的民主政府的愿景,在本质上是矛盾的,在实践中是不可能的?或者是否可以通过如下方式来建立伊斯兰政体,即伊斯兰人先暂时放弃民主的方式,转而使用暴力的方式来获得权力,希望一旦伊斯兰控制了局势之后,这个伊斯兰政府能够再次返回议会政治权力共享的实践中?毫无疑问,第二种方式包含着悲剧的可能性:一个借助专制手段来达到目的的民主运动是不会一直成为民主运动的。它选择的手段会吞噬掉它的结果。然后,这里有一个痛苦的困境。第一种方式,即伊斯兰在任何情况下都要遵守议会民主的程序,会使得伊斯兰注定永远处于在一片政治荒野之中,这片荒野充满了对立和对伊斯兰的战争。

向民主转型的困境有时候会变得非常严重。这里面一个特别突出的失败例子就是 20 世纪 90 年代的阿尔及利亚。在这个国家 1991 年 11 月举行的全国第一次多党派选举上,当伊斯兰拯救战线(FIS)赢得绝对多数选票的时候,军人控制的国家高级委员会宣布这次选举无效。这导致在 1992 年到 2000 年,有超过 10 万人被杀。军人干政导致数千人消失,很多异见人士遭受残酷迫害,整个社会被置于恐怖统治之下。军人的暴政导致了一些伊斯兰派别报复性的暴力活动,其中最有名的当属伊斯兰武装集团(Armed Islamic Group)的支持者。擅长以游击战来袭击政府和安保武装,伊斯兰武装集团的士兵们把民主看做一种无知。他们认为暴力行径必须要通过炸弹、游击伏击和割喉来给予全面回击。整个村庄的人都被屠杀。阿尔及利亚的外国居民被追捕。一架客机被劫持。绑架、暗杀和炸弹袭击,包括在城市拥挤地区的汽车炸弹袭击,成了每天都发生的场景。①

---

① Habib Sovaïdia, *La sale guerre* (Paris 2003); Human Rights Watch, *Time for Reckoning*; *Enforced Disappearances in Algeria* (www.hrw.org/reports/2003/Algeria 0203/).

在暴力和反暴力的漩涡中浮现出的种种残忍，在提醒我们通过枪炮来试图解决转型困境的暗淡前景。然而，阿尔及利亚血淋淋的故事不应该导致一种普遍的失望。虽然从字面意思来看任何困境都是无法解决的，但是在实践中还是有很多方法来减弱它的消极影响。有意思的是，在伊朗、突尼斯和黎巴嫩，很多当代的政治思想家和行动家开始宽泛地思考，如何在一个反对者不遵守民主游戏的规则的情况下，尽量增大保住民主伊斯兰政府的可能性的问题。这些具有民主意识的伊斯兰人很清楚如下的事情。第一，一个伊斯兰政党或者政府想要获得权力并通过恐怖、暴力和欺骗来维持统治实际上是矛盾的。这是（提到前面埃尔·范加利和埃尔·加努希的观点）反伊斯兰、反民主，更是反政治的。伊斯兰的极端言论在重复哈瓦立及派（Kharijit sect）的错误：他们认为政治变迁靠的不是选票而是子弹。这个结论是建立在对政治的危险否定和对真正的信仰/错误的无信仰这个傲慢的二元论的认同之上的。一些穆斯林确实喜欢谈论古兰经中的原则：如有必要，即可清除禁令。这一点好像是极力在确认勒内·吉拉尔著名的观点，即宗教仪式能减少发生在别人身体上的暴力，通过把别人当替罪羊，暴力就会远离宗教团体。① 他们说，如果一个人真有必要，那么故意的不服从或者超越界限的举动是无罪的。但是这些穆斯林也知道"必要性"（dharoura）这个法学上说明什么是被禁止的术语，其范围并不具有明确的意义。他们也知道古兰经在任何地方都没有支持永远的暴力或者没有特定目标引导的暴力。一些信条像"真主阿拉并不是想让你处境艰难，而是为了纯洁你，为了偏爱你"，很难会被解读为是在诱导暴力泛滥。据埃尔·加努希说，伊本·哈勒敦（Ibn Khaldun）对此意见坚定。那些不考虑后果和代价就诉诸武力的人，被哈勒敦称为"肆意发动战争"② 的人必须被惩罚。古兰经不是刀剑的同义词。圣战，对信徒之外或者内部的那些无神论的斗争，一直都

---

① René Girard, *Le Bouc émissaire* (Paris 1982), especially chs. 3 and 4.
② Ibn Khaldun, *The Muqaddimah. An Introduction to History* (London 1958), vol. II, ch. 3, sect. 35, p. 85.

是被限定在消除差异，施加仁慈，伸张正义和追求和平的改革上。

具有民主思想的伊斯兰人还坚持如下观点：在争取民主的斗争中，一方使用的方法会极大地限定反对者的策略和方法。后者从来就不是被给予的，我们也不应该这样认为。由此可以断定，向民主成功的转型都是一个学习的过程。就像在中欧和东欧的那些天鹅绒革命中，在2002年土耳其大选之后发生的一系列事情中，我们看到民主的反对者有时候会减少他们的破坏行动，会民主式地放弃他们的一些权力。对于这些伊斯兰而言，暴力就是一匹野马，有时候它会毁了骑在它背上的人。法德拉拉（Fadlallah）指出，暴力不是解决问题的方式。如果它能解决一个问题，它就会产生很多其他问题。① 埃尔·加努希说，暴力是一种低层次的圣战，它只有在一些极特殊情况下才有合法性，比如说处于军事占领下的自我防御。即使在那个时候，也要谨防它降格成为爱好武力的专制者喜欢的把戏。恐怖会孕育恐惧，武装圣战会导致军事镇压或者两败俱伤的暴力，就像发生在黎巴嫩南部真主党的什叶派支持者和其他什叶派武装组织之间的冲突那样。埃尔·加努希指出，当冲突发生的时候，整个政治秩序都遭受重创：针对一部分国民的暴力就是针对全部国民的暴力。与之相反，和平民主的方法在政治上是令人满意的。即使是反对者也能看到非暴力的一个重要的优势：通过减少被逐出教会和遭遇死亡的恐惧，它能保证每个人在晚上都能睡得安稳。

当代追求议会道路的伊斯兰人，通过拒绝对主权国家权力的崇拜支持他们的观点。因为很多原因，这与当代世界范围内大同制度的广泛建立有关。在很多地方比如马格里布（北非的一个地区）和中东，他们在目睹主权国家权力的衰落。这个世界正在变得与阿尔图休斯（Althusius，荷兰法学家）所描述的世界形式相似：统治者被迫与很多低级的和高级的权力主体共享权力和权威。这种趋势对伊斯兰政府具有重大的启示。它使得获得国家权力的革命策略变得

---

① 来自我对他的采访，2002年12月9日。

不合情理（如果这种策略要通过诉诸武力来实现），因为国家权力的中心正在日趋分散化和受制于（当地的、地区的和全球的）各种压力。于是，政府机构要么避免了被单一党派或政府所占据，要么（比如现在的伊朗）他们会在国内外的各种社会力量的拉扯间受到影响。不仅如此，而且因为国家不再是一个被攫取的领域，所以伊斯兰人试图垄断国家权力的斗争，尽管在战略上还是重要的，但是已经不是要紧的事情了。国家权力不协调和分散的（或者专制的和暴力的）特点，导致在伊朗、埃及、摩洛哥和马来西亚他们受到社会组织和社会运动的活动的影响非常明显。伊斯兰人施展分而治之的非暴力艺术已经变得可能，甚至是紧要的任务。他们可以通过利用伊斯兰信仰中的传统部分和现代的内容，也可以通过培育他们的草根网络，尤其是在清真寺、诊所和学校里面，来实现上述目标。换句话说，在那些具有民主倾向的伊斯兰人眼中，伊斯兰能够弱化民主转型的困境。他们认为暴力化的权力永远都是虚弱的，独裁是所有形式中最弱的（埃尔·加努希语）。伊斯兰，作为世界上所有宗教中最具有社会意识的宗教，应该主动关心公民社会比较隐匿的方面。在主权国家之外和社会底层的生活中，伊斯兰能做一些靠暴力无法做到的事情：通过让普通人了解到，他们从自己卑微的处境中作出伟绩是可能的，进而增强这些信徒的能力。这也是伊斯兰赢得民心的方式。以此为基础，伊斯兰能够教导他们，大的组织，比如说跨国公司和专制国家，最终是要依靠公民社会的分子型权力网络。从这一点可以得到一个推论，通过一些小的举动，比如慈善活动和目睹社会不公，公民社会的微观权力关系会增强和发生转变，这会影响到大型组织的运转，即使大型组织依靠暴力来避免这种情况。据此，伊斯兰人得出一个全面的政治结论：没有政府的权力无法建立民主的秩序，但是只靠政治制度本身也不能实现这个目标。民主化既不是（伊斯兰）一个直接的敌人，也不是政府权力无条件的支持者。它要求政府对公民社会的治理，既不过分，也不过少。

第七条规则：使用所有可能的传播途径来曝光各种暴力行径，这样的话，

暴力的原因和影响就会引起公众辩论和寻找公共解决方案。民主国家一直在包庇很多种暴力，其中的受害者选择了沉默。比如说像强奸，强奸是指用暴力或者威胁的形式强迫发生性行为。犯罪学家认为这种暴力形式长期以来都很少被报道，一些人估算说，在一些国家（比如德国和美国），可能只有百分之五的强奸案通过公共犯罪报告的形式进行了正式记录。在同性恋中间这个数字可能会高一些。在异性恋关系中，女性被强奸之后不选择报警有多种原因。其中最重要的原因是在被别人侵犯了自己的身体之后会有一种羞耻感。在婚姻内发生的强奸案，如果把这种事情放到法庭上，还会带来财产方面的损失和对孩子产生不好的影响。但是很多遭到强暴的人还抱怨其他一些因素导致他们不去报案，这些因素也是同等重要的。它们包括：丧失隐私；被用来检验受害者指控的真实性的医疗和实验程序羞辱的感觉；刑事审判官员对女性的厌恶，他们认为这些强奸指控都是可疑的，因为这些女性的打扮和举止是在"邀请"性行为的发生；因为要竭力从法律上证明自己在强奸案中是无辜的，从而给受害者带来很多心理痛苦。

很多种方法能用来消除这些障碍，其中包括更严的警察巡逻，更好的法律和驱除那些厌恶女性的刑事审判员。但是基本上最能帮助那些受害人的因素——最初鼓励他们对他们的遭遇采取行动——是引起公众对强奸犯罪本身更大的关注。在过去，关于强奸的报道在地方上出现得很少，也被政府当局所忽视。政府官员有时候会非常过分地提醒所有人，在这些强奸案中不会导致怀孕。因为（当时广泛的共识是）怀孕的前提是要有性高潮，而后者暗示了同意。历史学家发现，在17世纪的阿姆斯特丹，法庭只审理了两起强奸案，在18世纪审理了6起；在法兰克福，法官在1562年到1695年间只审理了2起强奸案；在日内瓦，1650年到1815年间，只有40个人被控是强奸犯；在1540年到1692年的法国，（法国大革命前的）最高法院平均每十年才审理3起强奸案。①

---

① Julius R. Ruff, *Violence in Early Modern Europe*(Cambridge and New York 2001), p. 141.

因为长期以来女人被认为是男人的私有财产，所以上面的数字在历史上持续了很长一段时间。当男人侵犯女性的时候，部分的原因正如下面所言（这是在英国，惠特比镇附近，一个施暴者对受害人的吹嘘）：除了远方的航船没有人能听到你的呼救。① 上面的数字还暗含了其他意思：总体来说，印刷文化的出现和（20 世纪）通信发达社会的来临，从长期来看，打破了关于强奸案和其他暴力犯罪的沉默和旧有的符号象征。一旦触及政府或者教会的权威，对暴力的一些间接报道就具有了政治上的危险性。这也就是为什么在欧洲，第一份关于暴力的出版物受到了政府的严格审查。描述犯罪和惩罚措施的大字报在那时候通常是违法的。言论是被限制的，一些书籍也被焚毁。后来，一些审查措施降低了，开始允许宗教界出版关于暴力的印刷物，以此来为读者提供像持械抢劫和谋杀等等邪恶犯罪的道德教训（就像在 18 世纪的西班牙，出现在流行读物 *pliegos de cordel* 上的内容）。在那个时代，关于暴力问题出版的报纸、小册子和大字报丰富了暴力分子的形象。举例来说，在对抢劫犯的描述中，大多把他们描述为缺乏教养的粗鄙之人，有些把他们描述为外来的飞天大盗，比如西班牙人迭戈科连特斯（Diego Corrientes），他劫富济贫。暴力民主的一个趋势就是，对暴力及其起源不同的，有时候甚至是矛盾的形象，开始在民众中间广泛地传播。

这一趋势在今天继续存在，只是形式更为高级，媒体手段有所不同。我们所处的时代，国内暴力、强奸、袭击、持械抢劫、有组织犯罪的暴力、动乱、暗杀和恐怖主义行径都能占据头版头条，从而引导电视和广播资讯的播出内容。在很大程度上，这些媒体报道能够使民众认为，他们生活在一个动乱的年代，只有通过更多的监视措施和增强武装力量，这一情况才能得到缓解，然而，其最终结果可能是颠覆民主政体。当然，上述情况不一定会必然导致民主

---

① 引自 Anna Clark, *Women's Silence, Men's Violence: Sexual Assault in England*, 1770 – 1845 (London 1987), p. 25。

政体的崩溃。一股"反趋势"目前也显而易见：对暴力的饱和报道培育了独立的公共领域的生长，在公共领域内，暴力行径和反暴力的努力因为公民阅读到相关内容，听到一些信息，观察到一些情况并谈论着这些内容而被和平地目睹和监视着。

这些公共领域是如何出现的呢？其起源比较复杂。① 在现存的民主国家内，因为处在媒体网络的包围之下，大多数的人、群体和运动都已经学会了与这些流通性的消息（新闻、资讯、戏剧和电影等等）打交道的本领。观众们会絮絮叨叨，会窃窃私语，会开玩笑，会放声吼叫，其中会伴随着他们的喜怒哀乐，有抱怨，有困惑，有惊讶，也有无聊。所有这一切都已经变得习以为常，针对观众的重复性的媒体报道已经是长期性的惯常性的事情。记者们的工作加强了这一情况。这些记者负责传播图像和故事，他们认为"观众"会线上线下都在听、读、看和聊他们所报道的内容。这些趋势结合在一起的效果就是，有时候会发生不寻常的事情，这些事情带有神奇的效果。有些故事会在回旋加速器（指的是媒体）中旋离出来；几十人、上百人、上千人，甚至是几百万人会加入讨论。突然会发现，所有的群体，有时候甚至是所有人都在对同一个人物、事件或者真实的或者预期的结果进行生动的讨论。一个独家新闻，具有轰动效果的媒体事件正在诞生。这时候，突然，有些更加没有预料到的稀奇古怪的事情发生了：一个叫做"公共空间"的领域出现在舞台上。公共空间有人相互争辩，有噪音，有困惑。造成这种情况的原因之一是有些人在鹦鹉学舌。但是常识也在发生作用。词语、句子、语段和整个故事开始变得重要。这个故事开始发展起来，对统治者和被统治者都产生了极大的影响。虽然不一定要很长时间，但是公众一直促使这种试验性的表现持续下去。媒体的表现，尤其是爆炸性的事件，必须要有公众的参与。在任何时候，公众都可能一起质问，一起鼓掌，一起在剧场里昏昏入睡，或者一起离开剧场。

---

① 参见拙作 *Whatever Happened to Democracy?*（London 2002）。

不可否认的是，在很大程度上，这些公众活动与很多面对面的公民集会不一样。像古希腊的人民会议（ekklêsia），罗马的城市广场，新英格兰的镇民大会，或者是19世纪民权运动支持下的喧闹的公众集会，都与上文所说的公众活动不同。虽然不需要会员卡或者门票，但是这些公众活动不允许全民参与。所有公众，包括伴随着全球媒体事件而发展起来的全球公众，都倾向于排斥他人。然而有一点很重要，值得我们看到，在交流充分的条件下形成的公共群体，他们目睹了或者追踪了这些关于恐吓、围捕、强奸和种族灭绝的故事。从几个重要的意义上讲，这些公共性是我们从祖先那里继承过来的。这些公共空间是开放的领域，有很多关于谁得到什么，什么时候和用何种手段的争论。很多曾经被隐藏的东西，为了一些所谓的好处，以多数或全体的名义，在这里被揭露出来。

这些公众群体有着不同的表现形式和规模。有些可能就是规模较小的地方的读报小组。举例来说，他们可能会很熟悉一些报道，如那些讲土耳其语的德国人召开会议，商讨如何采取措施来处理柏林的学校里，超市里和大街上针对他们的言语和身体骚扰。一些小规模公共群体扩展得非常快，就像早期喜欢美国说唱音乐的听众，他们喜欢听那些攻击警察暴力和骚扰的说唱。一个明显的例子就是"杀死摇滚明星"（KRS）的一些段子，"谁来保护我们免受你们（造成的伤害）？"这是对贫民窟生活的令人心惊和不安进行的控诉。还有一些关于军事题材方面说唱，他们的歌词像"杀死黑人，并说这是完全合法的"，"每次你说这是合法的，并不意味着你是对的"。随着女权主义运动在20世纪60年代的复兴，与之相伴的地方公共领域开始出现，并按照相同的扩张逻辑迅速发展。得益于现代多元通信手段的帮助，由女性所创建的公共空间广泛出现在讨论小组、专业社团、诊所、受虐女性救助所和出版社中。有时候，这些公共群体会联合在一起，通过共同参与一些公共媒体事件来扩大他们的影响。这些媒体事件包括针对强奸、支持堕胎或支持同性恋权利的游行示威，或者是针对偏执的法官和政府官员的静坐抗议。

在一开始，一些关于暴力问题的公共讨论就获得了广泛的关注。通过全国通信系统的作用，这些公共讨论包括了那些研究城市暴力、残酷战争和核武器的公共群体。几百万的民众在观看、阅读或者聆听着这些讨论。有时候这些讨论会产生轰动的效果，例如那些疯狂地窥探和细究谋杀、强奸和其他暴力犯罪细节的英国小报，或那些节奏紧凑穿插着快餐和小玩意广告的美国风格的电视秀节目，激起了本国民众对诸如虐待儿童、虐待动物和同性恋暴力等问题的非常激烈的讨论甚至是争吵。参与其中的观众争得不可开交，他们向嘉宾提问，他们大骂那些专家，他们质疑被采访人的可信度。最大类型的公共群体是那些与全球媒体事件相关联的，他们关注安全会议、核武器试验、残酷的战争和军事入侵等问题。这些公共群体针对暴力三角提出了很多问题，因此对于世界而言，他们基本上也是最重要的。对暴力的全球范围报道也招致了一些批评。外界批评这些报道导致了绥靖主义的蔓延，导致了观众心醉于那些暴力事件的残酷场面而变得沉默。我们确实可以在受到审查干预的对马岛战争和第一次海湾战争的报道中认可这种说法。但是也有很多反例不支持，比如说对前南斯拉夫战争的报道。公共群体不仅在这些事件中形成了，而且与"同情的政治"（politics of pity）的发展紧密相连。目睹了别人在暴力处境中遭受种种磨难，世界各处几百万人被震撼到了。所以他们奔走相告，他们捐款或者义务工作一段时间，他们得出了自己的结论，或者他们支持了人道主义干预的基本原则。人道主义干预是指当他人遇到危险，（我们）有义务提供帮助。按照现在法国法律的规定，人道主义干预应该并且能够推翻过去"强权即公理"的"鳄鱼模式"（crocodilian formula）。①

关于公共群体以及他们所培育的同情的政治，更重要的是，他们能够用很多方式，为暴力民主化这一长期的目标作出贡献。通过把暴力行径刻画为非常偶然的，由罪犯和受害者参与的"人为"事件，他们鼓励观众能够在一个虚

---

① 参见拙作 *Global Civil Society*（Cambridge and New York 2003），pp. 166ff。

拟的情景中期盼一下。他们也致力于提高观众的认识,当前社会和政府的规则还远远不是自然的状态。他们还鼓励观众能够亲眼观察这个世界,使他们认识到,通过一定的权力标准,把这个世界重塑为它本来的样子,部分上要依赖于用和平的或者是暴力的手段来改组它。按照这种方式来理解,① 公共群体就是一个基础条件。这个基础条件能够减少甚至是根除野蛮和降低它复发的可能性。在民主国家或者想要转型为民主国家的国家之内和之间,他们(公共群体)应该在任何关于暴力和民主的讨论中发挥重要作用。这背后有四点原因。依靠公众咨询、司法审查、法庭和真相委员会的力量,公共领域通过培养关于人民在过去遭受困难的共同记忆,具有了一种能够克服抵赖和掩盖的倾向。这里一个强有力的例子就是肯·萨罗·维瓦(Ken Saro-Wiwa)标志性的葬礼。在 2001 年,他被尼日利亚军政府处死,有超过 200000 悼念者参加这位人权斗士的葬礼。公共领域还能提高公民和政府对当前暴力行径的本质和程度的认识。此外,他们还游说并向其他公民传播道德判断,来判断一定形式的暴力是否(或者在什么情况下)是合理的。最后,公共领域倾向于鼓励制定针对暴力的补救措施。补救措施不仅仅是那些意识到整个问题的复杂性和暴力对民主制度的消极影响的实践方案,也包括一个不再被暴力所诅咒的完全"理想化"

---

① 把暴力和公共性联系起来是为了在一个政治思想的主题中重新发现和引入新思想。在欧洲,这个政治思想的主题可以追溯到罗马的法律体系,后者非常强调和平商定的条约和协议的不可侵犯性(pacta sunt servanda)。它的根源甚至深植于古希腊。在古希腊人的信念里,公民生活与暴力是分离的。这是因为人类区别于动物的主要原因就是人类有能力说话(lexis)和行动(praxis),他们通过用城市的围墙抵挡住外面的暴力,从而聚在一起组成了城邦国家的公民。暴力与公共言论和行动之间的潜在张力在后来得到了复兴,并且在欧洲反对专制国家的斗争中扮演了重要的角色。像"公众"、"公共道德"、"公共意见"这些词语都是用来针对那些专制武断、滥用权力、以权谋私的暴君和官廷的。在 17 和 18 世纪,规范的公共领域理想,指的是在一个生活领域内公民在国家权力的影响之下创造他们的身份认同,这种理想特别受到那些像联邦国民(Commonwealthmen)的共和党人的欢迎。这些联邦国民在回顾起罗马共和国(有时候是希腊城邦国家)的同时,也期许一个没有心胸狭窄的专制权力、没有常备军、没有教派斗争导致的血腥斗争的世界。

愿景的世界。①

  第八条规则：面对着暴力的各种象征性表现，我们需要仔细分析在公共群体内部展开的道德过程。我们还要质问实际存在的民主国家将暴力变为娱乐这个常识性观点。公共群体对暴力与日俱增的担心使得他们怀疑这样一种惯常性的观点：日常生活里充满了媒体创造出来的各种意象，尤其是那些对暴力行径的描述，意味着观众除了施虐和受虐的关系，他们对暴力的其他方面毫无了解。越战是历史上的第一次媒体战争，马歇尔·麦克卢汉（Marshall McLuhan）和昆廷·菲奥里（Quentin Fiore）对它的评论带有上文所说的惯常性的观点。他们说：电视战争意味着平民和军队两分法的终结。公众已经参与到战争的各个阶段，而且战争的主要过程正在美国本土上演。②让·鲍德里亚（Jean Baudrillard）的标题"影像的恶魔"（*Evil Demon of Images*）深化了这一主题。鲍德里亚认为，古老的谚语说战争是政治暴力方式的延续需要修改了，因为影像是战争以其他形式的延续。战争是暴力最集中的表现形式，现在已经变得越来越电影化和电视化。因为一些制作出来的电影（比如说，弗朗西斯·福特·科波拉［Francis Ford Coppola］的《现代启示录》［*Apocalypse Novo*］）正在塑造这个世界里的战争。电影中的战争首先吞噬了一切人与物，然后塑造出一种宏大的引人入胜的场景，到处都是汽油炸弹，烧焦的尸体，被炸的坦克，轰鸣的战斗机，爆炸四起，哀号的孩子，强奸和抢劫的故事。鲍德里亚说，"战争变成了电影，电影变成了战争"。而且，这些战争片使得观众认为，他们在电

---

  ① 这些幻想即使在暴力的层次发展到异乎寻常的规模也会偷偷地发展。比如说，这种暴力的规模可以达到希特勒的军队和他的盟友控制下的大片欧洲领土。虽然在二战期间，公民保护受难者和阻止破坏占领者计划的种种努力不足以打败敌人，但是他们所培养的这些秘密的公共舆论使得纳粹主义和它的盟友都失去了合法性。在残酷的犯罪面前，这些公共舆论使得民众对未来怀有希望。这些内容请参见 Jacques Semelin, *Unarmed Against Hilter. Civilian Resistance in Europe*, 1939—1943 (Westport, CT and London 1993), especially ch. 6。

  ② Marshall McLuhan and Quentin Fiore, *War and Peace in the Global Village* (Corte Madrea, CA 2001 [1968]), p. 134。

影中所看到的就是"现实中真实发生的"。但是正如鲍德里亚所言，事实却非如此。影像，无论是摄影的、电影的还是电视的，事实上都在通过增强一种自发的对自我发现的现实的信心，从而诱导它的生产者和消费者。于是，战争的肮脏现实就莫名其妙地变成了一个影像的黑洞，排除了其他所有可参考的内容。像主观/客观、私人/公共、善良/邪恶、想象/真实这些基本的两分都被瓦解了。战争变得不容置疑。暴力的影像不再具有超然的含义，它们就是本来存在的暴力。观众被这些影像所诱惑、俘获和恐吓。暴力的影像给他们带来了"一种原始的快感，在影像上反人类的乐趣，一种残忍而摆脱了美学、道德、社会或者政治判断的痴迷"。①

恩岑斯贝格（Enzensberger）《有关内战的预测》（*Aussichten auf den Bürgerkrieg*）表达了同样的含义。电视已经变成了"一块巨大的涂鸦"，它把谋杀当成了大众娱乐。在萨拉热窝、基加利、巴格达、贝尔法斯特（Sarajevo, Kigali, Baghdad, Belfast）和其他地方发生的暴力事件，事实上起到的作用就像是"用野蛮的场景制作出来的恐怖片"。在那些国家里，伤心的难民，战火中被强奸和蹂躏的场景，以及城市衰落中心区发生的令人绝望的暴力场景，并没有获得足够的重视，而是变成了轻松的娱乐。

除了严重忽视了日渐成长起来的多种形式的公共群体，还有几个原因能说明上面的观点是过激的，不可信的。如果暴力是大众娱乐这个理论在字面上是正确的，那我们不清楚末日理论是如何解释，在一个任何意义都被媒体所裹挟的世界里，它本身为何能够不受其害而出现呢？如果这个理论基本上是正确的，换句话说，如果它不是一个有意夸大的说辞，那么我们不清楚对待这一现

---

① Jean Baudrillard, *The Evil Demon of Images*(Sydney 1998). 这些主张非常像是来自于小说而不是来自于媒体分析。这就好像是当代的观众在模仿詹姆斯·乔伊斯里的利奥波德·布卢姆（Leopold Bloom）这个普通角色。利奥波德走在都柏林的大街上，突然觉得"必须吃东西"，于是他走进了一家餐馆，想到"他们为堕落开出的处方是鲜血。鲜血总是需要的。好阴险。舔舔它，它还在热气腾腾，好甜美。饥饿的幽灵。啊,我好饿"。(James Joyce, *Ulysses*, New York 1934[1914]), p. 169.

象，除了认识到它的难堪，进而禁止所有针对暴力的媒体报道（这个可能的建议是受到恩岑斯贝格尔的启发，他号召公民忘了这个广大的世界而专心注意家门口的那些残酷战争的多种形式），我们还能做些什么。这个观点还忽视了公民性的成长。它是与埃利亚斯（Elias）所说的现代开化过程相连在一起的；它还不关心神秘力量的世俗形式的存在和兴起；它所有的内容全部依赖于一个涉及到观众本质的不言而喻的假设。这个假设认为观众本质上是不幸的容易受骗的笨蛋。观众被假定无法分析或者重新阐释暴力的景象。即使那些暴力的发生源头、原因和道德含义已经被清晰地提供了，观众还是无法分析。观众能做到的，最多是在别人的不幸中受到心理净化或者得到满足。

将观众视做愚蠢的愤世嫉俗者的推论有悖于过去和现在的大量反证。历史上很长一段时期，民主国家或者民主化道路上的国家，创造出来的一些艺术作品和娱乐作品都对观众造成了伤害。因为这些作品用非常折磨人的和恶心的方式塑造出来的暴力，实在是骇人不已。时至今日，当我们阅读《哈克贝利·费恩历险记》中描述阿肯色州那个破旧的城镇的时候，读到当地人的一项运动是把流浪狗淋满油脂然后点上火烧死它，谁不会感到畏缩呢？或者，在读到海明威对腐烂尸体的描述，"烈日之下，半品脱的蛆正在死人的嘴里爬来爬去"，谁会感到舒服呢？或者，在读到让·焦诺（Jean Giono）对1914—1918年间战壕的描写，谁不会产生恶心的感觉呢？

> 死者的脸扎在泥土里，或者刚刚从炮弹口探出来，整个场景非常地静，他们的手还抓着炮弹口的边缘，他们的头搭在手臂上。老鼠跑过来，在他们身上嗅来嗅去，跳来跳去。老鼠们首先选择了年轻人的身体，那些脸颊上没有胡须的人。它们嗅了嗅他们的脸颊，然后就开始啃食嘴与鼻子中间的肉，接着是嘴唇的肉，然后是还略带青涩的脸颊。有时，它们会用爪子拨动胡须来清理那里。对于眼睛，它们用爪子轻轻地把它们挖出来。它们会舔舔死人的眼窝，然后开始分食他们的眼睛。对于老鼠而言，这些眼睛就像小小的鸡蛋，它们小心翼翼地咀嚼着。而在老鼠旁边，死人的头

部在流出液体。①

今天，观众还是对他们所遭遇到的这些暴力的影像，在道德上感觉非常厌恶。他们也会采取措施来远离这些影像，或者尽可能地回避他们。他们也经常会作出自己的判断，通常是靠跟别人讨论暴力项目的形式，"故事"本身和正在辩论中的暴力的好与坏。

暴力是娱乐这个观点认为，野蛮的视觉表现是永远存在的内容，它们一直能牢牢地控制着那些在暴力面前没有行动的人，并把他们消解为一种假象的虚无状态。上面观点所说的其实很少发生，不仅仅有现实的原因（对暴力的争论无处不在），而且因为不同的暴力外在表现形式会带给观众不一样的感觉，这会导致观众不同的反应。一些暴力内容是以国家为中心的，所以要受制于审查系统；一些基本上是以记者为中心的，或者是从犯人或者暴力的受害者的角度产生的；还有一些是这些不同类型的综合。不仅如此，而且在每个暴力表现的类型之内，出现了一种很明显的"情景的意图"（intention of the text）（安伯托·艾柯［Umberto Eco］的说法）。当观众们面对一些暴力的景象时，它能够共同决定或者推断出观众的特殊反应类型。在任何一个关于暴力场景的媒体报道中都不只有一个决定性的含义，报道的作者也不是只有一个含义。在媒体向外界所传达的内容中，总是有很多貌似有理的或者难以置信的解释。这些解释，都是一些被媒体报道的形式和内容事先框定的有说服力的判断。一些媒体报道，比如说受到审查的英国对马岛战争的电视报道，非常鼓励它的观众具有狂热的爱国主义和对暴力的歌颂。其他的一些报道，比如说对当地社区一个强奸案或者是谋杀案的电视新闻报道，可能会播出或者很震惊的、或者很困惑的、或者很沮丧的内容，来把观众的反应严格限制在一定的范围之内。其他一些报道认为，通过震撼到这些观众，他们就会对受害者产生深深的同情，导致观众们不仅会理解这些受害者，还会"超越"叙述者，即开始关心媒体不鼓励

---

① Jean Giono, *Le grand troupeau* (Paris 1951), pt. 2, sect. 3.

他们关心的暴力事实背后的一些问题。

说到后面这种情况，媒体报道突出各种反抗暴力的表现能说明这种情况。举例来说，报道战争的电视画面从来不简单地只关注暴力的破坏性。我们所看到的不仅仅是放火、抢劫、杀人、被毁的建筑和成堆的尸体。我们还看到了公民社会复苏的一些景象：用被炸毁的汽车轮胎做的鞋子；一个妇女在垃圾堆里找破布头来用做孩子的尿布；邮递员不知从什么地方冒出来了；一个牧师聚集起一帮衣衫褴褛的年轻人，在一个被毁坏的教堂旁边一个摇摇欲坠的棚子里，建立了一个汽车修理点。

不太明显的是那些在屏幕中显露出来的分散的或者更微妙的对暴力的抵抗。这包括那些独立报道人和记者。他们脸色凝重，他们的声音暗示了受害者的勇敢和对他们的同情。接着，受害者变得沉默了，这是一种怪诞的沉静。他们的痛苦不允许说出来，更不允许被描述出来。这些痛苦是与他们的沉默、他们的哭泣有着莫名其妙的联系的。很明显，他们无声的哭泣是不针对任何人的，同时也是针对所有人的。这些受害者的哭泣，不管他们位于这个世界的什么地方，都没有像今天这样能够如此频繁地广泛地传播给广大的观众。他们中的一些，像黄功吾（Nick Ut）1972年拍摄的那张照片，一个从战火中逃出来的越南裸体女孩（作品标题为《火从天降》），或者肯尼思·亚雷克（Kenneth Jarecke）1991年拍摄的那张照片，在去巴士拉的路上一个伊拉克士兵被烧致死，都成了标志性的形象。受害者的哭泣肯定会有不确定的效果。那些打破暴力所带来的沉默的人，永远都不知道他们的哭泣是否会被听到，更不用说能否被理解了。但是，可以确定的是，这也是为什么他们的哭泣是如此的有力量。哭泣能够超越所有的语言，不仅是因为在一开始，它能很突然地打破暴力周围的那些沉默，而且在于它完全无视语言的语法。哭泣从来不会停止，它就好像胡言乱语一样，超越了语言学意义的范畴。哭泣能在听到它的人群中找到回音，它的含义永远是存疑的，永远不能完全破译。哭泣是在隐晦地大声疾呼，希望被听到、被理解、被帮助。

那些遭受暴力的人的哭泣，有时候或者经常，会给那些看到或者听到他们的人带来责任上的问题。为什么以及在什么程度上这种转变过程会发生，对于政治学者和大众来说还一直是一个谜团。对受害者的同情是会发生，但是为什么，什么时候以及同情会持续多久还完全无法预料。目前所知的只是同情是存在的，而不是把暴力当做娱乐。就产生同情而言，我们能够在媒体对几乎所有暴力形式日益广泛的报道之内，讨论一个被隐藏了的潜在的辩证法。通信媒体鼓励那些目睹暴力的人对受害者的命运产生一种责任感，从而参与同情的政治之中。通过媒体来目睹暴力会产生几种情感，不仅仅会有否认（这些恐怖与我无关）和无助的困惑（我能怎么做？），还非常有可能有谦逊、犯罪感和耻辱感。

第九条规则：为了民主制度，要在各个地方努力支持和培养公民美德，其中最重要的就是谦逊。作为一种政治策略和一种生活方式，非暴力只有在持续很久之后才有效。要想实现这个目标，公民社会的制度要用美德这个"前政治"的润滑油进行润滑。不同群体间非暴力的权力共享机制，要在一个向公众负责的政府保护之下，定期地运作。那些认为谈论道德是过时的人，或者认为美德是一种说教工具——被扫兴的新保守主义者用来责备那些喜欢性和其他自由的人士——的人都应该重新思考一下了。贝内代托·克罗斯（Benedetto Croce）曾警告说，那些参与政治的人应该学会尊重政治之外的一些力量。这个著名的警告非常适合于民主制度。民主制度不仅仅需要尊重法律、沟通的自由和定期选举来保持正常的运转，它还需要具有民主道德感的公民。

美德是一个和平的民主制度的基石。民主的德行包括很多，其中一些是诚实、怜悯、宽容和勇敢。但是其中最重要的是谦逊。谦逊是民主的朋友，因为它拒绝把它自己和其他美德摆上高台。人们对一些美德包括他们自己或者其他人的谦逊引以为傲，就是一种不谦逊的表现。虽然谦逊在那些安静的乏味的中等教养的人身上得到体现，但是谦逊不应该跟顺从或者服从相混淆。尼采认为谦逊是奴隶的美德，因此只配得到鄙视。斯宾诺莎写道，"谦逊是当一个人认识到自己缺乏力量或者很弱的时候产生的悲哀"。但是他和尼采都没有正确地分析谦逊①。谦逊的人不一定是缄默无闻的、不重要的或者不显眼的小人物。他们仅仅是民众,永远也不会成为统治者,或者在死后给这个世界留下重要的痕迹。他们只会在死后留下几件遗物,如果运气好的话,再加上一个坟墓。谦逊既不是懦弱,也不是卑贱(亚里士多德称之为 micropsuchia)或卑屈。谦逊事实上是傲慢无礼的反义词。它是一种意识到自己限度的品质。

  谦逊对自鸣得意的霍布斯丛林法则(每个人都是其他人的敌人)具有过敏反应。它不认为它是理解现代政治和国际关系的起点。那些谦逊的人不会有幻想。他们不喜欢浮华,却喜欢诚实。他们不会胡说八道。谦逊的人认为自己只是地球上的居民。他们知道自己并不是无所不知。他们知道自己不是上帝,不是神。通过质问有权力的人享有优越性的理由,谦逊能够使得弱小的人强大,使得强大的人节制。谦逊与傲慢地追求比别人更多的权力是背道而驰的,因此它不会产生羞辱。在一个傲慢中伴随着暴力的世界,谦逊给人以力量。它不断地使得个人的内心强大从而影响世界。它不喜欢傲慢,希望傲慢从我们的世界消失。谦逊厌恶暴力,厌恶那些认为自己是对的暴力分子。谦逊回避卖弄性的傲慢和所有形式的咄咄逼人。在有他人在场的情况下,谦逊才会自然地和平地流露出来。谦逊是一种社会道德,能够保证他们是"他们自己"。谦逊不要求互惠互利,它只暗示一种平等,包含一种慷慨。奥古斯丁写到,"在有谦逊的地方就有慈善"。笛卡尔同意说,"最慷慨的人通常也是最谦逊的"。② 与傲慢和专横相对,谦逊意味着宽容。因为它反对滥用权力,所以它预示着一个更加平等、宽容和暴力减少的世界。谦逊的人坚定地相信一个简单的信条,那

---

  ① Friedrich Nietzsche, *Beyond Good and Evil*, in the Complete Words of Friedrich Nietzsche, ed. Oscar Levy (London 1964), vol. XII, aphorism 260, p. 229; and Benedict de Spinoza, *The Ethics*, in Edwin Curley (ed.), *A Spinoza Reader: The Ethics and Other Works* (Princeton, NJ 1994), vol. III, definition 26, p. 192.

  ② Augustine's remark is cited in the entry 'Humilité', in Xavier Léon-Dufour et la. (ed.), *Vocabulaire de théologie biblique* (Paris 1970); René Descartes, *Les passions de l'âme* (Paris 1937 [1645 - 1649]), pt. 3, art. 155, p. 102.

就是他们所追求的世界比现在被迫生活的世界更加美好。

减少这个世界暴力泛滥的最后一条规则：对于过去所实施的暴力，民主人士不应该内疚，而是应该准备公开地体验羞耻。这种羞耻源于在过去或现在的保卫或摧毁民主的过程中渗透的暴力。在英语中，内疚（guilt）和羞耻（shame）这两个词经常会混淆。在关于民主和暴力紧张关系的讨论中，这两个词所暗示的截然不同的倾向应该被区别出来。①

内疚，是因为别人的不幸而产生的负罪感，是在情感上感觉自己对别人做了错的事情。对于那些遭受了暴力的人的命运，内疚并不能产生成熟的民主的责任感。那些因为目睹了（或者从事了）暴力而产生内疚的人总是会受到下面这些感觉的折磨。这些感觉包括，他们会因为不断逼近的被害者的愤怒和仇恨而产生自我逃避。即使他们的行为可能并没有直接导致受害人遭受苦难，这些内疚的人还是会感觉他们有责任。因为在其内心，一个声音在告诉他们，他们是难辞其咎的。他们被内心的这种判断搞得非常苦恼。他们因其曾经对别人做过的事情感到终生的后悔。这就是为什么他们经常害怕报复性的惩罚措施，甚至用罪孽深重的内疚感折磨他们自己。

在现实中，暴力的帮凶和目睹者经常会同时伴有内疚和羞耻，但是这并不能抵消他们之间的区别。毫无疑问，在目睹暴力场景的时候，观众和暴力实施者都会产生羞耻感，但是这不仅仅是因为它经常与目睹和被目睹的过程联系在一起。内疚的感觉是，自我会被受害人的哭泣和鲜血弄得神经紧张和衰弱。羞耻与内疚的感觉是不同的。羞耻在一开始是一种自我保护的情感，会使得羞耻者的存在感下降，但不会完全消失。

当他们感到羞耻的时候，观众和暴力实施者被面对受害者时的感觉所触动

---

① 我在这里主要是依靠了如下建设性的规则，参见 Herbert Morris, 'Guilt and shame', in *On Guilt and Innocence* (Berkeley and Los Angeles 1976); Gabriele Taylor, *Pride, Shame and Guilt* (Oxford 1985); and Bernard Willims, *Shame and Necessity* (Berkely, Los Angeles and London 1993), especially ch. 4.

了。这些受害者往往并不是那么愤怒和怨恨（如内疚那样），而是对那些目睹或造成其困境的人加以轻蔑、嘲弄或者不屑一顾。这种感觉就像是那些大声呼喊或者流血的人正在回头看那些也正在看或者能看到他们的人，即使那些观众或者暴力分子是在控制面板前安全地坐着，或者是远远地在舒服的客厅或者剧场里坐着。那些感到羞耻的人感觉就像是在一个错误的时间遇到了错误的人。于是，他们内心极力想闪躲，或者隐藏他们的脸，或者想要赶紧换台，或者（就像第一批观看集中营里的受害者和幸存者的镜头的美国电影观众）① 想当场离开。② 他们感到羞耻据称不是因为他们做的事情（就像内疚那样），而是因为受到如下直觉的折磨。这一直觉发现，与他们期许自身和世界上其他人应该达到的道德标准相比，他们犯下或目睹的暴力可耻地低于该标准。不像那些内疚之人总是沉溺于他们的负罪感，那些感到羞耻的人，不出人意料地想要恢复或者是提高他们自己，甚至是要联系或者与受害人互动。虽然处于尴尬境地，但是那些感到羞耻的人会寻求破译发生在受害者身上的事情。他们会试图理解他们自己是如何与所发生的事情有关。有时候他们这样做的目的就是重建他们自己和这个世界，因为他们和他们的子孙还要在这个世界上继续生存。

很有意思的是，20 世纪中关于权力和暴力最好的小说之一，卡夫卡的《审判》，是以耻辱而非内疚作为主题结尾的。死亡场景可能已经被预料到了，两个黑衣人在一个被遗弃的采石场，在明亮的月光下，连刺约瑟夫 K（Joseph K.）先生的心脏两下。这构成了宽恕，代表了受害人无止境的考验的结束。卡夫卡指出它的羞耻将留在人间，从而表明他拒绝了上面的结局。主人公在弥留之际，吐出了他最后的一句话："像条狗"，好像他是指谋杀带来的羞耻比

---

① Robert Abzug, *Inside the Vicious Heart: America and the Liberaton of the Nazi Concentration Camps* (New York 1985), p. 170.

② Compare the remarks of Erik Erikson, *Childhood and Society*, 2nd end (New York 1963), pp. 252–253. 羞耻意味着一个人是完全暴露在外，并且知道自己是被关注着……当我们是存在却没准备好被别人发现的时候；这就是为什么我们想象着羞耻是这样一种情景，我们衣冠不整的时候被别人盯着看。

他存在更长久，令后代永远受到折磨。整个场景非常地压抑，但是从这个文学表现出发，能有一个线索来触发一个关键的情感反应。面对着摧毁他们生活的暴力，所有正在思考的、判断的、行动的民主人士都应该对暴力这个灾祸和形象产生情感反应。我们的后代牢记民主是因为什么？是支持独裁者和与集权主义者共谋吗？是发明集中营和防逃脱监狱？或者是向无辜的民众投掷汽油炸弹？轰炸城市？引爆核武器？或者我们的后代是否会想起民主国家是如何把强奸和谋杀变成了轻松的娱乐？或者是否会想起那些时光，在种族屠杀肆虐的时候，他们无动于衷，视而不见？或者通过与世界范围内的恐怖分子宣战而把整个世界变成恐怖之地？今天的民主国家该如何处理这些暴力，这些伪善的东西？当我们和我们的祖先以民主的名义做了这些事情之后，我们的后代不会为此感到羞耻吗？

延伸阅读

近期历史表明，对暴力的哲学和政治反思形成了一幅由相互冲突和融合的观点所构成的绚丽拼图，其中的许多观点对于评估暴力的当代轮廓仍然具有至关重要的作用。那些对本文所引用的材料仍然不够满意或有兴趣对本主题进行深化理解的读者，不妨参考以下附加的由各个学科的专家所撰写的关于暴力的文献。对此，我要感谢玛利亚·弗投（Maria Fotou），她为准备本表和随后的索引提供了慷慨的帮助。

Adler, Alfred, 'La Guerre et l'état primitif', in Miguel Abensour, ed., *L'Esprit des lois sauvages: Pierre Clastres ou une nouvelle anthropologie politique*, Paris 1987.

Anderson, John K., *Military Practice and Theory in the Age of Xenophon*, Berkeley, CA. 1970.

Besteman, Catherine, ed., *Violence: A Reader*, Basingstoke 2002.

Betts, R. K., 'NuclearWeapons and ConventionalWar', *Journal of Strategic Studies* 11 (March 1988), pp. 79 – 95.

Blok, Anton, *Honour and Violence*, Cambridge 2001.

Bonet, Honoré, *The Tree of Battles*, Liverpool 1949.

Buruma, Ian, *The Wages of Guilt. Memories of War in Germany and Japan*, London 1995.

Buzan, Barry, *People, States and Fear. An Agenda for International Security Studies in the Post-Cold War Era*, 2nd edn, New York, London, Toronto, Sydney, Tokyo and Singapore 1991.

Caffi, Andrea, 'Violence and Sociability', *Politics*, 4, 1 (January 1947), pp. 16 – 19.

Caillois, Roger, 'Le Vertige de la guerre', in *Quatre essais de sociologie contemporaine*, Paris 1951.

Calvocoressi, Peter and Guy Wint, *Total War*, London 1972.

Campbell, David and Michael Dillon, eds., *The Political Subject of Violence*, Manchester 1993.

Cassese, Antonio, *Violence and Law in the Modern Age*, Cambridge 1988.

Ceadl, Martin, *The Origins of War Prevention. The British Peace Movement and International Relations, 1730 – 1854*, Oxford 1996.

Cipolla, Carlo M., *Guns and Sails in the Early Phase of European Expansion 1500 – 1700*, London 1965.

von Clausewitz, Carl, *On War*, M. Howard and P. Paret, eds., Princeton, NJ 1976.

Colas, Dominique, *Civil Society and Fanaticism. Conjoined Histories*, Stanford 1997.

Covington, Coline, et al., eds., *Terrorism and War: Unconscious dynamics of political violence*, London 2002.

Crichton, John, ed., *Psychiatric Patient Violence. Risk and Response*, London 1995.

Duby, Georges, *The Chivalrous Society*, Berkeley, CA 1977.

Dershowitz, Alan M., *Why Terrorism Works*, New Haven and London 2002.

Elias, Norbert, *The Loneliness of the Dying*, Oxford and Cambridge, MA 1985.

Elias, Norbert and Eric Dunning, *Quest for Excitement. Sport and Leisure in the Civilizing Process*, Oxford and Cambridge, MA 1993.

Elshtain, Jean Bethke, *Women and War*, Chicago and London 1995.

Finer, Samuel E, 'State and Nation-Building in Europe: The Role of the Military', in Charles Tilly, ed., *The Formation of National States in Western Europe*, Princeton, NJ 1975.

Foucault, Michel, *Discipline and Punish. The Birth of the Prison*, London 1977.

Freedman, Lawrence, ed., *Superterrorism. Policy Responses*. Oxford 2002.

Gelles, Richard J., 'Physical violence, child abuse, and child violence: a continuum of violence, or distinct behaviours?', *Human Nature*, 2, 1 (1991), pp. 59 – 72.

Girard, René, *Violence and the Sacred*, Baltimore, MD 1977. 'Generative violence and the extinction of social order', *Salmagundi*, 63 – 64 (Spring-Summer 1984), pp. 204 – 237.

Gray, J. Glenn, *The Warriors: Reflections on Men in Battle*, New York 1970.

Halbrook, Stephen P., *That Every Man Be Armed: The Evolution of a Constitutional Right*, Albuquerque, NM 1984.

Hale, John, 'War and Public Opinion in Renaissance Italy', in E. R. Jacob, ed., *Italian Renaissance Studies*, New York 1960.

Hartogs, Renatus, and Eric Artzt, eds., *Violence: Causes and Solutions*, New York 1970.

Hassner, Pierre, 'Beyond the three traditions: the philosophy of war and peace in historical perspective', *International Affairs*, 70, 4 (1994), pp. 737 – 756.

Howard, Michael, *War in European History*, Oxford 1976.

Huizinga, Johan, 'The political and military significance of chivalric ideas in the late Middle Ages', in *Men and Ideas. History, the Middle Ages, the Renaissance. Essays by Johan Huizinga*, New York 1959.

Jünger, Ernst, *Im Stahlgewittern*, Berlin 1931.

Kaldor, Mary, *The Baroque Arsenal*, New York 1982.

Keane, John, 'Despotism and democracy. The origins and development of the distinction between civil society and the state, 1750 – 1850', in John Keane, ed. , *Civil Society and the State. New European Perspectives*, London and New York 1988.

Keen, Maurice, *Chivalry*, New Haven 1984.

Kelman, Herbert C. , 'Violence without moral restraint: reflections on the dehumanization of victims and victimizers', *Journal of Social Issues*, 29, 4 (1973), pp. 25 – 61.

Kendrick, Walter, *The Thrill of Fear: 250 Years of Scary Entertainment*, New York 1991.

Leiden, Carl, and Karl M. Schmitt, *The Politics of Violence: Revolution in the Modern World*, Englewood Cliffs, NJ 1968.

Lemarchand, René, *Burundi. Ethnocide as Discourse and Practice*, Cambridge 1994.

Lindqvist, Sven, *A History of Bombing*, London 2001.

McCulloch, Jock, *Black Soul, White Artifact. Fanon's Clinical Psychology and Social Theory*, Cambridge and New York 1983.

McMahan, Jeff, *The Ethics of Killing. Problems at the Margins of Life*, Oxford 2002.

Malcolm, Joyce Lee, *To Keep and Bear Arms: The Origins of an Anglo-American Right*, Cambridge, MA 1994.

Mallett, Michael, *Mercenaries and their Masters: Warfare in Renaissance Italy*, London 1974.

Mansfield, Edward D. , and Jack Snyder, 'Democratization and War', *Foreign Affairs*, 74, 3 (May-June 1995), pp. 79 – 97.

Marx, Gary T. , *Undercover: Police Surveillance in America*, New York 1988. *Civil Disorder and the Agents of Social Control*, Irvington 1993.

Mier, Paul, John Keane and Alberto Melucci, 'New perspectives on social movements: an interview', in John Keane and Paul Mier, eds. , *Nomads of the Present*, London and Philadelphia 1989.

Minear Larry, and Thomas G. Weiss, *Mercy Under Fire. War and the Global Humanitarian Community*, Boulder, CO, San Francisco and Oxford 1995.

Nancy, Jean-Luc, 'Violence et violence', *Lignes*, 25 (May 1995), pp. 293–298.

Paret, Peter, *Understanding War. Essays on Clausewitz and the History of Military Power*, Princeton, NJ 1992.

Phillipson, Coleman, *The International Law and Custom of Ancient Greece and Rome*, London 1911.

Pick, Daniel, *War Machine. The Rationalisation of Slaughter in the Modern Age*, New Haven and London 1993.

Preston, R. A., S. F. Wise, and H. O. Werner, *Men in Arms: A History of Warfare and its Interrelationships with Western Society*, London 1956.

Robarchek, Clayton A., 'Primitive warfare and the ratomorphic image of mankind', *American Anthropologist*, 91 (1989), pp. 903–920.

Ruff, Julius R., *Violence in Early Modern Europe* 1500–1800, Cambridge 2001.

Schwoerer, Lois G., '*No Standing Armies!*' *The Antiarmy Ideology in Seventeenth Century England*, Baltimore, MD 1974.

Searles, Patricia, and Ronald J. Berger, eds., *Rape and Society. Readings on the Problem of Sexual Assault*, Boulder, CO, San Francisco and Oxford 1995.

Silberner, Edmond, *La Guerre dans la pensée économique du XVI au XVIII siècle*, Paris 1939.

Singh, Birinder Pal, *Violence as Political Discourse*, Shimla 2002.

Steger, Manfred B., and Nancy S. Lind, eds., *Violence and its Alternatives*, Basingstoke 1999.

Toynbee, Arnold J., *War and Civilization*, London, New York and Toronto 1951.

Vernant, Jean-Pierre, ed., *Problèmes de la guerre en Grèce ancienne*, Paris 1968.

Waltz, Kenneth N., *Man, the State and War: A Theoretical Analysis*, New York 1959.

Walzer, Michael, *Just and Unjust Wars: A Moral Argument with Historical Illustrations*, New York 1977.

Wheeler, Nick, *Saving Strangers. Humanitarian Intervention in International Society*, Oxford and New York 2000.

Whitmer, Barbara, *The Violence Mythos*, Albany, NY 1997.

Wolfner, Glenn D. and Richard J. Gelles, 'A profile of violence towards children: a national study', *Child Abuse & Neglect*, 17(1993), pp. 197–212.

Wolin, Sheldon, 'Violence and the Western political tradition', *American Journal of Orthopsychiatry*, 33(1963), pp. 15–28.

Worcester, Kenton, et al., eds., *Violence and Politics: Globalization's Paradox*, New York 2002.

索 引

(此处所列页码均为原书页码,即本书边码)

A

Akihiko, Tanaka 田中明彦(19,177)

Al-Fanjari, Ahmad Shawqi 沙乌奇·埃尔·范加利(183,188)

   Al-hurriyat'as-siyasiyyah fi'l Islam(184)

Al-Ghannouchi, Rachid 拉奇德·埃尔·加努希(183,188,189,191)

   'The efficiency of using violence to establish an Islamic State' 通过暴力建立一个伊斯兰国家(184)

   'The Islamic movement and violence' 伊斯兰运动和暴力(184)

Althusius, Johannes 约翰内斯·阿尔图休斯(116,190)

   Politica Methodice digesta atque exemplis sacris et profanis ilustrata 政治方法论举要(116)

American Revolution 美洲殖民地革命(144—146)

   Battle of Trenton 特伦顿战斗(145—146)

anti-party politics 反政党政治(150—153)

apocalyptic terrorism see terrorism 末日恐怖主义,参见恐怖主义

Arendt, Hannah 汉娜·阿伦特(6,7,12,100,118,146)

   Correspondence 1926—1969 (with Karl Jaspers)《通信录》(与卡尔·雅斯贝尔斯)(79)

   On Violence《论暴力》(6,7,100,146)

   The Origins of Totalitarianism《极权主义的起源》(98)

Aristotle 亚里士多德(38—39,205)

   on violence《论暴力》(38—39)

Politica《政治学》(38)

Aron, Raymond 雷蒙·阿隆(21,111)

 Le grand schisme《大分裂》(111)

 Les dernières années du siècle《世纪末期》(163)

Augustine 奥古斯丁(11,206)

Aung, San Suu Kyi 昂山素季(155)

B

Baudrillard, Jean 让·鲍德里亚(199)

 The Evil Demon of Images 影像的恶魔(199)

Bauman, Zygmunt 齐格蒙·鲍曼(65,82)

 Modernity and the Holocaust《现代性和大屠杀》(65)

 on civility 论礼仪(66—67)

Benjamin, Walter 瓦尔特·本雅明(12)

 Zur Kritik der Gewalt《对暴力的批评》(12)

Bergson, Henri-Louis 亨利-路易·柏格森(149)

Bin Laden, Osama 乌萨马·本·拉登(11)

Brecht, Bertolt 贝托尔特·布莱希特(138)

Burke, Edmund 埃德蒙·伯克(119—120,122)

 A Letter to John Farr and John Harris, Esqrs., Sheriffs of the City of Bristol, on the Affairs of America 就美洲事务致约翰·法尔与约翰·哈里斯先生,布里斯托城的行政司法长官(122)

C

Carmichael, Stokely 斯托克利·卡迈克尔(11)

Castoriadis, Cornelius 内利乌斯·卡斯托里亚迪斯(88)

China 中国(20,23)

civil society 公民社会,文明社会(4,42—43,96—99)

 Ernest Gellner on 厄内斯特·盖尔纳论文明社会(43—45)

 incompatibility of violence with 暴力与文明社会的不相容(38)

 its role in American Revolution 公民社会在美洲殖民地革命中的作用(144—146)

 rebuilding civil society 重建文明社会(129,130—132)

civil war 内战(25,112—113)

civilisation see 'civilisation' *passim* 文明,参见"文明"(42—52,53)

 civilising process according to Elias 埃利亚斯《文明的进程》(55—56)

 see civility,参见文明性

civility 文明性(3,56)

 Zygmunt Bauman on 齐格蒙·鲍曼论文明性(66—67)

 Samuel Johnson on 塞缪尔·约翰逊论文明性(42)

 and modern state 文明性与现代国家(60—62)

civility politics 公民政治(82,90)

dialectics of 文明辩证法(105)

rebuilding civil society 重建公民社会(129,130—132)

Clastres,Pierre 皮埃尔·克拉斯特(115)

Recherches d'anthropologie politique(116)

Clausewitz,Carl von 卡尔·冯·克劳塞维茨(22,74,116,181)

Conrad,Joseph 约瑟夫·康拉德(10)

Council of Europe 欧洲委员会(80—81)

Croce,Benedetto 贝内代托·克罗斯(204)

D

Darnton,Robert 罗伯特·达恩顿(31,33)

The Great Cat Massacre and Other Episodes in French Cultural History《屠猫记:法国文化史钩沉》(33)

De Vitoria,Francisco 佛朗西斯科·德·维多利亚(19)

democracy 民主(1)

 and Islamic politics 民主与伊斯兰政治(183—191)

 democratic virtues 民主的美德(204—206)

 democratic zones of peace 民主和平区(8,17,18) *see also* democratic peace,theory of 或见民主和平论

 democratic peace,theory of 民主和评论(17—18)

  zones of violent anarchy 无政府主义的暴力肆虐区(17)

 democratisation of violence 民主化暴力(2—4,30—31,32—33,75—88)

  ten rules 十条规则(165—209)

Derrida,Jacques 雅克·德里达(11,169—170)

Descartes,René 勒内·笛卡尔(206)

 Les passions l'âme《灵魂的激情》(206)

détente 缓和政策(85—86)

Diderot,Denis 德尼·狄德罗(49)

Dunbar,James 詹姆士·邓巴(54)

 Essays on the History of Mankind in Rude and Cultivated Ages《论野蛮时代和受教育时代的人类心智历史》(54)

E

Eco,Umberto 安伯托·艾柯(19,177)

 'Living in the new Middle Ages'《新中世纪的生活》(20)

 neo-medieval order 新中世纪秩序(19—20,102)

Elias,Norbert 诺伯特·埃利亚斯(55,58—60,82,91,96)

 civilising process《文明的进程》(55—56,62)

 civilising process and the modern state 文明的进程与现代国家(61)

 on civility and violence 埃利亚斯论文明性与暴力(62)

 Über den Prozess der Zivilization. Soziogenetische und psychogenetische Untersuchungen

《文明的进程:文明的社会起源和心理起源的研究》(55—56)
'Violence and civilisation. The state monopoly of physical violence and its infringement'《暴力与文明:国家对身体暴力及其侵犯的垄断》(63)
Eliot,T. S.,T. S. 艾略特(109,121)
Elser,Georg 乔治·艾尔塞(163)
Enzensberger,Hans Magnus 汉斯·马格努斯·恩岑斯贝格(113,134—135,165)
　　Aussichten auf den Burgerkrieg《有关内战的预测》(114,135,199—200)
　　'Der Krieg,wie' 战争(138)
　　on uncivil war and intervention 论残酷战争与干预(134—135,136—137)
Erasmus of Rotterdam 鹿特丹的伊拉斯谟(56)
ethics 伦理(128—164)
European Union 欧盟(78,176)

F

Fadlallah,Sayyed Muhammed 法德拉拉(189)
Fanon,Frantz 弗朗茨·法农(13,143)
　　Les Damnés de la terre《全世界受苦的人》(13)
　　Peau Noire,masques blancs《黑皮肤,白面具》(143)
fascism 法西斯主义(2)
Ferguson,Adam 亚当·弗格森(52,54)
　　An Essay on the History of Civil Society《市民社会史》(53)
　　on civilisation 亚当·弗格森论文明(52—53)
Forster,Georg 乔治·福斯特(51)
Foucault,Michel 米歇尔·福柯(37)
　　Discipline and Punish. The Birth of the Prison《规训与惩罚》(37,57)
Freud,Sigmund 西格蒙德·弗洛伊德(104)
　　The Uncanny (das Unheimliche)《论诡异》(104)

G

Galtung,Johan 约翰·加尔东(34,35)
　　'Cultural violence'《文化暴力》(35)
　　'Violence,peace and peace research'《暴力、和平与和平研究》(35)
Gandhi,Mahatma 莫罕达斯·甘地(49,155)
　　Non-Violent Resistance 非暴力抵抗(155)
Gay,Peter 彼得·盖伊(93)
　　The Cultivation of Hatred. The Bourgeois Experience,Victoria to Freud《怨恨的形成:从维多利亚到弗洛伊德的布尔乔亚体验》(93)
Gellner,Ernest 厄内斯特·盖尔纳(43—45)
　　Conditions of Liberty:Civil Society and its Rivals《自由的条件:文明社会和它的敌人》(43—45)
　　Muslim Society《穆斯林社会》(115)
Gilligan,James 詹姆斯·吉利根(168)

Violence: Reflections on Our Deadliest Epidemic《暴力：反思我们最致命的流行病》(168)

Gingrich, Newt 纽特·金里奇(107)

Girard, René 勒内·吉拉尔(8—10,11,13,26,188)

　La violence et le sacré《暴力和神圣》(8—10,13,26)

　Le Bouc émissaire《替罪羊》(188)

　Violences d'aujourd'hui, violence de toujours《今日的暴力，永远的暴力》(8)

Graham, Franklin 富兰克林·格雷姆(183)

Greene, Graham 格雷姆·格林(166)

guerrillas 游击队(27)

H

Hassner, Pierre 皮埃尔·哈斯内(21,111)

　La Violence et la paix. De la bombe atomique au nettoyage ethnique《暴力与和平。从原子爆炸到民族清洗》(21,111)

Hobbes, Thomas 托马斯·霍布斯(62,82,92,113,122,159)

　Leviathan, or the Matter, Forme, and Power of a Common-Wealth Ecclesiastical and Civill《利维坦，或教会国家和市民国家的实质、形式和权力》(93)

　Philosophical Rudiments concerning Government and Society《政府与社会之哲学基础》(93)

　The History of The Causes of The Civil Wars of England, and of The Counsels and Artifices By Which They Were Carried On From The Year 1640 To The Year 1660《比希摩斯：英格兰内战的历史成因以及1640—1660年使用的计谋和手段》(110)

Hook, Sydney 悉尼·胡克(33)

Hume, David 大卫·休谟(120)

　'Of public credit'《政府信用》(120)

I

incivility 文明性(46—53,91—92,97) and 'civilisation' 文明(42—53)

India 印度(23)

intervention 干预(19,129) see also Enzensberger 或见恩岑斯贝格

Islamic politics 伊斯兰政治(183—191)

J

James, William 威廉·詹姆斯(94)

　'The moral equivalent of war'《战争的道德等价物》(94)

Johnson, Samuel 塞缪尔·约翰逊(42)

　on civility 塞缪尔·约翰逊论文明性(42)

Jünger, Ernst 恩斯特·荣格尔(16,122)

　In Stahlgewittern《钢铁风暴》(122)

K

Kafka, Franz 弗兰茨·卡夫卡(38)

The Penal Colony《流放地》(38)

The Trial《审判》(208)

Kant, Immanuel 伊曼努尔·康德(91)

 'Welchen Ertrag wird der Fortschritt zum besseren dem Menschengeschiecht abwerfen?'《人类进步的历史意义?》(91)

Kaplan, Robert 罗伯特·卡普兰(113,115)

 'The coming anarchy'《即将到来的无政府状态》(114)

Khaldun, Ibn 伊本·哈勒敦(11,189)

 The Muqaddimah. An Introduction to History《历史绪论》(189)

King, Martin Luther 马丁·路德·金(154,155)

 'Letter from the Birmingham City Jail'《从伯明翰市监狱发出的信》(154,155)

Koselleck, Reinhart 莱因哈特·柯斯勒克(90)

 Kritik und Krise. Eine Studie zur Pathogenese der bürgerlichen Welt《批判与危机：一项关于公民世界发病机理的研究》(90)

L

League of Nations 国际联盟(78)

Lenin, Vladimir I. 弗拉基米尔·列宁(11)

Levi, Primo 普里莫·李维(54)

Lévi-Strauss, Claude 克洛德·列维·斯特劳斯(64)

Logan, John 约翰·罗根(54)

 Elements of the Philosophy of History《历史哲学的要素》(54)

M

Machiavelli, Niccolò 尼科罗·马基雅维利(94,116)

 The Prince《君主论》(94,116)

Mao, Zedong 毛泽东(11)

Marx, Karl 卡尔·马克思(10,95—96)

 on civil society 卡尔·马克思论市民社会(95—96)

McLuhan, Marshall and Fiore, Quentin 马歇尔·麦克卢汉和昆廷·菲奥里(198)

 War and Peace in the Global Village《地球村里的战争与和平》(199)

Melville, Herman 赫尔曼·梅尔维尔(5)

Michels, Robert 罗伯特·米歇尔(148)

Michnik, Adam 亚当·米奇尼克(1,151)

Miller, Arthur 阿瑟·米勒(98)

 The Misfits《不合时宜的人》(98)

Milošević, Slobodan 斯洛博丹·米洛舍维奇(26)

Mirabeau, Comte de 米拉波伯爵(49,94)

 L'Ami des Hommes ou Traité de la population《人类的朋友或居民的约定》(49,94)

Montesquieu, Baron de 孟德斯鸠男爵(147)

Muchembled, Robert 罗伯特·穆尚布莱(31)

 on the role of violence 论暴力的作用(31)

 La Violence au village: sociabilité et comportements populaires en Artois du XVe au XVIIe siècle《乡村的暴力：15 至 17 世纪阿图瓦地区的社群和行为》(31)

N

national sovereignty, the end of 国家主权的终结(15,19)

neo-medieval order 新中世纪秩序(19—20,102)

'new middle ages' see neo-medieval order and under Eco, Sacco "新中世纪"，或见朱塞佩·萨科和安伯托·艾柯对新中世纪的论述

Niebuhr, Reinhold 赖因霍尔德·尼布尔(6)

Nietzsche, Friedrich 弗里德里希·尼采(205)
Beyond Good and Evil《尼采论善恶》(165,205)

non-governmental organisations 非政府组织(132—133) see also civil society 或见文明社会，公民社会

Novalis 诺瓦利斯(49)

nuclear weapons 核武器(15—16)
as a threat to national sovereignty 作为对国家主权的一种威胁的核武器(15)
first side of the triangle of violence 暴力三角的第一边(20—24)
in the post-Cold War world system 冷战后世界体系中的核武器(20—24)
Singer and Wildavsky 辛格和威尔达夫斯基论核武器(72—73)

O

Orwell, George 乔治·奥威尔(15,128,156)
'Reflections on Gandhi'《对甘地的思考》(156)
'You and the Atom Bomb'《你与原子弹》(15)

P

pacifism 和平主义(154—158)

Paine, Thomas 托马斯·潘恩(145)
The American Crisis《北美的危机》(145)

Pakistan 巴基斯坦(23)

Palach, Jan 杨·帕拉齐(139)

Pascal 帕斯卡(170)

Patočka, Jan 杨·帕托切克(87)

peace movements 和平运动(83)
British peace movement 英国和平运动(83—84,87—88)

Philadelphian model, the 费城模式(76—77)

Plato 柏拉图(89)
The Republic《理想国》(89,180)

Polybius 波利比乌斯(89)
The General History of Polybius《通史》(89)

post-war reconstruction see rebuilding civil society 战后重建，参见重建公民社会

pragmatism 实用主义(7)

public spheres 公共领域(195—198)

Q

Qutb, Sayyid 赛义德·库特卜(185)

R

rebuilding civil society 重建公民社会(129, 130—132)

Rousseau, Jean-Jacques 让·雅克·卢梭(49—50, 61)

    Considérations sur le governement de Pologne, et sur sa réformation projetée《对波兰政府的思考》(180—181)

    'Fragments of an Essay on the State of War'《关于战争状态的随想》(50)

Russian Federation 俄罗斯联邦(20, 22)

S

Sacco, Giuseppe 朱塞佩·萨科(19)

    neo-medieval order 新中世纪秩序(19—20, 102)

Sartre, Jean-Paul 让-保罗·萨特(11)

Schmitt, Carl 卡尔·施密特(82)

    Der Leviathan in der Staatslehre des Thomas Hobbes《霍布斯国家学说中的利维坦》(82)

Semprun, Jorge 豪尔赫·森普伦(167)

    The Long Voyage《漫长的旅行》(167)

Shklar, Judith 茱迪·斯科拉(6, 7)

Singer, Max and Wildavsky, Aaron 马克斯·辛格和艾伦·威尔达夫斯基(18, 72—73)

    The Real World Order: Zones of Peace/Zones of Turmoil《现实世界的秩序:和平区与骚乱区》(18, 72—73)

Smith, Adam 亚当·斯密(52)

Sorel, Georges 乔治·索雷尔(12, 30)

    Réflexions sur la violence《论暴力》(12, 147—150, 151)

Spinoza, Benedict de 贝内迪特·斯宾诺莎(205)

    The Ethics《伦理学》(205)

Starkweather case 斯塔克伟泽案(101)

Suárez, Francisco 佛朗西斯科·苏亚利兹(19)

Sudan 苏丹(24)

Swift, Jonathan 乔纳森·斯威夫特(47, 51)

    A Modest Proposal for Preventing the Children of Poor People in Ireland from being a Burden to their Parents or Country; and for making them beneficial to the Publick《为防止爱尔兰贫困者子女成为父母或国家负担以及将他们培育成为对大众有利者的小小建议》(51, 137)

    The Correspondence of Jonathan Swift《乔纳森·斯威夫特通讯录》(48)

T

terrorism 恐怖主义(27—29)

    apocalyptic terrorism(as the third side of the

triangle of violence)作为暴力三角第三边的末日恐怖主义(27—29)

classical form 暴力的古典形式(27—28)

Toch, Hans 汉斯·托克(168)

 The Disturbed and Violent Offender (with Kenneth Adams)《不安的暴力犯罪分子》(与肯尼斯·亚当斯合著)(168)

Toqueville, Alexis de 阿历克西·德·托克维尔(148)

Torture Committee 酷刑委员会(81)

totalitarianism 极权主义(67)

triangle of violence, the 暴力三角(20—29)

 first side of 暴力三角的第一边(20—24)

 second side of 暴力三角的第二边(24—27)

 third side of 暴力三角的第三边(27—29)

U

uncivil society see incivility 暴力社会,见粗暴

uncivil war 残酷战争(24—27,114—115,117—119)

 as the second side of the triangle of violence 作为暴力三角第二边的残酷战争(24—27)

 defining uncivil 界定残酷战争(109)

 destructiveness of 残酷战争的破坏性(119—120)

 uncivil war zones 野蛮战争地带(25—26)

 see also Enzensberger 或见恩岑斯贝格

United Nations, the 联合国(78)

United States of America 美利坚合众国(美国)(20,22)

V

Van Creveld, Martin 马丁·范·克里费德(114,115)

 The Transformation of War《战争的转变》(114)

Vidal-Naquet, Pierre 皮埃尔·维达尔·纳凯(175)

 La Torture dans la République: essai d'histoire et de politique contemporaines (1954—1962)《共和国的酷刑:当代历史与政治的探寻(1954—1962)》(175)

Violence 暴力(6)

 against animals 虐待动物(31)

 and civil society 暴力与文明社会(42—43)

 and Islamic politics 暴力与伊斯兰政治(183—191)

 and modern state 暴力与现代国家(60—62)

 and public spheres 暴力与公共领域(195—198)

 as a natural element of human nature/affairs 作为人性本能的暴力(7—11)

 as an 'ideal-type' 作为"理想类别"的暴力(30)

 as entertainment 作为娱乐的暴力(102—105,198—200)

 collective violence 集体暴力(142)

connections with democracy 暴力与民主的关系(1)

democratisation of 民主化暴力(2—4,30—31,32—33,75—88,165—209)

embodied quality of 被体现出来的暴力(36)

ethics of violence 暴力伦理(128—164)

fascination in Weimar Germany 魏玛德国对暴力的迷恋(103)

global report on 全球暴力报告(7—8)

humiliation and violence 羞辱与暴力(101—102)

in fascist regimes 法西斯国家的暴力(2)

in the twentieth century 二十世纪的暴力(16)

incompatibility with civil society 暴力与文明社会的不相容(38,62)

institutional violence 制度暴力(37)

intentional component of 暴力的目的性特征(35)

'just violence' "公正暴力"(11)

legitimate use of 暴力的合法使用(12)

on defining violence 界定暴力(30—40)

restraining violence 限制暴力(160—162)

self-violence 自我侵害(139—141)

state violence 国家暴力(54　65)

triangle of violence, the 暴力三角(20—29)

Voltaire, François-Marie Arouet de 伏尔泰,原名费朗索瓦兹·玛丽·阿鲁埃(50)

Von Kleist, Heinrich 海里奇·冯·克莱斯特(99)

W

Walzer, Michae 迈克尔·沃尔泽(13)

　　Just and Unjust Wars《正义与非正义战争》(13)

war crimes tribunals 战争罪审判(78—80)

Ward, Janie 贾尼·沃德(163)

Weber, Max 马克斯·韦伯(158)

　　'Politik als Beruf'《作为职业的政治》(158)

Weil, Simone 西蒙娜·韦伊(142,151)

Wolf, Christa 克丽斯塔·沃尔夫(181)

Wolff, Robert Paul 罗伯特·保罗·沃尔夫(33)

　　'On violence'《论暴力》(33)

译 后 记

约翰·基恩是英国威斯敏斯特大学政治学教授（现为悉尼大学政治学教授——译者注），当代著名政治哲学家。本书英文原版2004年在剑桥大学出版社出版，是约翰·基恩的代表作之一。

本书翻译是集体合作的成果。导言、第一章、第七章、延伸阅读和索引部分的初译由笔者完成；第二章、第三章的初译由清华大学硕士生荣启涵完成；第四章、第五章的初译由复旦大学硕士生黄振乾完成；第六章的初译由华东政法大学硕士生魏巍完成；第八章的初译由加拿大英属哥伦比亚大学硕士生张春满完成。初译完成后，又由笔者负责对全书进行了统稿和校对工作。翻译的过程是辛苦的，这种辛苦的工作有时候也不能用现实的功利来计算，然而翻译本身也是一个不断收获工作带来的乐趣和不断成长的过程。承担翻译工作的四位硕士生都毕业于华东政法大学，是笔者的学生。在本书的翻译过程中，尽管各位译者相距遥远，但一直保持着频繁的联系，在沟通、讨论，甚至就某一处翻译进行争辩的过程中收获着合作的快乐，增强了师友的情谊；尽管各位译者都没以功利的态度来对待本书的翻译，但翻译的过程见证了各位译者的成长。正值翻译进行之时，笔者获得了国家留学基金委员会的资助，将赴英国牛津大学进行为期一年的访学；张春满被约翰·霍普金斯大学政治系录取，获得了五年全额奖学金，将赴美攻读博士学位；其他各位译者也在各自的领域取得了出色的成绩。

本书翻译得以顺利完成，离不开各位师友的大力支持和共同努力。书稿的翻译受到了华东政法大学政治学与公共管理学院上海市公共管理一流学科建设项目的资助。感谢学院院长张明军教授从推动公共安全学科建设的高度出发组织翻译"剑桥·公共安全管理译丛"，这直接促成了本书的翻译工作。感谢潘善助教授、黄安余教授、姚尚建教授、肖庆平副教授等学院领导的大力支持，使我能够有充足的时间静下心来进行翻译工作。感谢吴新叶教授和出版社的各位同仁，为我们不辞辛苦地联系版权，使我们有机会承担本书的翻译工作。感谢学院科研秘书吕晨老师，在本书的翻译和出版过程中做了大量的联系和协调工作。书中涉及德语、法语、拉丁语等专门术语的翻译，在此感谢同济大学德语系韩巍老师、毕业于德国慕尼黑大学的丁勇博士和法国巴黎东部大学的姜影博士所提供的帮助。但仍有一些习惯用语至今无法准确查询，最后只能根据上下文的语境进行翻译，还请各位学界同仁批评指正。在最后定稿前，剑桥大学的罗嘉玲博士和清华大学博士生谢超就一些术语的翻译提供了中肯的建议，荣启涵、魏巍和徐善协助进行了文稿校对工作，在此一并表示感谢。本人在牛津大学访学期间，与本书作者约翰·基恩教授进行了多次邮件联系，感谢基恩教授在非常忙碌的情况下专门为中文版的出版写了序言。

最后，笔者在此就一些重要英文术语的翻译，进行简短的补充说明：

一是"civil society"，该术语在中文里有文明社会、公民社会、市民社会和民间社会等译法。其中，文明社会的译法与自然状态相对应。俞可平曾对市民社会、公民社会和民间社会等其他三种译法进行了区分，认为三者之间存在着一些微妙的差别。"市民社会"是最为流行的术语，也是对 civil society 的经典译名，它来源于马克思主义经典著作的中译本。但这一术语在传统语境中或多或少带有一定的贬义。"民间社会"是一个中性的称谓，但具有边缘化的色彩。"公民社会"是改革开放后对 civil society 的新译名,这是一个褒义的称谓,它强调 civil society 的政治学意义,即公民的公共参与和公民对国家权力的制约。也就是说,不同的译法分别在某种程度上反映了 civil society 一词的复杂意涵,也反映出使用者的特定目的和使用意图。借鉴上述观点,并考虑到作为本书主题的"暴力与民主"和文明、公民的相关性,书中主要根据上下文的背景将"civil society"译为"文明社会"或"公民社会"。

二是"civility"和"incivility"。前者在中文里有礼仪、礼貌等译法,后者则通常译为无礼、粗暴。与"civil society"的翻译一样,书中主要根据上下文的背景将"civility"译为"文明性"或"礼仪",将"incivility"译为"不文明性"或"粗暴"。

三是"civil war"和"uncivil war"。前者在中文里通常译为内战,而后者的中文译法则较少见。本书根据惯例将"civil war"译为"内战",对"uncivil war"则根据上下文的背景译为"残酷战争"或"野蛮战争"。

笔者深知学术翻译质量对于当今中国学术事业发展的重要性,也深知集体合作翻译对于统稿校对工作的挑战,因而不敢有丝毫的懈怠。在统稿阶段,为了保持翻译风格的一致,笔者也对一些章节的初译稿进行了较大幅度的修改甚至重译。尽管做了不少工作,由于笔者学识和精力有限,书中的谬误之处定然难免,对此责任由笔者承担,还请各位学界同仁批评指正,以期将来改进。

是为后记。

易承志